[宋]丁昇之 輯　柳建鈺 校注

婚禮新編校注

（修訂版）

下

上海古籍出版社

婚禮新編　卷之十一

11.1　慎婚

按：原書缺一頁。今本從"杜欽"條開始。依照目錄，第一目爲"慎婚"，在"杜欽"條之前當有五條，現已亡佚，目錄將標題悉數削去。

11.1.1　杜欽[1]

《前漢》：杜欽曰："擇有行義之家，[2]求淑女之質，毋必有聲色。"[3]

校注：

〔1〕本條本自《漢書·杜欽傳》。杜欽字子夏，西漢南陽杜衍（今河南南陽西南）人。少好經書，以才能稱京師。曾爲武庫令。成帝爲太子時以好色聞，杜欽對策諫之。國家政謀，多出於欽。優遊不仕，以壽終。
〔2〕擇：今本《漢書》此字前有"詳"字。詳：審慎，慎重。
〔3〕聲色：今本《漢書》作"色聲音技能"。

11.1.2　管子[1]

《管子·白心篇》："滿盛之家，不可爲婚。"

校注：

〔1〕本條出自《管子·白心篇》。今本作"滿盛之家，不可以嫁子"，唐房玄齡注："嫁子於滿盛之家，則與之俱亡。"則唐時《管子》仍作"不可以嫁子"，《婚禮新編》當爲意引。《氏族大全》卷十五《旱韻》"管"條下所引與《婚禮新編》同。

11.1.3　郭后[1]

魏文德郭后外親劉斐與他國爲婚，[2]后聞之，勅曰："諸親戚嫁娶，自當與鄉里門户匹敵者，不得因勢，强與他方人婚也。"

校注：

〔1〕本條本自《三國志·魏書·文德郭皇后傳》。文德郭皇后（184—235）字女王，魏安平廣宗（今屬河北）人。文帝曹丕妻，才華出衆，爲人謙遜，對親屬要求甚嚴。黃初三年（222）立爲皇后。

〔2〕外親：舊指女系的親屬，如母、祖母的親族等。劉斐：生平事跡不詳。

11.1.4　白氏詩[1]

天下無正聲，悅耳即爲娛。[2]人間無正色，悅目即爲姝。顔色非相遠，貧富則有殊。貧爲時所棄，富爲時所趨。[3]紅樓富家女，金縷繡羅襦。見人不斂手，嬌癡二八初。母兄未開口，[4]已嫁不須臾。綠窗貧家女，[5]寂寞二十餘。荆釵不直錢，衣上無真珠。幾迴人欲聘，[6]臨日又踟蹰。主人會良媒，置酒滿玉壺。四座且勿飲，聽我歌兩途。

富家女易嫁，嫁早輕其夫。貧家女難嫁，嫁晚孝於姑。聞君欲娶婦，娶婦意何如？

校注：

〔1〕本條見《白氏長慶集》卷二《秦中吟十首》之一《議婚》（又名《貧家女》）。這首詩是白居易最著名的諷喻詩之一。通過對世人所崇尚的婚姻觀的描寫，詩人對當時受封建門第觀念影響重財輕人、攀高結富的惡俗進行了揭露與批判，並對難於出嫁的貧家女寄予了同情。

〔2〕即：原作"則"，今據《白氏長慶集》正。

〔3〕趨：原作"趍"，為"趨"俗字。《廣韻·虞韻》："趨，走也。趍，俗。"

〔4〕母：原作"見"，今據《白氏長慶集》正。

〔5〕綠窗：原作"緣念"，今據《白氏長慶集》正。古時用綠窗來形容貧家之女。《幼學叢林》："綠窗是貧女之室，紅樓是富女之居。"

〔6〕迴：原作"回"，今據《白氏長慶集》正。

11.1.5 程氏遺書[1]

《程氏遺書》曰："世人多慎於擇婿，[2]而忽於擇婦。其實婿易見，而婦難知。所繫甚重，豈可忽哉！"

校注：

〔1〕本條本自朱熹編《二程遺書》卷一。

〔2〕慎：原作"謹"，係避宋孝宗趙昚諱，今回改。

11.1.6 邵康節詩[1]

邵康節詩曰："人之娶妻，德容威儀。[2]倘或生子，不皋則夔。"[3]

校注：

〔1〕本條本自宋邵雍《擊壤集》卷十六《娶妻吟》。邵雍（1011—1077）字堯夫，諡康節，自號安樂先生、伊川翁。其先乃范陽（今河北涿州）人，後遷至共城百源（今河南輝縣），後人因稱"百源先生"。北宋著名哲學家、易學家，有"内聖外王"之譽。仁宗嘉祐及神宗熙寧中，先後被召授官，皆不赴。著有《觀物篇》《先天圖》《伊川擊壤集》《皇極經世》等。《宋史》卷四百二十七有傳。

〔2〕德容：《伊川擊壤集》作"容德"。容德、德容同，這裏指女子的德行與容貌。

〔3〕皋：即皋陶，舜時刑官。夔：舜時樂官。兩人居官皆有政績。後因以借指賢明的輔弼大臣。

11.1.7　又[1]

又曰："娶婦娶柔和，[2]嫁夫嫁才美。安得正婦人，作配真君子。"[3]

校注：

〔1〕本條本自宋邵雍《擊壤集》卷十五《人貴有精神吟》。

〔2〕《伊川擊壤集》作"娶妻娶柔和"，《氏族大全》卷十八作"娶婦娶恭和"。

〔3〕《伊川擊壤集》作"作配真男子"。

11.1.8　胡先生[1]

胡先生遺訓曰："嫁女必須勝吾家者，娶婦必須不若吾家者。"或問其故，曰："嫁勝吾家，則女之事人必敬必戒；[2]娶不若吾家，[3]則婦之事舅姑必執婦道。"

校注：

〔1〕本條本自宋朱熹纂集《宋名臣言行録》前集卷十"胡瑗安定先生"條。胡先生即胡瑗（993—1059）。瑗字翼之，泰州海陵（今江蘇泰州）人，世稱安定先生。北宋理學家、思想家和教育家。與孫復、石介並稱"宋初三先生"，是宋代理學醖釀時期的重要人物。

〔2〕敬：《宋名臣言行録》作"欽"，其底本係避宋翼祖趙敬諱。

〔3〕娶：《宋名臣言行録》作"婦"，以上下文句式求之，當以"娶"爲是。

11.1.9 溫公[1]

司馬溫公曰："凡議婚姻，當先察其婿與婦之性行及家法如何，[2]勿苟慕其富貴。婿苟賢矣，今雖貧賤，安知異時不富貴乎？苟爲不肖，今雖富貴，安知異時不貧賤乎？[3]孔子謂南容：'邦有道，不廢；邦無道，免於刑戮。'以其兄之子妻之。[4]彼行能有過人者，故'邦有道不廢'也。寡言而謹事，故'邦無道免於刑戮'也。擇婿之道，莫善於是矣。婦者，家之所由盛衰也。苟慕一時之富貴而娶之，彼挾其富貴，鮮有不輕其夫而傲其舅姑者。[5]養成驕妒之性，異日爲患，庸有極乎？[6]借使因婦財以致富，[7]依婦勢以取貴，苟有丈夫之志氣者，能無愧乎？又世俗好於襁褓童幼之時，輕許爲婚，亦有指腹爲婚者。及其既長，或不肖無賴，或有惡疾，或家貧凍餒，或喪服相仍，或從宦遠方，[8]遂至棄信負約,速獄致訟者多矣。[9]是以先祖太尉嘗曰:[10]'吾之男女,必俟既長然後議婚。既通書,不數月必成婚。故終身無此悔。乃子孫所當法也。'"

校注:

〔1〕本條本自司馬光《書儀》卷三《婚儀上・婚》注。論述了議婚不可慕富貴、童幼未可議婚等兩個主要內容。

〔2〕性行:本性與行爲。如何:《書儀》及《古今事文類聚》後集卷十三"勿慕富貴"條所引均作"何如"。

〔3〕本句兩處"異時",《書儀》同,《古今事文類聚》所引作"異日"。

〔4〕"孔子謂南容"事本自《論語・公冶長篇》。南容:南宮适,字子容。孔子的學生。廢:廢置,不任用。南宮适不但有用世的才幹,也擅於自處之道,因此孔子將自己的侄女嫁給他。

〔5〕者:原脱,《書儀》無,《古今事文類聚》所引有,今據補。

〔6〕驕妒:驕矜忌妒。庸:豈,難道。

〔7〕借使:假使,假如。

〔8〕從宦:做官。南朝梁劉勰《文心雕龍・時序》:"偉長從宦於青土。"

〔9〕速獄:招致訴訟。語出《詩・召南・行露》:"誰謂女無家,何以速我獄?"高亨注:"速,招致。獄,訴訟。"

〔10〕先祖:已故的祖父。司馬光祖父爲司馬炫,北宋初年進士,官至耀州富平縣令,與"太尉"稱呼無關。此處"祖"蓋爲衍字,司馬光在《天聖帖》中稱其父司馬池爲"先太尉"。司馬池(980—1041)字和中,陝州夏縣(今屬山西)人,真宗朝進士,累遷尚書兵部員外郎,兼侍御史知雜事,更三司副使。知河中府,歷同、杭、虢、晉諸州。《宋史》卷二百九十八有傳。

11.1.10 又[1]

《文中子》曰：[2]"婚娶論財，夷虜之道也。"夫婚姻者，所以合二姓之好，上以事宗廟，下以繼後世也。今世俗之貪鄙者，將娶婦，先問資裝之厚薄；將嫁女，先問聘財之多少。至於立契約云'某物若干、某物若干'，以求售女者，亦有既嫁而後欺紿負約者。[3]是乃駔儈鬻奴賣婢之法，[4]豈得謂之士大夫婚姻哉！其舅姑既被欺紿，則殘虐其婦，以攄其忿。[5]由是愛其女者，務厚資裝，以悅其舅姑。殊不知彼貪鄙之人，不可盈厭，資裝既竭，則安用汝女哉！[6]於是質其女以責貨於女氏。[7]貨有盡而責無窮，故婚姻之家，往往終爲仇讎矣。是以世俗生男則喜，生女則戚。至有不舉其女者，用此故也。[8]然則議婚姻有及於財者，皆勿與爲婚姻可也。

校注：

〔1〕本條本自司馬光《書儀》卷三《婚儀上·親迎》注。主要闡述"婚娶不可論財"的觀點。

〔2〕文中子：隋代著名教育家、思想家王通（580—617）號。通字仲淹，絳州龍門（今山西萬榮）人。幼好學，仕隋爲蜀郡司户書佐、蜀王侍讀。後歸鄉以教授爲業。著有《續六經》《中説》（亦稱《文中子》），對唐代儒學、宋代理學均有重要影響。此處所引見《中説·事君篇》，原文作："婚娶而論財，夷虜之道也。"

〔3〕欺紿(dài)：欺騙。

〔4〕駔(zǎng)儈：本指説合牲畜交易的人，後泛指經紀人、市儈。

〔5〕攄(shū)忿：抒發怨憤。

〔6〕女：《書儀》作"力"。

〔7〕責貨：索賄。
〔8〕用：《書儀》作"因"。"用"亦有因此義。

11.1.11　黄山谷[1]

山谷《與俞清老書》曰：男女婚嫁，緣渠儂墮地，[2]自有衣食分齊，[3]云云。今蹙眉終日，正爲百草憂春雨耳。

校注：

〔1〕本條見黄庭堅《山谷集》卷二十五《書贈俞清老》之二。此係節引。原文作："人生歲衣十匹，日飯兩杯，而終歲薾然疲役，此何理邪？男女昏嫁，緣渠儂墮地，自有衣食分齊，所謂'誕置之隘巷，牛羊腓字之'，其不應凍餓溝壑者，天不能殺也。今蹙眉終日者，正爲百草憂春雨耳。青山白雲，江湖之水湛然，可復有不足之歎邪？"

〔2〕渠儂：方言。他（她）。元高德基《平江記事》："嘉定州去平江一百六十里，鄉音與吳城尤異，其並海去處，號三儂之地。蓋以鄉人自稱曰'吾儂'、'我儂'，稱他人曰'渠儂'，問人曰'誰儂'。"

〔3〕分齊：宋陽枋《字溪集・雜著》"辨惑"條引作"分際"。分齊即界限、分寸。北齊顏之推《顏氏家訓・教子篇》："不知分齊，率皆如此。"

11.2　雜儀

11.2.1　禮記婚義[1]

婚禮者，將合二姓之好，上以事宗廟，下以繼後世也，故君子重之。是以婚禮納采、問名、納吉、納徵、請期，皆主人筵几於廟,而拜迎於門外,入揖讓而升,聽命於廟,所以敬慎重正婚禮也。[2]父親醮子而命之迎,男先於女也。子承命以迎,主人筵几於廟,[3]而拜迎於門外。婿執雁入,揖讓升堂,再拜奠雁,蓋親受之於父母也。降出,御婦車,而婿授綏,御輪三周,先俟於門外。婦至,婿揖婦以入,共牢而食,合卺而酳,所以合體同尊卑,以親之也。敬慎重正,而後親之,禮之大體,而所以成男女之別,[4]而立夫婦之義也。[5]夙興,婦沐浴以俟見。質明,[6]贊見婦於舅姑,婦執笲,[7]棗、栗、段脩以見。[8]贊醴婦,婦祭脯醢,祭醴,成婦禮也。舅姑入室,婦以特豚饋,明婦順也。厥明,[9]舅姑共饗婦以一獻之禮,奠酬,舅姑先降自西階,婦降自阼階,以著代也。[10]成婦禮,明婦順,又申之以著代,所以重責婦順焉也。婦順者,順於舅姑,和於室人,[11]而後當於夫,以成絲麻、布帛之事,以審守委積蓋藏。[12]是故婦順備而後內和理,內和理而後家可長久也。故聖王重之。[13]是以古者婦人先嫁三月,祖廟未毀,教於公宮;祖廟既毀,教於宗室。[14]教以婦德、婦言、婦容、婦功;教成,祭之,牲用魚,芼之以蘋藻,[15]所以成婦順也。

校注:
〔1〕本條本自《禮記·昏義》。"婚"爲"昏"分化字。《婚禮新編》此條皆改"昏"爲"婚"。
〔2〕慎:原作"謹",係避宋孝宗趙昚諱而改字。今予以回改。
〔3〕筵几:原倒作"几筵",今據《禮記》乙正。
〔4〕敬慎重正,而後親之,禮之大體,而:原脱,今據《禮記》補。
〔5〕今本《禮記》"而立夫婦之義也"後尚有"男女有別,而後夫

婦有義；夫婦有義，而後父子有親；父子有親，而後君臣有正。故曰'昏禮者，禮之本也'。夫禮始於冠，本於昏，重於喪祭，尊於朝聘，和於射鄉。此禮之大體也。"《婚禮新編》未錄。

〔6〕質明：天明時。

〔7〕笄：原訛作"筓"，今據《禮記》正。

〔8〕段脩：又作腶脩，經捶搗並加薑桂的乾肉。棗、栗是新婦見舅之禮，段脩是新婦見姑之禮。

〔9〕厥明：結婚第二天早上。

〔10〕著代：表明新婦將代替姑爲主婦。

〔11〕室人：丈夫的姊妹及兄弟的妻子。

〔12〕審：詳審。委積蓋藏：《周禮・地官・大司徒》："大賓客，令野脩道委積。"孫詒讓正義："凡儲聚禾米薪芻之屬，通謂之委積。"《禮記・月令》："命百官，謹蓋藏。"鄭玄注："謂府庫囷倉有藏物。"這裏代指家中財產。

〔13〕故聖王重之：原脫，今據《禮記》補。

〔14〕祖廟未毀：高祖廟未遷走。公宮：宗子的祠堂。宗室：庶子的祠堂。

〔15〕芼：通"毛"。做羹的菜。

11.2.2　郊特牲[1]

夫婚禮，萬世之始也。取於異姓，所以附遠厚別也。[2]幣必誠，辭無不腆。[3]告之以直信。[4]信，事人也，信，婦德也。壹與之齊，終身不改，[5]故夫死不嫁。男子親迎，男先於女，剛柔之義也。天先乎地，君先乎臣，其義一也。執摯以相見，敬章別也。男女有別，然後父子親。父子親，然後義生。義生，然後禮作。禮作，然後萬物安。無別無義，禽獸之道也。婿親御授綏,親之也。[6]親之也者,親之也。敬而親之,先王之所以得天下也。出乎大門而先,男帥女,女從男,夫婦之義由此始也。婦人,從人者也。幼從父兄,嫁從夫,夫死從子。[7]夫也者,以知帥人者也。玄冕齊戒,鬼神陰陽也。將以爲社稷主,爲先祖後,[8]而可以不致敬乎?共牢而食,[9]同尊卑也。婦人無爵,從夫之爵,坐以夫之齒。[10]厥明,婦盥饋,舅姑卒食,婦餕餘,私之也。[11]舅姑降自西階,婦降自阼階,授之室也。婚禮不用樂,幽陰之義也。樂,陽氣也。婚禮不賀,人之序也。[12]

校注:

〔1〕本條本自《禮記・郊特牲》。

〔2〕附遠厚別:使疏遠者結爲親家,使同姓者嚴格區別。

〔3〕腆:善,美好。

〔4〕直信:正直誠信。

〔5〕壹:原作"一",今據《禮記》正。齊:字或做"醮"。本句謂夫婦喝過合卺酒後,就永不變心。

〔6〕親之:猶敬之。

〔7〕今本《禮記》此處有"夫也者,夫也"句,《婚禮新編》未錄。後一"夫也",或即師傅義。

〔8〕爲先祖後:爲祖先接續後代。

〔9〕牢:祭祀用的犧牲。共牢,古婚禮時,夫婦共食一牲。這裏泛指夫婦共吃一碗菜,同喝一杯酒。

〔10〕今本《禮記》此處有"器用陶、匏,尚禮然也。三王作牢,用陶、匏"句,《婚禮新編》未錄。爵:爵位。齒:輩份。

〔11〕私:寵愛。

〔12〕人之序:人生的程序。

11.2.3　哀公問[1]

　　所以治禮，[2]敬爲大。敬之至矣，大昏爲大，大昏既至，冕而親迎，親之也。是故君子興敬爲親，舍敬是遺親也。哀公曰："冕而親迎，不已重乎？"孔子曰："合二姓之好，以繼先聖之後，以爲天地宗廟社稷之主，[3]君何謂已重乎？"孔子曰：[4]"天地不合，萬物不生。大婚，萬世之嗣也。君何謂已重焉！[5]三代明王之政，[6]必敬其妻、子也，有道。妻也者，親之主也，敢不敬與？[7]子也者，親之後也，敢不敬與？"

校注：

〔1〕此段屬節引。所省字句較多。原文如下：

孔子侍坐於哀公，哀公曰："敢問人道誰爲大？"孔子愀然作色而對曰："君之及此言也，百姓之德也，固臣敢無辭而對：人道政爲大。"公曰："敢問何謂爲政？"孔子對曰："政者，正也。君爲正，則百姓從政矣。君之所爲，百姓之所從也。君所不爲，百姓何從？"公曰："敢問爲政如之何？"孔子對曰："夫婦別，父子親，君臣嚴。三者正，則庶物從之矣。"公曰："寡人雖無似也，願聞所以行三言之道。可得聞乎？"孔子對曰："古之爲政，愛人爲大。所以治愛人，禮爲大。所以治禮，敬爲大。敬之至矣，大昏爲大，大昏至矣。大昏既至，冕而親迎，親之也。親之也者，親之也。是故君子興敬爲親，舍敬，是遺親也。弗愛不親，弗敬不正。愛與敬，其政之本與？"公曰："寡人願有言然。冕而親迎，不已重乎？"孔子愀然作色而對曰："合二姓之好，以繼先聖之後，以爲天地、宗廟、社稷之主，君何謂已重乎？"公曰："寡人固。不固，焉得聞此言也？寡人欲問，不得其辭，請少進。"孔子曰："天地不合，萬物不生。大昏，萬世之嗣也。君何謂已重焉?"孔子遂言曰:"内以治宗廟之禮,足以配天地之神明;出以治直言之禮,足以立上下之敬。物恥足以振之,國恥足以興之。爲政先禮,禮其政之本與?"孔子遂言曰:"昔三代明王之政,必敬其妻、子也,有道。妻也者,親之主也,敢不敬與?子也者,親之後也,敢不敬與?君子無不敬也,敬身爲大。身也者,親之枝也,敢不敬與?不能敬其身,是傷其親;傷其親,是傷其本;傷其本,枝從而亡。三者,百姓之象也。身以及身,子以及子,妃以及妃,君行此三者,則愾乎天下矣,大王之道也。如此,則國家順矣。"

〔2〕所以治:原脱,今據《禮記》補。
〔3〕之:原脱,今據《禮記》補。
〔4〕孔子曰:原脱,今據《禮記》補。
〔5〕焉:原作"乎",今據《禮記》改。
〔6〕明王:原脱,今據《禮記》補。
〔7〕敢不敬與:原脱,今據《禮記》補。

11.2.4 親迎[1]

夏,公如齊逆女,何以書?親迎禮也。其禮奈何?曰:諸侯以屨二兩加琮,大夫庶人以屨二兩加束脩二。[2]曰:"某國寡小君,[3]使寡人奉不珍之琮,不珍之脩,禮夫人貞女。"夫人曰:"有幽室數辱之產,未諭於傅母之教,得承執衣裳之事,敢不敬拜祝?"[4]祝答拜。夫人受琮,取一兩屨以履女,正笄,[5]衣裳,而命之曰:"往矣,善事爾舅姑,以順爲宮室,[6]無二爾心,無敢回也。"[7]女拜,乃親引其手,授夫乎户,夫引手出户;[8]夫行女從,拜辭父於堂,拜諸母於大門。夫先升輿執轡,女乃升輿,[9]轂三轉,然後夫下先行。大夫士庶人稱其父曰:"某之父,某之師友,使其執不珍之履,不珍之束脩,敢不敬禮某氏貞女。"母曰:"有草茅之產,未習於織紝紡績之事,[10]得奉執箕帚之事,敢不敬拜?"劉向《説苑》

校注:

〔1〕此條本自漢劉向《説苑·修文篇》。

〔2〕"束脩"後原脱"二"字,今據《説苑》補。履二兩:猶言兩雙鞋。

〔3〕寡小君:古代對別國人謙稱本國國君的夫人。《論語·季氏》:"邦君之妻,君稱之曰夫人,夫人自稱曰小童,邦人稱之曰君夫人,稱諸異邦曰寡小君。"

〔4〕幽室數辱:生在深宅内院,不知禮數。執衣裳之事:即婦功。

〔5〕正:原訛作"升",今據《説苑》正。笄:原脱,今據《説苑》補。

〔6〕宫室:原訛作"正",今據《説苑》正。

〔7〕回:原訛作"固",今據《説苑》正。

〔8〕乃親引其手,授夫乎户,夫引手出户:原作"乃親引其手授夫引手出户",今據《説苑》改。乎,於。

〔9〕乃:原脱,今據《説苑》補。

〔10〕於:原脱,今據《説苑》補。

11.2.5 儀禮[1]

《儀禮》曰:若舅姑既没,[2]則婦入三月,[3]乃奠菜。以筐祭菜也,蓋用堇。[4]祝告,稱婦之姓,[5]曰:"某氏來婦,[6]敢奠嘉菜於皇舅某子。"[7]婦拜,扱地。扱地,猶男子稽首也。[8]

校注：

〔1〕此條節引自《儀禮·士昏禮》。
〔2〕若舅姑既没：原脱，句義不完整，今據《儀禮》補。
〔3〕入：原訛作"人"，今據《儀禮》正。
〔4〕以筐祭菜，蓋用菫：此句原作"以筐祭用禮"，今據《儀禮》正。
〔5〕告，稱婦之姓：原脱，今據《儀禮》補。
〔6〕婦：原訛作"歸"，今據《儀禮》正。
〔7〕敢奠嘉菜於皇舅某子：此句原作"敢奠菜於皇舅姑"，今據《儀禮》正。
〔8〕扱(qì)：及，至。

11.2.6　鄭忽[1]

隱公七年，鄭公子忽在王所，故陳侯請妻之。鄭伯許之，乃成婚。八年四月，鄭公子忽如陳逆婦嬀氏。[2]歸，入于鄭。陳鍼子送女，先配而後祖。[3]鍼子曰："是不爲夫婦也，誣其祖矣。非禮也，何以能育？"注："逆婦必先告祖廟而後行。[4]故楚公子圍稱告莊、共之廟。[5]鄭忽先逆婦而後告祖廟，[6]故曰'先配而後祖'。"[7]

校注：

〔1〕本條本自《左傳·隱公七年》及《隱公八年》。鄭忽，即鄭昭公姬忽（？—前695），鄭莊公長子，鄭國第五任君主。曾拒納齊僖公女兒文姜爲妻，而娶陳國公主。後被高渠彌射殺。
〔2〕逆：迎接。氏：今本《左傳》無。
〔3〕先配而後祖：先行婚配然後才告祖廟。

〔4〕廟：原脱，今據《左傳》補。

〔5〕稱：原脱，今據《左傳》補。楚公子圍：即楚靈王羋圍（？—前529）。莊、共：即楚莊王、楚共王，分別是公子圍的祖父、父親。告廟之事發生在魯昭公元年（前541）。

〔6〕逆婦：今本《左傳》作"逆歸"，"歸"爲"婦"訛字。又，《婚禮新編》作"祖廟"，今本《左傳》無"祖"字。

〔7〕而：原脱，今據《左傳》補。

11.2.7　豆禳三殺[1]

漢京房女適翼奉子。[2]奉擇日迎之，房以其日爲不吉，[3]以三殺在門故也。[4]三殺者，謂青羊、烏雞、青牛之神也。凡是三者在門，新人不得入，犯之損尊長及無子。奉以謂不然，婦將至門，但以穀豆及草禳之，[5]則三殺自避，新人可入也。自是以來，凡娶婦，[6]皆置草於門閫内，下車則撒穀豆，既至，蹙草於側而入，[7]今以爲故事。

校注：

〔1〕本條本自宋高承《事物紀原》卷九《吉凶典制部》"撒豆穀"條。《事物紀原》是一部考證事物起源和沿革的專門類書。凡十卷，分五十五部排列，共記一千八百四十一事。每事目下列引文，多引用原書原文。它不僅開類書考源之作的先河，還保存了許多有價值的史料。禳：除去邪惡或災異。

〔2〕漢京房女：《事物紀原》作"漢世京房之女"。京房（前77—前37）字君明，西漢東郡頓丘（今河南清豐西南）人。京房從焦延壽學《易》，並開創了今文《易》學"京氏學"派。翼奉字少君，西

漢東海下邳(今江蘇睢寧西北)人，著名經學家。好律曆陰陽之占。精治齊《詩》，以中郎爲博士、諫大夫。

〔3〕爲：《事物紀原》無。

〔4〕殺：《事物紀原》作"煞"字。"煞"本爲"殺"隸變異寫字，後異體分工。文獻中多通用。北齊顏之推《顏氏家訓·風操》："偏傍之書，死有歸殺。"盧文弨補注："俗本殺作煞，道家多用之。"

〔5〕及：《事物紀原》作"與"。

〔6〕凡娶婦：《事物紀原》作"凡嫁娶者"。男方在婦將至門時以穀豆及草禳之，女方不行此儀式，故當以《婚禮新編》爲是。

〔7〕草：原訛作"卓"，今據《事物紀原》正。下"麾草"同。門閫(kǔn)：門檻。麾：聚攏。

11.2.8 酉陽雜俎[1]

《酉陽雜俎》曰：近代婚禮，當迎婦，以粟三升填臼，以席一枚覆井，以枲三斤塞窗，以箭三隻置户上。[2]婦上車，婿騎而遶車三匝。[3]女嫁之明日，其家作黍臛。[4]女將上車，以蔽膝覆面。[5]將入門，舅姑以下悉從便門出，更從門入，言當躝新婦跡。[6]婦入門，先拜竈。[7]世俗相傳，莫究其義。惟納采九物，義方可見。[8]膠、漆，取其合密；[9]綿絮，取其溫柔；[10]蒲、葦爲心，可屈可伸也；嘉禾，分福也；雙石，義在兩固也。

校注：

〔1〕本條本自《酉陽雜俎》卷一"禮異"條。《酉陽雜俎》，唐段成式撰，筆記小説集，凡二十卷，又續集十卷。内容包括仙佛鬼怪、人事、動物、植物、酒食、寺廟等，除記叙志怪故事外，還保存了大量

唐代珍貴史料、奇聞逸事和民間風情,具有很高的史料價值。

〔2〕今本《酉陽雜俎》作"席一枚以覆井,枲三斤以塞窗,箭三隻置户上",首句作"以粟三升填臼",四句格式當同。當從《婚禮新編》爲宜。

〔3〕今本《酉陽雜俎》作"聟騎而環車三匝"。"聟"即"壻"異寫字,"聟"又爲"婿"異寫字。《紺珠集》卷六、《類説》卷四十二所引均作"遶"。環、遶義同。

〔4〕黍臛(huò):一種雜以黍米的肉羹。

〔5〕膝覆:原作"覆頭",今據《酉陽雜俎》正。

〔6〕躝新婦跡:夫家想借此象徵行爲表示要馴服新婦。

〔7〕"竈"前今本有"豬櫼及"三字。櫼,小木樁。

〔8〕世俗相傳,莫究其義。惟納采九物,義方可見:今本《酉陽雜俎》無。《類説》卷四十二所引《酉陽雜俎》"婚禮"條有。另,今本《酉陽雜俎》"拜竈"二字後有"夫婦並拜,或共結鏡紐。又娶婦之家,弄新婦。臘月娶婦,不見姑。婚禮,納采有:合歡、嘉禾、阿膠、九子蒲、朱葦、雙石、綿絮、長命縷、乾漆。九事皆有詞",《婚禮新編》及《類説》均無。

〔9〕合密:今本《酉陽雜俎》及《類説》作"固"。

〔10〕温:今本《酉陽雜俎》及《類説》作"調"。

11.2.9 入帳[1]

又曰:士大夫家婚禮露施帳,謂之入帳。北方婚禮用青布幔爲屋,謂之青廬,於此交拜。以竹杖打婿爲戲,有至大委頓者。[2]

校注:

〔1〕前兩句本自《酉陽雜俎》續集卷四《貶誤》。末句本自《酉

陽雜俎》卷一《禮異》。

〔2〕委頓：衰弱，疲困。

11.2.10　女坐鞍[1]

《蘇氏演義》曰："《唐曆》云：'國初以婚姻之禮皆胡虜之法也。'[2]謂坐女於馬鞍之側，[3]此胡人尚乘鞍馬之義也。"《酉陽雜俎》曰："今士大夫家婚禮，新婦乘馬鞍，悉北朝之餘風也。"[4]今娶婦家新人入門跨馬鞍，此蓋其始也。[5]

校注：

〔1〕此條乃唐蘇鶚《蘇氏演義》文，但文辭略異。查宋高承《事物紀原》卷九《吉凶典制部·跨馬鞍》內容與《婚禮新編》同，高承乃神宗元豐中人（依陳振孫説），故《婚禮新編》應是直接轉錄《事物紀原》文。女坐鞍者，取"鞍"諧音"安"，寓意婚後生活平安。

〔2〕以：原脱，據《事物紀原》補。虜：原訛作"廣"，今據《事物紀原》正。

〔3〕謂：原脱，今據《酉陽雜俎》補。

〔4〕此處所引見《酉陽雜俎》續集卷四《貶誤》。禮：原脱，今據《酉陽雜俎》補。

〔5〕蓋：原脱，《蘇氏演義》及《事物紀原》均有，今據二書補。

11.2.11　婿坐鞍[1]

劉岳《書儀》：[2]"婚禮有'女坐婿之馬鞍，父母爲之合髻'之禮"，不知用何經義。[3]據岳自序云"以時之所尚者益之"，[4]則是當時流俗之所爲爾。[5]岳當五代干戈之際，[6]禮樂廢壞之時，[7]不暇講求三王之制度，苟取一時世俗所用吉凶儀式，[8]略整齊之，固不足爲後世法矣。然而後世猶不能行之，今岳《書儀》十已廢其七八，其一二僅行於世者，皆苟簡粗略，不如本書。就中轉失乖謬，可爲大笑者，[9]坐鞍一事爾。今之士族，當婚之夕，以兩椅相背，置一馬鞍，反令婿坐其上，飲以三爵，女家遣人三請而後下，乃成婚禮，謂之"上高坐"。凡婚家舉族内外姻親，與其男女賓客，[10]堂上堂下，竦立而視者，惟"婿上高坐"爲盛禮爾。或有偶不及設者，則相與悵然咨嗟，以爲闕禮。其轉失乖繆，[11]至於如此。今雖名儒巨公，衣冠舊族，莫不皆然。嗚呼！士大夫不知禮義，[12]而與閭閻鄙俚同其習，見而不知爲非者多矣。《歸田錄》

校注：

〔1〕本條本自宋歐陽修《歸田錄》卷下。《歸田錄》是歐陽修晚年辭官閒居潁州時作的一部筆記，凡二卷，一百十五條。多記朝廷舊事和士大夫瑣事，大多乃親身經歷和見聞，頗有史料價值。

〔2〕劉岳：字昭輔，五代梁、後唐人。舉進士，事梁爲左拾遺、侍御史。末帝時，拜翰林學士，累官至兵部侍郎。梁亡，貶均州司馬，復用爲太子詹事。唐明宗時，爲吏部侍郎。奉詔撰《新書儀》，雖其事出鄙俚，仍時有《禮》之遺制。卒贈吏部尚書。

〔3〕不知用何經義：原作"不知何義"，《歸田錄》作"不知用何經義"，今據補。

〔4〕序：《歸田錄》作"叙"，同。

〔5〕爾：原作"也"，下文兩處均作"爾"，《歸田錄》亦作"爾"，

據改。

〔6〕岳：原脱，今據《歸田録》補。

〔7〕之時：原脱，今據《歸田録》補。

〔8〕吉凶：原脱，今據《歸田録》補。

〔9〕可爲大笑者：原作"大爲可笑者"，《歸田録》作"可爲大笑者"，今據乙正。

〔10〕與其：原脱，今據《歸田録》補。

〔11〕其轉失乖繆：原作"以乖繆"，《歸田録》作"其轉失乖繆"，今據正。

〔12〕禮義：原作"禮法"，《歸田録》作"禮義"，上文曰"不知用何經義"，故此處以作"義"爲佳，今據正。

11.2.12 合歡鈴[1]

《通典》：鄭衆言婚禮有合歡鈴，取音聲和諧；[2]九子墨，取長生子孫。[3]

校注：

〔1〕本條本自《通典·禮十八》引漢鄭衆《婚禮謁文贊》。合歡鈴乃古代婚禮中所用的鈴，取其音聲和諧以象徵夫婦和睦。

〔2〕聲：原脱，據《通典》補。

〔3〕九子墨：古墨名，古時祝賀婚禮所用之物。長生：原倒作"生長"，今據《通典》乙正。

11.2.13 九子墨[1]

《文房四譜》：古有九子之墨，[2]祝婚者多子，善禱之像也。[3]詞曰：[4]"九子之墨，藏於松烟。[5]本性長生，[6]子孫無邊。[7]"

校注：

〔1〕本條明言本自《文房四譜》。《文房四譜》，宋代蘇易簡（957—995）撰。該書共分五卷，《筆譜》二卷，《硯譜》《紙譜》《墨譜》各一卷，涉及筆、硯、紙、墨產生的根源、製造的工藝、流傳的故事以及詩詞賦文等內容。此書爲有關文房四寶的權威之作。援引類書及唐五代以前舊籍，廣搜博採。體例仿《藝文類聚》，分門隸事，後附詩文。

〔2〕古：原脱，今據《文房四譜》補。

〔3〕善禱之像：原作"善祝之義"，據《文房四譜》改。

〔4〕詞：原作"祝"，據《文房四譜》改。

〔5〕藏：四庫本《文房四譜》作"成"。

〔6〕性：原作"姓"，據《文房四譜》改。文獻中亦有作"姓"者，如《初學記》引漢鄭衆《婚禮謁文贊》等。

〔7〕無邊：《初學記》引漢鄭衆《婚禮謁文贊》作"圖邊"，《杜堂詩鈔》作"圍邊"，皆誤。

11.2.14 薦石榴[1]

北齊安德王延宗納李祖收女爲妃，[2]母宋氏薦二石榴於帝前。[3]帝莫知其意。魏收曰："石榴房中多子，[4]王新婚，妃母欲子孫衆多。"[5]帝大喜。

校注：

〔1〕本條本自《北齊書·魏收傳》。魏收（507—572）字伯起，小字佛助，北齊鉅鹿下曲陽（今河北晉州）人，文學家、史學家。歷仕北魏、東魏、北齊三朝。仕魏拜太學博士，歷官散騎侍郎等，編修

國史。入北齊,除中書令,兼著作郎,官至尚書右僕射,著有《魏書》一百三十卷。與溫子升、邢邵並稱"北地三才子"。

〔2〕宗:原作"崇",今據《北齊書》正。收:原脱,今據《北齊書》補。高延宗(?—577),渤海蓨縣(今河北景縣)人,北齊文襄帝高澄第五子、後主高緯的堂兄弟。幼時爲文宣帝高洋所養,後封安德王,歷定州刺史、司徒、太尉、相國、并州刺史。武平七年(576),被部下擁立爲帝,同年爲周軍所擒,次年與高緯一起賜殺。李祖收:唐華全認爲乃李祖牧之訛。據《魏故使持節侍中都督定冀相殷四州諸軍事驃騎大將軍定州刺史尚書令儀同三司文静李(憲)公墓誌銘》所載,李祖牧乃李憲之長孫、李希遠之子。祖牧之名,《魏書·李憲傳》《北史·李憲傳》及《新唐書·宰相世系表》皆作"祖悛","悛"亦當爲"牧"訛字。

〔3〕帝:即文宣帝高洋。母宋氏:據《李憲墓誌》:"(憲)長子希遠……希遠妻廣平宋氏……"。

〔4〕中:原脱,據《北齊書》補。

〔5〕婚:原脱,據《北齊書》補。民俗以石榴爲多子多孫的吉祥物,故結婚時多用石榴。

11.2.15 餪女[1]

《邵氏聞見録》云:宋景文公子納婦三日,[2]其婦家饋食物書云:"以食物煖女。"公曰:"'煖'字錯用,從食從而從大。"其子退檢字書《博雅》,中出"餪"字,注云:"女嫁三日,餉食爲餪女。"[3]

校注:

〔1〕本條本自宋邵伯温《邵氏聞見後録》卷二十七。原文所

載較詳。邵伯溫（1056—1134）字子文，北宋洛陽（今屬河南）人。少時與司馬光等交遊，以學行著稱。官至提點成都路刑獄、利州路轉運副使。《宋史》卷四百三十三有傳。該書共二十卷，前十六卷記宋太祖以來故事，對王安石變法所記頗多，還記載了一些北宋初年的朝章制度及逸聞趣事，雜及北宋著名文人王禹偁、柳開、穆修、尹洙、歐陽修、蘇洵、王安石等，不僅有利於研究北宋歷史尤其是熙寧變法，也有助於瞭解北宋古文運動的興起和發展。

〔2〕文：原脫，今據《邵氏聞見後錄》補。宋景文公即宋祁（998—1061）。祁字子京，北宋安州安陸（今湖北安陸）人，後徙居開封雍丘（今河南杞縣）。仁宗朝進士，初任復州軍事推官，後授直史館。歷官龍圖閣學士、史館修撰、知制誥。與歐陽修等合修《新唐書》，書成，進工部尚書，拜翰林學士承旨。謚景文。與兄宋庠並有文名，時稱"二宋"。

〔3〕爲：原作"以"，今據《邵氏聞見後錄》正。餪：今本《廣雅·釋言》佚，王念孫據《集韻》《類篇》所引補，並在"餪、餫，餽也"條下疏證曰："餪者，溫存之意。唐段公路《北戶錄》引《字林》云：'餪，餫女也。音乃管反。'又引《證俗音》云：'今謂女嫁後三日，餉食爲餪女。'各本皆脫'餪'字。"煖：同"暖"。

11.2.16　結髮[1]

今世婚禮有結髮一事，取夫與婦髮合而結之，古無有也。伊川程氏曰："婚禮結髮，甚無意義，欲去久矣，不能。言結髮爲夫婦者，只是少小也。如結髮事君、結髮與匈奴戰，豈謂合髮？"[2]然伊川既言非義，欲訂正之，而至未能革，豈非習俗之久未易遽革耶？蘇子卿詩"結髮爲夫婦，恩愛兩不疑"，[3]曹子建詩"結髮辭嚴親，來爲君子仇"，[4]杜子美詩"結髮爲妻子，席不暖君床"，[5]梅聖俞詩"結髮事君子，衣袂未嘗分"，[6]皆謂結髮少小之時也。《藝苑雌黃》

校注：

〔1〕本條出自《藝苑雌黃》。此書係宋建安人嚴有翼所撰，約成書於紹興年間（嚴有翼在紹興［1131—1162］間嘗爲泉、荆二郡教官）。原書久佚，今本作十卷，已非其舊。《説郛》有節編本，僅八條。《苕溪漁隱叢話》後集、《詩話總龜》後集、《草堂詩話》《竹莊詩話》《詩人玉屑》《詩林廣記》《修辭鑑衡》皆有錄存。郭紹虞、羅根澤均曾輯其佚文，郭得八十四條，羅得八十一條，收入《宋詩話輯佚·附輯》（中華書局 1980 年 9 月版）。此條《宋詩話輯佚·附輯》未錄。結髮：本指束髮。古代男子自成童開始束髮，因以指初成年。《史記·李將軍列傳》："且臣結髮而與匈奴戰，今乃一得當單于，臣願居前，先死單于。"又指成婚。古時成婚之夕，男左女右共髻束髮，故稱。漢蘇武《詩》之三："結髮爲夫婦，恩愛兩不疑。"唐孟雲卿《古別離》詩："結髮年已遲，征行去何早。"

〔2〕《二程遺書》卷十《洛陽議論》："正叔言：'昏禮結髮無義，欲去久矣，不能。言結髮爲夫婦者，只是指其少小也。如言結髮事君，李廣言結髮事匈奴，只言初上頭時也，豈謂合髻子？'"本條所引與此小異。

〔3〕《文選·蘇子卿〈古詩四首〉》之三作"結髮爲夫妻，恩愛兩不疑。"

〔4〕見《曹子建集》卷六《浮萍篇》。

〔5〕見《杜工部詩集》卷五《新婚別》。

〔6〕見宋梅堯臣《宛陵集》卷四《代内答》。

11.2.17　當梁年[1]

晉張華《感婚賦》曰："彼婚姻之俗忌,[2] 惡當梁之在斯。"注："俗以子、午、卯、酉年謂之當梁年。其年娶婦,舅姑不相見。唐禁之。"[3]

校注：

〔1〕本條本自張華《感婚賦》。張華（232—300），西晉著名政治家、文學家。出身寒門,博學多才。晉武帝時,因功封廣武縣侯。惠帝時,因反對趙王倫篡權,被夷三族。當梁：古代婚俗,認爲子、午、卯、酉年婚娶不利翁姑,遂爲禁忌。梁以負棟,婚姻切忌背負,故稱禁忌之年爲當梁年,簡稱"當梁"。

〔2〕今本《感婚賦》句末有"兮"字。

〔3〕唐：《山堂肆考》卷一百六十六"婚姻忌當梁"條、《氏族大全》卷九"當梁之忌"條所引作"重"。

11.2.18　婚夜以合[1]

唐城陽公主再嫁薛瓘。[2] 初嫁,太宗使卜之,繇曰："二火皆食,始同榮,末同戚,請晝婚則吉。"[3] 馬周論曰：[4]"婚合以夜,思相親也。"[5] 乃止。

校注：

〔1〕本條本自《新唐書·諸公主列傳》。

〔2〕城陽：原誤倒作"陽城"；瓘：原訛作"瓘",今均據《新唐書》正。城陽公主（630？—671）乃唐太宗李世民第十六女。先嫁杜如晦之子杜荷。杜荷坐太子承乾事誅,後嫁薛瓘。薛瓘乃饒州

刺史薛懷昱之後。

〔3〕二火：指火星、大火（心宿二）。食：通"蝕"，虧蝕。始同榮，末同戚：謂開始能共富貴，終了能同患難。晝婚：在白天完婚。

〔4〕馬周（601—648）：字賓王，唐博州茌平（今屬山東）人。少孤貧，勤讀博學，精《詩》《書》，善《春秋》。累官至中書令。

〔5〕此處係節引，原文作："朝謁以朝，思相戒也；講習以晝，思相成也；燕飲以昃，思相歡也；婚合以夜，思相親也。牧上下有成，內外有親，動息有時，吉凶有儀。今先亂其始，不可為也。夫卜所以決疑，若黷禮慢先，聖人所不用。"

11.2.19　白虎通[1]

《白虎通》曰："男娶女嫁者，[2]陰卑，不得自專，就陽而成之。故曰：陽唱陰和，[3]男行女隨。""嫁女之家，三日不絕火，思相離也。娶婦之家，三日不舉樂，思嗣親也。[4]感親年衰老代至也。""娶妻不先告廟，必三月奠采於廟者，三月一時，物有成者，人之善惡可得知也。然後可以行事宗廟之禮。"[5]

校注：

〔1〕本條本自《白虎通義·德論下·嫁娶篇》。《白虎通義》，又稱《白虎通》，漢班固撰，凡四卷，是漢代講論五經同異，統一今文經義的一部重要著作。它繼承了董仲舒以後今文經學的唯心主義思想，以陰陽五行為基礎，解釋自然、社會、倫理、人生和日常生活的種種現象，對宋明理學的人性論有一定影響。

〔2〕者：今本《白虎通義》作"何"。

〔3〕唱：今本《白虎通義》作"倡"，二字同源。

〔4〕此六句見《禮記·曾子問》。思相：原倒作"相思"，今據《禮記》乙正。思嗣親也：原脱，今據《禮記》補。"感親年衰老代至也"句見《白虎通義》。

〔5〕可以：今本《白虎通義》作"可得"，均可通。

11.3 禮制

11.3.1 媒氏[1]

《周禮》："媒氏，掌萬民之判。凡男女，自成名以上，[2]皆書年月日名焉。令男三十而娶，[3]女二十而嫁。凡娶判妻入子者，皆書之。中春之月，令會男女。[4]於是時也，奔者不禁。若無故不用令者，罰之。司男女之無夫家者而會之。"[5]

校注：

〔1〕此條本自《周禮·地官司徒·媒氏》。

〔2〕凡：原脱，今據《周禮》補。成名：古代孩子出生後三個月，大人爲其取名，叫"成名"。

〔3〕男：後原衍"子"字，今删。

〔4〕令：原脱，今據《周禮》補。中：通"仲"，中春，即春季的第二個月。

〔5〕司：原留空，今據《周禮》補。鄭玄注："司猶察也。"

11.3.2 勾踐[1]

《國語》：越王勾踐令國中壯者無取老婦，老者無取壯妻。[2]女子年十七不嫁，丈夫二十不取者，父母有罪。[3]欲人民繁息也。[4]

校注：

〔1〕本條本自《國語·越語上》。勾踐（前520？—前465），姒姓，春秋末越國國君，曾敗於吳，屈服求和，後卧薪嘗膽，發憤圖強，最終滅吳。
〔2〕壯妻：原作"老妻"，今據《國語》正。
〔3〕韋昭注："禮三十而娶，二十而嫁。今不待禮者，務育民也。"
〔4〕繁息：又作"蕃息"，繁殖生息。

11.3.3　王吉[1]

王吉曰："夫婦，人倫之大綱，[2]夭壽之萌也。世俗嫁娶太早，未知爲人父母之道而有子，[3]是以教化不明而民多夭。聘妻送女亡節，[4]則貧人不及，故不舉子。"

校注：

〔1〕本條本自《漢書·王吉傳》。16.3.12"王吉"條重出。王吉（？—前48），字子陽，西漢琅琊皋虞（今山東即墨）人。少好學，以孝廉補授若盧縣右丞，升雲陽縣令。宣帝時任博士諫大夫，以清廉善諫聞名。
〔2〕之：《漢書》無。
〔3〕爲人父母：原作"爲父"，據《漢書》正。
〔4〕聘妻送女：謂娶妻嫁女。亡節：花費無度，没有節制。

11.3.4　杜欽[1]

杜欽曰："男子五十，好色未衰；婦人四十，容貌改前；

以改前之容貌侍於未衰之年，[2]而不以禮爲制，則其原不可救。"[3]

校注：

〔1〕本條本自《漢書・杜欽傳》。杜欽簡介可參 11.1.1 "杜欽"條注〔1〕。

〔2〕貌：《漢書》無。

〔3〕不可救：此三字後《漢書》尚有"而後徠異態；後徠異態，則正后自疑而支庶有間適之心"諸文，《婚禮新編》未錄。其原不可救：她原來的容貌不可挽回。

11.3.5　宣帝[1]

《前漢》：宣帝詔曰："夫婚姻之禮，人倫之大者也；酒食之會，所以行禮樂也。今郡國或擅行苛禁，禁民嫁娶不得具酒食相賀召。[2]由是廢鄉黨之禮，令民亡所樂，非所以道民也。"[3]

校注：

〔1〕本條本自《漢書・宣帝紀》。漢宣帝劉詢（前91—前49），本名劉病已，字次卿，西漢第十位皇帝。武帝曾孫，戾太子劉據長孫，史皇孫劉進長子。巫蠱之禍時倖免於難，被祖母史家收養。後武帝下詔掖庭養視。昭帝駕崩，因其無嗣，光祿大夫邴吉向霍光推薦劉病已，先封爲陽武侯，後登基爲帝。宣帝爲人聰明剛毅，爲政勵精圖治，史稱"中興"。謚號孝宣皇帝，廟號中宗。

〔2〕賀召：謂召客慶賀。

〔3〕道：《漢書》作"導"，"導"爲"道"後出分化字。

11.3.6 任延[1]

《後漢》：任延爲九真太守，以駱越之民無嫁娶禮法，[2]各因淫好，無適對匹。[3]爲設媒官，使知聘娶。[4]乃移書屬縣，[5]各使男年二十至五十，女年十五至四十，皆以年齒相配。其貧無禮聘者，[6]令長吏以下各省奉祿以賑助之。[7]同時相娶者二千餘人。

校注：

〔1〕本條本自《後漢書・任延傳》。任延（？—67），字長孫，東漢南陽宛縣（今河南南陽）人。年十二即顯名太學，號爲"任聖童"。初任會稽都尉，歷九真、武威、太守、河內等郡太守，卒於官。

〔2〕駱越：古種族名，居於今雲南、貴州、廣西之間。

〔3〕無適對匹：此句後《後漢書》尚有"不識父子之性，夫婦之道"諸字，《婚禮新編》未錄。

〔4〕爲設媒官，使知聘娶：《後漢書》無。

〔5〕移：原作"遺"，今據《後漢書》正。

〔6〕者：《後漢書》無。

〔7〕奉祿：原作"俸秩"，據《後漢書》改。

11.3.7 晉武帝[1]

晉武帝制：女年十七父母不嫁者，使長吏配之。

校注：

〔1〕本條本自《晉書・武帝紀》。

11.3.8　毛詩[1]

　　古者國有凶荒，則殺禮而多婚，會男女之無夫家者，所以育人民也。[2]注：[3]《大司徒》曰：[4]"以荒政十有二，[5]聚萬民。十曰多婚。"[6]多婚，[7]不備禮而嫁娶者多也。[8]

校注：
〔1〕本條本自《詩・衛風・有狐》毛序及孔疏。
〔2〕所：原殘泐，據《毛詩》補。此四句見《有狐》毛序。
〔3〕此句以下均爲孔疏文，"注"當改作"疏"。
〔4〕曰：原脱，今據《毛詩》孔疏補。此乃孔疏引《周禮・大司徒》文。
〔5〕有：原脱，今據《毛詩》孔疏補。
〔6〕婚：原殘泐，據《毛詩》孔疏補。
〔7〕原涉上句脱"多婚"二字，今據《毛詩》孔疏補。
〔8〕此二句見《周禮・大司徒》鄭注。嫁娶：今本《周禮》作"娶昏"。

11.3.9　魏文成帝[1]

　　魏文成帝詔以喪葬嫁娶，[2]大禮未備，命有司爲之條格，[3]使貴賤有章，上下咸序，著之於令。詔曰："婚姻者，[4]人道之始。比來，貴族之門多不率法，[5]或貪利財賄，或因緣私好，[6]在於苟合，無所擇選。塵穢清化，虧損人倫，將何以宣示典謨，垂之來裔。[7]今制皇族肺腑王公侯伯及士庶之家，[8]不得與百工伎巧卑姓爲婚，[9]犯者加罪。"《北史》

校注：

〔1〕本條本自《北史·魏本紀·高宗文成帝》。題目原書作"魏文帝"，誤，今正作"魏文成帝"，下同。魏文帝乃曹魏開國皇帝曹丕（187—226），魏文成帝乃北魏第五位皇帝拓跋濬（440—465）。

〔2〕喪葬：原脱，今據《北史》補。

〔3〕條格：本指條例、法規，這裏指擬定條規。

〔4〕者：原脱，今據《北史》補。

〔5〕比來：近來。率法：遵循法度。

〔6〕私：原脱，今據《北史》補。

〔7〕來：原作"後"字，今據《北史》正。典謨：原指《尚書》中《堯典》《舜典》和《大禹謨》《皋陶謨》等篇的並稱，此處指經典。來裔：後世子孫。

〔8〕今制、王公：原分別訛作"令制""三公"，今據《北史》正。肺腑：喻指帝王的宗室近親。

〔9〕伎：原作"技"，今據《北史》改。伎巧：指工藝匠人。

婚禮新編　卷之十二

12.1　前定門

12.1.1　月下老[1]

　　杜陵韋固,[2]多歧求婚,[3]不成。貞觀二年,[4]將遊清河,旅次宋城店。[5]客有以前清河司馬潘昉女爲議者,[6]來旦期於店西龍興寺門。[7]固旦往焉,斜月尚明。有老人倚布囊,坐於階上,向月撿書。覘之,[8]不識其字。固曰:"老父所尋者何書?"老人曰:"天下婚牘耳。"[9]固喜曰:"固少孤,常願早娶,多方求之,竟不遂意。今者人有期此,與議潘司馬女,可以成乎?"曰:"未也。君之婦適三歲。年十七,當入君門。"固問:[10]"囊中何物?"曰:"赤繩子耳。以繫夫妻之足。雖讎敵之家,貴賤懸隔,[11]吳楚異鄉,此繩一繫,終不可逭。[12]君之脚,已繫於彼矣。他求何益?"曰:"固妻安在?"曰:"此店北,賣菜陳嫗女耳。"[13]固曰:"可見乎?"曰:"能隨我行,當指示之。"[14]及明,所期不至。老人捲書揭囊而行。固逐之,入菜市。[15]有眇嫗,抱幼女來,陋甚。[16]老人指女曰:"此君之妻也。"固怒曰:"殺之可乎?"老人曰:"此人命當食夫祿,庸可殺乎?"老人忽不見。[17]固因磨小刀,付其奴曰:"汝素幹事,[18]能爲我殺彼女,賜汝萬錢。"奴曰:"諾。"明日,袖刀入菜肆,[19]刺之而走。歸曰:"初欲刺心,[20]不幸中眉間耳。"固後求婚,終不遂。又十四年,以父蔭參相州軍事。[21]刺史王泰以爲能,[22]因妻以女。可年十六七,[23]容色華麗。然眉間常貼一花鈿。[24]歲餘,固問之,妻潸然曰:"妾郡守之猶子耳,[25]疇昔父曾宰宋城,[26]終其官。時妾在襁褓,母兄次歿。[27]唯與乳母陳氏鬻蔬以給朝夕。抱行市中,爲狂賊所刺,刀痕尚在,故以花子覆之。[28]七八年前,叔從事盧龍,[29]遂得在左右。以爲女嫁君耳。"固曰:"陳氏眇乎?"[30]曰:"然。何以知之?"固曰:"所刺者固也。"因盡言之,相敬愈極。後生男鯤,爲雁門太守,封太原郡太夫人。乃知陰騭之定,[31]不可變也。宋城宰聞之,題其店曰:"定婚店"。《續玄怪錄》

校注:

〔1〕本條本自《續玄怪錄》。《續玄怪錄》,唐李復言撰,傳奇小說集,現存四卷。因續牛僧孺《玄怪錄》而得名,宋代又因避諱改名《續幽怪錄》。李復言生卒年、籍貫均不詳,當爲唐文宗大和、開成間(827—836)人。該書記唐代奇聞異事,受當時佛道二教影響,書中多因果報應、輪回轉世之事,流露出作者對世俗人心的失望,對官場科舉黑暗的不滿,對人的異化的思考以及其消極遁世思想等等。《太平廣記》卷一百五十九《定數》十四"訂婚店"條亦録此事,且載之甚詳。

〔2〕杜陵:古縣名,在今陝西西安市東南。

〔3〕歧:原作"奇",今據《續玄怪錄》正。多歧求婚,不成:中華書局本《太平廣記》斷句作"多歧,求婚不成",中華書局本《續玄怪錄》斷句作"多歧求婚,必無成而罷不成"。多歧,即下文之"多

方",猶言通過多種途徑,故以後者爲是。

〔4〕貞:原作"正",系避宋仁宗趙禎諱而改字。貞觀:中華書局本《續玄怪錄》作"元和",校勘記曰:"'元和',《廣記》作'貞觀',似是,因本書多避'貞'字也。"

〔5〕清河:郡名,即今河北省清河縣。次:住宿。宋城:即今河南商丘市。店:該字前《續玄怪錄》及《太平廣記》均有"南"字。

〔6〕爲:《續玄怪錄》同,《太平廣記》作"見"。司馬:州郡佐吏,官居五品。潘昉:生平事跡不詳。

〔7〕來旦:《續玄怪錄》作"來日先明"。期:約定。於:原脱,今據《太平廣記》補。

〔8〕覘(chān):觀看。

〔9〕婚牘:記載婚姻關係的書。

〔10〕固:《續玄怪錄》及《太平廣記》均作"因"。

〔11〕貴賤:原作"富貴",據《續玄怪錄》及《太平廣記》改。

〔12〕逭(huàn):逃避。

〔13〕陳媪:《續玄怪錄》作"陳婆",《太平廣記》作"家嫗"。

〔14〕當指示之:《續玄怪錄》作"當即示君",《太平廣記》作"當示君"。

〔15〕菜:原脱,今據《續玄怪錄》補。

〔16〕幼:《續玄怪錄》《太平廣記》均作"三歲"。陋甚:二書均作"弊陋亦甚"。

〔17〕忽不見:《續玄怪錄》《太平廣記》均作"遂隱"。

〔18〕幹事:原作"解事"。解事,謂通曉事理。小奴替主殺人,不可謂通曉事理。幹事,謂辦事幹練,與文意合。今據《續玄怪錄》《太平廣記》改。

〔19〕菜肆:《續玄怪錄》作"菜行中",《太平廣記》作"菜肆中"。肆,市集。

〔20〕初欲刺心:《續玄怪錄》《太平廣記》均作"初刺其心"。

〔21〕相州：治今河南省安陽市。參軍事：簡稱參軍,官名,負責參謀軍務。"事"字《續玄怪録》《太平廣記》無。

〔22〕王泰：生平事跡不詳。

〔23〕可：大約。

〔24〕花鈿：用金翠珠寶製成的花形首飾。

〔25〕猶子：侄女。

〔26〕疇昔：從前。曾：原脱,今據《太平廣記》補。宰宋城：即當宋城縣令。

〔27〕殁：《太平廣記》同,《續玄怪録》作"没"。

〔28〕花子：即上文花鈿。

〔29〕盧龍：郡名,治今河北省盧龍縣。

〔30〕眇：一目失明。

〔31〕陰騭：冥冥之中。

12.1.2　李仁鈞[1]

　　唐崔晤、李仁鈞二人,中外兄弟,[2]崔年長於李。建中末,[3]偕來京師調集,[4]時薦福寺有僧神秀,曉陰陽術。一日,二人同詣秀師。師更不開一語。別揖李於門扇後曰：[5]"九郎能惠然獨賜一宿否？"李曰："唯唯。"後李特赴宿約,秀師謂李曰：[6]"崔家郎只有此政官,家事零落,飄寓江徼。[7]崔之孤,終得九郎力,九郎終爲崔家女婿。"李詰旦歸旅舍,見崔,説秀師云"某終爲兄之女婿"。崔曰："我女縱薄命死,且何能嫁與田舍老翁作婦耶！"李曰："比昭君出降單于,猶是生活。"[8]二人相顧大笑。後李補南昌令,時崔棄世已數年。[9]崔之異母弟曄,攜孤幼來高安。[10]曄好遠遊,唯小妻殷氏獨在。[11]護食孤女,甚有恩意。會南昌軍伶至高安,[12]殷氏見之,謂曰:"崔家小娘子,容德無比,年已及事,[13]供奉與他取家狀。"[14]到府日,[15]求秦晉之匹,可乎?"軍伶依其請,至府,以家狀歷抵士人門,曾無影響。[16]後因謁鹽鐵李侍御,[17]即李仁鈞也,出家狀於袖中,鋪張几案上。李憫然曰:"余有妻喪,已大期矣。[18]侍余飢飽寒燠者,頑童老嫗而已,[19]徒增余孤生半死之恨,早夜往來於心。[20]矧崔之孤女,[21]實余之表姪女。余視之,等於女弟矣,彼亦視余猶兄也。徵曩秀師之言,[22]信如符契。納爲繼室,[23]余固崔兄之夙眷也。"[24]遂定婚崔氏。《異聞錄》

校注:

〔1〕本條本自《異聞錄》。《異聞錄》,唐末陳翰所編傳奇小説集。《新唐書·藝文志》著録十卷,今已佚,《太平廣記》存佚文二十餘篇,曾慥《類説》卷二十八收有二十五篇,均爲摘要。現可考知收入此書的唐人小説代表作有四十餘篇,如《古鏡記》《枕中記》《任氏傳》《李娃傳》《霍小玉傳》《南柯太守傳》《柳毅傳》等,這些單篇傳奇因此得以廣泛流傳。李仁鈞,生平事跡不詳。此事詳見《太平廣記》卷一百六十《定數》十五"秀師言記"條。

〔2〕中外:指中表之親,姑表兄弟。《世説新語·賞譽篇》:"謝胡兒作著作郎,嘗作《王堪傳》,不諳堪是何似人。諮謝公。謝公答曰:'堪,列之子,阮千里姨兄弟,潘安仁中外。'"

〔3〕建中:《太平廣記》此字前有"在"字。建中,唐德宗年號(780—783)。

〔4〕調集:官員調選遷轉。

〔5〕捐:原作"接",今據《太平廣記》正。於:原脱,今據《太平廣記》補。

〔6〕宿約:事先的約言。謂:原作"爲",今據《太平廣記》正。

〔7〕崔家郎：即崔晤。江徼：江邊。

〔8〕生活：美事，美好的時光。宋楊萬里《春曉》："一年生活是三春，二月春光儘十分。"

〔9〕棄世：離開人世，人死的婉詞。

〔10〕高安：即今江西省高安市。

〔11〕小妻：小妾。

〔12〕軍伶：軍中樂師。

〔13〕及事：《太平廣記》作"及笄"，義同，均謂女子年滿十五。

〔14〕他：原作"把"，《太平廣記》同，其注謂當據明抄本改作"他"，今從。取：原脫，今據《太平廣記》補。家狀：指載有個人履歷、三代、鄉貫、年貌等的表狀。

〔15〕日：原脫，今據《太平廣記》補。

〔16〕歷抵：謂一一登門拜訪。影響：回信，消息。

〔17〕鹽鐵：即鹽鐵使，唐中葉以後特置的官名。以管理食鹽專賣爲主，兼掌銀銅鐵錫的采冶。

〔18〕大期：一周年。

〔19〕寒燠：冷熱。媼：《太平廣記》作"媪"。

〔20〕早：《太平廣記》作"蚤"。早夜：日夜，猶言終日。往來於心：考慮。

〔21〕矧（shěn）：況且。

〔22〕徵：驗證，證明。

〔23〕納：原訛作"約"，今據《太平廣記》正。

〔24〕余：原作"永"，今據《太平廣記》正。夙眷：舊親。

12.1.3　滑臺園女[1]

頃有一秀才，[2]年及弱冠，切於求婚。[3]數託媒氏，竟未有諧卜，[4]詣善《易》者決之。卜人曰：[5]"伉儷之道，亦係宿緣。君之室,適生二歲矣。[6]"又問:"在何州縣?是何姓氏?"卜人曰:"在滑州郭之南,[7]其姓某氏,父母灌園爲業,只生一女,當爲君偶。"其秀才自以門第才望,方求華族,[8]聞卜人之言,鬱然未甚之信,[9]遂詣質其事。於滑郭之南尋訪,[10]果有一蔬圃。問老圃姓氏,[11]與卜人同。又問有息否,[12]則曰:"生一女,始二歲。"秀才愈不樂。一日,伺其女父母出外,遂就其家,誘引女使前,即以細針内於顖中而去。[13]尋離滑臺,謂其女死矣。時女雖遇其酷,[14]竟至無恙。生五六歲,父母俱喪,縣以女幼無主,[15]申報廉使,廉使便收育之。[16]憐其黠惠,視爲己女,恩愛備至。移鎮他州,其女長成。而問卜秀才登弟,與廉使素不相接。因行李經由,投刺謁之,廉使一見,慕其風采,甚加禮遇,問及婚娶,答以未婚,廉使乃欲以其女妻之,潛令人導達其意,[17]秀才欣然許之。遂成婚,資送甚厚。其女亦有殊色,秀才深過所望,且憶卜者之言,頗責其謬妄。其妻每因天氣陰晦,輒患頭痛,數年不止。爲訪名醫,醫者云:"病在頂腦間。"以藥封腦上,有頃,内潰出一小針,[18]其疾遂愈。因潛訪廉使之親舊,[19]問女之所出,方知乃圃者之女,信卜人之不給也。[20]《玉堂閒話》

校注:

〔1〕本條本自《玉堂閒話》。《玉堂閒話》,筆記小說,五代王仁裕(880—956)撰,内容主要涉及唐末五代時期中原、秦隴和隴蜀地域的史事和社會傳聞,多數爲王仁裕親身經歷或來自同時期當事人叙述的記録,具有很高的文學價值和史料價值。《玉堂閒話》在宋代流傳頗廣,宋元之際亡佚,現存一百八十六篇,散見於《太平廣

記》《類説》《紺珠集》《説郛》《資治通鑑考異》《竹莊詩話》《錦繡萬花谷》《歲時廣記》《永樂大典》《唐詩紀事》《能改齋漫録》等古籍中。今人蒲向明有《玉堂閒話評注》,可參。滑臺:古城名,即今河南滑縣。

〔2〕頃:往昔,過去。

〔3〕求婚:《太平廣記》作"婚娶"。

〔4〕竟未有諧卜:《太平廣記》作"竟未諧偶"。

〔5〕卜:原脱,今據《太平廣記》補。

〔6〕適:《太平廣記》作"始"。

〔7〕郭:外城,是古代在城的週邊加築的一道城墙。

〔8〕華族:高門貴族。

〔9〕鬱然:愁悶貌。未甚之信:未甚信之。

〔10〕郭:原作"郡",據《太平廣記》改。

〔11〕問老圃:原脱,今據《太平廣記》所引補。

〔12〕息:子女。

〔13〕頤:囟門。

〔14〕酷:災難。

〔15〕女幼:《太平廣記》作"孤女"。

〔16〕廉使:唐官名,即觀察使。"廉"通"覝"。《説文・見部》:"覝,察視也。"便收:《太平廣記》作"即養"。

〔17〕導:《太平廣記》作"道"。

〔18〕内:原作"肉",據《太平廣記》改。

〔19〕舊:原脱,今據《太平廣記》所引補。

〔20〕紿:古通"詒",欺騙。

12.1.4　崔元綜[1]

崔元綜任益州參軍日,娶婦,吉日已定。忽假寐,見人云:"此家女非君之婦,君婦今日始生。"乃夢中相隨,向東京履信坊十字街西道北有一家,入宅内東行屋下,見一婦正生一女子,[2]云:"此是君婦。"崔公驚寤,殊不之信。[3]俄所娶女忽然暴亡。後至十八年議婚,侍郎韋陟堂妹,[4]年始十九。乃於履信坊家宅成親,果在東行屋下居住。[5]尋詢年月,所夢之日,其妻始生。崔公官至三品,年九十。韋夫人與之偕老。《定命錄》

校注:

〔1〕本條本自《定命錄》,《太平廣記》卷一百五十九《崔元綜》亦錄此事,較《婚禮新編》稍詳。《定命錄》,唐吕道生著。道生生平事跡不詳。該書多記宿命前定故事,個別故事有一定價值。原書已佚,《太平廣記》《類説》等有佚文可輯。崔元綜,唐新鄭(今河南新鄭)人。初任益州參軍,武周天授年間累遷秋官侍郎,擢鸞台侍郎同鳳閣鸞台平章事。後坐事流放振州(今海南三亞西),赦還,任監察御史。中宗時累官尚書左丞,官終蒲州(山西永濟)刺史。

〔2〕見一婦正:《太平廣記》作"正見一婦人"。

〔3〕之信:《太平廣記》作"信之"。

〔4〕韋陟(696—760):字殷卿,唐京兆萬年(今陝西西安)人。初爲中書舍人,後爲禮部侍郎、禮部尚書。有文采,善隸書。

〔5〕東行:原倒作"行東",今據《太平廣記》正。

12.1.5 武殷[1]

武殷者,鄴郡人也。[2]嘗議婚同郡鄭氏,[3]乃殷從母之女。[4]姿色絶世,有令德,殷甚悦慕,女意亦願從之,有誠約矣。無何,迫於知己所薦,[5]將舉進士。期以三年,從母許之。至洛陽，聞勾龍生善相，時特造焉。[6]生謂殷曰："子之祿與壽甚厚，自此三年，必成大名。唯婚娶，[7]殊未有兆。"殷曰："已有所婚，[8]何言無兆？"生曰："君之娶得非鄭氏乎？"曰："然。"生曰："此非君之妻也。君當娶韋氏，更二年始生，[9]生十七年而君娶之。未逾年而韋氏卒。"殷異其言，固問鄭氏之夫，曰："同郡郭子元也。子元娶五年而卒。"既二年，殷下第，有內黃人郭紹，[10]家富於財，聞鄭氏美，納賂求之。鄭氏之母聚族謀曰："女年既笄，殷未成事。吾老矣，且願見其有所適。[11]今有郭紹者求婚，吾欲許之，何如？"諸子曰："唯命。"鄭氏聞之泣恚，欲斷髮爲尼者數四。及嫁之夕，殷在京師，忽夢一女子，嗚咽流涕，似有所訴，視之即鄭氏也。乃驚問，久之言曰："某常慕君子之德，亦知君之意，且曾許事君矣。今不幸爲尊長所逼，將適郭氏。沒身之歎，[12]知復何言。"言訖，相對而泣。因驚覺悲惋，且異其事。乃發使驗之，[13]則果適人。問其姓氏，則郭紹也。殷數日，思勾龍之言頗驗，然疑其名異耳。及肅宗在儲名紹，[14]遂改爲子元也。殷明年擢第。更二年子元卒。後十餘年，[15]歷位清顯。[16]每求婚，輒不應。後自尚書郎謫官韶陽，[17]郡守韋安貞因以女妻之。殷念勾龍之言，懇辭不免。娶數月而韋氏亡矣。《前定錄》

校注：

〔1〕本條本自《前定錄》。《前定錄》，唐太和中人鍾輅著。鍾輅官崇文館校書郎，生卒年及主要事跡無考。該書共錄二十三則故事，事涉前定，不免於附會，但含有勸戒之意。《太平廣記》卷一百五十九《武殷》條亦載此事。武殷，依本文，曾官至尚書郎。其他

生平事跡不詳。

〔2〕鄴郡：郡名，治所在安陽（今河南安陽），轄境同相州。

〔3〕議婚：《太平廣記》作"欲娶"。

〔4〕乃：《太平廣記》作"則"。從母：母親的姐妹，即姨母。

〔5〕何、迫：二字原殘泐，今據《太平廣記》補。無何：不久。

〔6〕造：拜訪。

〔7〕唯：《太平廣記》作"如"。

〔8〕已有所婚：《太平廣記》作"約有所娶"。

〔9〕更：《太平廣記》作"後"。

〔10〕内黄：古地名，即今河南省内黄縣。

〔11〕且：原訛作"耳"，今據《太平廣記》正。

〔12〕没身：終身。

〔13〕使：原脱，今據《太平廣記》補。

〔14〕肅宗：即唐肅宗，756—762年在位，初名嗣昇，玄宗開元十五年（727）封忠王，改名浚。二十三年（735）改名璵。二十六年（738）册封爲皇太子。二十八年（740）改名紹。天寶三年（744）改名亨。郭紹爲避諱，改名爲郭子元。

〔15〕餘：原脱，今據《太平廣記》補。

〔16〕歷位：謂任職。清顯：指清要顯達的官位。

〔17〕韶陽：古郡名，南朝梁置，治陽壽縣（今廣西象州）。隋開皇九年（589）廢。此處"韶"恐爲"邵"訛字。邵陽亦爲古郡名，唐玄宗天寶元年（742）改邵州爲邵陽郡，治邵陽縣（今湖南邵陽）。肅宗乾元元年（758），復改爲邵州。

12.1.6 劉后[1]

齊高昭劉后父壽之，[2]母桓氏，夢吞玉勝生后，[3]以告壽之。壽之曰："恨非男子。"[4]桓笑曰："雖女亦足興家。"

年十七,裴方明爲子求婚,[5]酬許已定,后夢見先有迎車至,猶如尋常迎法,[6]后不肯去;次有迎至,龍旂豹尾,[7]有異於常,后喜而從之。既而與裴氏不成婚,[8]竟嬪於上。嚴整有軌度,造次必依禮法。生太子。[9]

校注：

〔1〕本條本自《南史・高昭劉皇后傳》。

〔2〕齊高昭劉后父壽之：《南史》作"劉皇后"。

〔3〕玉勝(shèng)：玉製的髮飾。

〔4〕男子：《南史》作"是男"。

〔5〕裴方明(？—443)：南朝宋絳郡聞喜(今屬山西)人。初爲益州刺史中兵參軍,宋文帝時參與鎮壓農民起義,遷龍驤將軍。再參與平叛,因功拜潁川、南平昌太守。後以貪贓被殺。

〔6〕尋常：《南史》作"常家"。

〔7〕龍旂：畫有兩龍蟠結的旗子,天子儀仗之一。豹尾：天子屬車上的飾物,懸於最後一車。

〔8〕既而與裴氏不成婚：原脱"與"字,今據《南史》補。婚：原作"昏",今據《南史》改作"婚"。

〔9〕生太子：此句句末《南史》尚有"及豫章王嶷"五字,《婚禮新編》未錄。

12.1.7 李氏[1]

弘農令之女李氏既笄,[2]適盧氏。卜吉之日,女巫有來者。其母問曰："小女今夕適盧郎,[3]巫當屢見,其人官祿厚薄如何？"[4]巫曰："所言盧郎,非長而髯者乎？"[5]曰："然。"巫曰："此非夫人之子婿也！夫人之婿,中形而白,[6]

且無鬚也。"夫人驚曰："吾女今夕適人得乎？"曰："得，但盧終非夫人之子婿也。"俄而盧納采，[7]夫人怒巫而示之，巫曰："事在今夕，安敢妄言。"家人大怒，唾而逐之。及盧乘軒車來，展親迎之禮。賓主禮具，解佩約花，盧生忽驚而奔出，乘馬而遁。衆賓追之不返。主人素負氣，不勝其憤，且恃其女之容色，邀客皆入，呼女出拜，其貌之麗，天下罕敵。主人指之曰："此女豈驚人者耶？今而不出，人以爲獸形也。"衆人莫不憤歎。主人曰："此女已奉見，賓客中有能聘者，願赴今夕。"時鄭某在坐，起拜曰："願事門館。"[8]於是奉書擇相，登車成禮。巫言之貌宛然，乃知巫之有知也。後數年，鄭仕於京，逢盧，問其事，盧言曰：[9]"見其女兩眼大如朱盞，牙長數寸，出口之兩角，得無驚奔乎？"鄭素與盧相善，驟出妻示之，盧大慚而退。乃知結縭之親，[10]命固前定，不可苟求之也。《續玄怪錄》

校注：

〔1〕本條本自《續玄怪錄》，亦見載於《太平廣記》卷一百五十九《定數》十四《盧生》。此亦夫妻緣分前世已定而不可改變之故事。

〔2〕弘農：古縣名，治今河南靈寶市，唐時屬虢州。

〔3〕小女今夕適盧郎：《太平廣記》作"小女今夕適人。盧郎常來"。

〔4〕如何：它本皆無。

〔5〕而：原脫，今據《太平廣記》所引補。據下文，長謂身高，非謂髯長。

〔6〕中形：身高中等。

〔7〕納采：古代"六禮"中的第一禮，是全部婚姻程式的開始，之後是問名、納吉、納征、請期和親迎。但此處女方在納采前已先

卜吉,納采後便"展親迎之禮"。可見,這裏的納采應該是納采、納吉、納征三個程式合而爲一了。

〔8〕門館:舊時權貴招待賓客、門客的館舍。事門館,謂作李氏女婿。

〔9〕曰:原脫,今據《太平廣記》補。

〔10〕結縭:古代嫁女的一種儀式。女子臨嫁,母爲之系結佩巾,以示至男家後奉事舅姑,操持家務。後亦指結婚。

12.1.8 曾崇範[1]

曾崇範之妻凡許聘者數人,每至親迎之夕,其夫輒死,因自歎悼其身危滯,[2]一何至此。一夕,夢人謂之曰:"田頭有鹿跡,田尾有日炙,乃汝夫也。"[3]後嫁崇範,方悟其夢。《野史》

校注:

〔1〕本條出自《野史》,即龍袞所著《江南野史》。《江南野史》,一名《江南野錄》,宋龍袞撰。龍袞字君章,吉州永新(今屬江西)人,生平仕履不詳,大約生活于宋真宗至仁宗年間。擅長繪畫。《江南野史》成書于仁宗朝,約在 1022 年至 1029 年間,是龍袞以紀傳體修撰的有關南唐史事的筆記,記載了南唐時八十多位江西人物的逸聞趣事,具有較高的史料及文學價值。曾崇範:字則模,五代後周著名藏書家、學者,廬陵(今江西吉安)人。《南唐書》作魯崇範。南唐後主授予太子洗馬、東宮洗馬、東宮使之職。其藏書爲廬陵首富,以"墳典,天下公器,世亂藏於家,世治藏於國"的藏書理論而聞名。

〔2〕危滯:危難困苦。

〔3〕田頭有鹿跡,田尾有日炙:即"曾"字隱語。炙:原訛作"灸",今據《江南野史》正。"曾"俗書作"曽",中爲"田","ソ"是爲田頭之鹿跡,下"日"字乃"田尾"之炙者。

12.1.9　流紅記[1]

　　唐僖宗時,于祐晚步禁衢,於御溝見流一紅葉,上有二句云:"慇懃謝紅葉,[2]好去到人間。"祐又將一葉題云:"曾聞葉上題紅怨,葉上題詩寄阿誰?"[3]置御溝上流水中,爲宮女。[4]韓夫人拾之。後祐託韓泳門館,因帝放宫女三千餘,[5]泳以韓夫人有同姓之親,作伐嫁祐。[6]韓於祐書笥中見紅葉,[7]驚曰:"此吾所作。吾於水中亦得紅葉,[8]想君所題。得葉之初,嘗有詩云:'獨步天溝岸,臨流得葉時。此情誰會得?腸斷一聯詩。'"於是相對感泣曰:"事豈偶然,莫非前定?"一旦,泳開宴,顧謂于、韓曰:"子二人今日可謝媒人也。"韓氏笑答曰:"一聯佳句題流水,十載幽思滿素懷。今日却成鸞鳳友,[9]方知紅葉是良媒。"泳笑曰:"吾今知天下事無偶然得者也。"《青瑣・流紅記》

校注:

〔1〕本條本自宋劉斧《青瑣高議》,題下原注"紅葉題詩取韓氏"。作者張實,生卒年不詳,字子京,原署魏陵人。《禁窗新話・韓夫人題葉成親》作張碩。《流紅記》乃宋代傳奇小説。唐代已有"紅葉題詩"故事,明陸楫編《古今説海》卷一百《説略十六》:"唐小説記紅葉事凡四:其一《本事詩》,顧況……其二《雲溪友議》,盧渥……其三《北夢瑣言》,進士李茵……其四《玉溪編事》,侯繼圖……前三則本只一事,而傳記者各異耳。劉斧《青瑣》中有御溝流紅葉記,最爲鄙妄,蓋竊取前説而易其名爲于祐。"本篇即根據孟棨《本事詩・情感篇》及范攄《雲溪友議・題紅怨》所記增飾而成。文中男主人公于祐,前書作顧況,後書作舍人盧渥,而宋孫光憲《北夢瑣言》又作進士李茵,王銍《補侍兒小名録》又作賈全虛,人名雖

各不同,而故事情節本出一源。元人白樸、李文蔚分別改編成雜劇《韓翠蘋御水流紅葉》和《金水題紅怨》。今本《青瑣高議》記之甚詳,《婚禮新編》所録僅其梗概。

〔2〕慇懃:情意懇切。

〔3〕阿誰:疑問代詞,猶言誰。

〔4〕置、水中:原脱,今據《青瑣高議》補。

〔5〕千:原作"十",今據《青瑣高議》正。

〔6〕韓夫人:即韓翠萍(又稱韓采萍),乃帝所放宫女之一,"紅葉題詩"故事之女主角。作伐:《詩·豳風·伐柯》:"伐柯如何,匪斧不克。取妻如何,匪媒不得。"後因稱做媒爲作伐。

〔7〕書筒:書箱。

〔8〕於:原脱,今據《青瑣高議》補。

〔9〕鸞鳳友:本指孔雀,後轉指夫妻。

12.1.10 秋葉飄詩[1]

侯繼圖尚書本儒素之家,[2]方倚檻於大慈寺樓。秋風四起,[3]忽有木葉飄然而墜,上有詩曰:"拭翠斂雙蛾,[4]爲鬱心中事。搦管下庭除,書成相思字。此字不書石,此字不書紙。書向秋葉上,願逐秋風起。天下負心人,盡解相思死。"後貯巾篋,凡五六年。旋與任氏爲婚,常念此詩。[5]任氏曰:[6]"此是書葉詩。時在左綿書,[7]爭得至此?"[8]侯以今書辨驗,與葉上字無異也。《玉溪編事》

校注:

〔1〕此條本自《玉溪編事》。據《通志·藝文略·小説》記載,《玉溪編事》乃五代十國時前蜀國全利用撰,凡三卷。今已佚。此

事《太平廣記》卷一百六十《定數》十五《侯繼圖》條亦錄。侯繼圖：前蜀尚書，正史無傳。此即後來之"桐葉爲媒"。

〔2〕儒素之家：即讀書人家。此處《太平廣記》所引尚有"手不釋卷，口不停吟"諸字，《婚禮新編》未錄。

〔3〕秋風四起：《太平廣記》所引在"方倚檻於大慈寺樓"句前。當爲誤倒。

〔4〕拭翠斂雙蛾：原作"拭翠歛悲娥"，今據《太平廣記》所引正。

〔5〕詩：原脱，今據《太平廣記》補。常：《太平廣記》所引作"嘗"，二字古通。

〔6〕氏：原脱，今據《太平廣記》補。

〔7〕左綿：又作左緜，爲四川綿陽代稱。"左綿"一詞出自晉左思《蜀都賦》："於東則左綿巴中，百濮所充"，原意並非指綿陽。隋開皇五年建綿州，綿州地處成都東北方，符合古地理方位"左"方，故杜甫《海棕行》詩云："左綿公館清江濆，海棕一株高入雲。"詩中以"左綿"代稱綿陽（當時的巴西縣），後世多循之。

〔8〕爭：疑問代詞，相當於"怎""怎麽"。清劉淇《助字辨略》卷二："爭，俗云怎，方言如何也。"

12.2 媒氏門

12.2.1 謀合異類[1]

《周禮·地官》："媒氏，[2]下士二人，史二人，徒十人。"注："媒之爲言謀也，謀合異類，使和成者。[3]今齊人名麴麰曰媒。"[4]

校注：

〔1〕本條本自《周禮·地官司徒》"媒氏"條。異類：謂男女。

〔2〕媒氏：原作"媒人"，今據《周禮》正。

〔3〕和成：原作"相成"，今據《周禮》鄭注正。
〔4〕麴（qū）：同"麯"。糱（niè）：同"蘖"。二字都指酒母。酒母用來發酵釀酒，媒人説合婚姻，因以爲比。

12.2.2　夫妻判合[1]

媒氏，掌萬民之判。注："判，半也。得耦爲合，主合其半，成夫婦也。夫妻判合。[2]"

校注：
〔1〕本條本自《周禮·地官司徒·媒氏》。判合：配合，特指男女結婚。
〔2〕夫妻判合：乃鄭玄注引《喪服傳》文，句末原衍"也"字，今據鄭注删。

12.2.3　行媒[1]

《曲禮》曰："男女非有行媒，不相知名。"

校注：
〔1〕本條本自《禮記·曲禮上》。鄭玄注："見媒往來傳昏姻之言，乃相知姓名。"行媒：即往來作媒妁的人。

12.2.4　媒幣[1]

《坊記》："男女無媒不交，無幣不相見，恐男女之無別也。以此坊民，民猶有自獻其身。"[2]

校注：

〔1〕本條本自《禮記·坊記》。鄭玄注："重男女之會，所以遠別之於禽獸也。有幣者必有媒，有媒者不必有幣。仲春之月，會男女之時，不必待幣。獻猶進也。"

〔2〕坊：通"防"，防範。鄭玄注："名《坊記》者，以其記《六藝》之義，所以防人之失者也。"

12.2.5　伐柯[1]

伐柯如何？匪斧不克。取妻如何？匪媒不得。伐柯伐柯，[2]其則不遠。《伐柯》詩[3]

校注：

〔1〕本條本自《詩·豳風·伐柯》，原詩二章，章四句，末兩句是："我覯之子，籩豆有踐。"
〔2〕伐柯伐柯：原作"執柯伐柯"，今據《毛詩》正。
〔3〕伐柯詩：原作"伐斧詩"，今據《毛詩》正。

12.2.6　析薪[1]

藝麻如之何？衡從其畝。[2]取妻如之何？必告父母。既曰告止，[3]曷又鞠止？析薪如之何？匪斧不克。取妻如之何？匪媒不得。《南山》

校注：

〔1〕本條本自《詩·齊風·南山》，原詩四章，章六句，這裏所錄爲第三章及第四章前四句。末兩句是："既曰得止，曷又極止？"
〔2〕衡從：原倒作"從衡"，今據《毛詩》乙正。衡從，即縱橫。

〔3〕告止：原訛作"生止"，今據《毛詩》正。止：句末語氣詞，表確定語氣。下同。

12.2.7　良媒[1]

《氓》詩："匪我愆期，子無良媒。"

校注：
〔1〕本條本自《詩・衛風・氓》。鄭玄箋："良，善也。非我心欲過子之期，子無善媒來告期時。"

12.2.8　招舟[1]

《匏有苦葉》詩："招招舟子，人涉卬否。"注："招招，號召之貌。舟人，號召渡者，猶媒人之會男女無夫家者，使爲妃匹。卬，我也。人皆從之而渡，我獨否。"[2]

校注：
〔1〕本條本自《詩・邶風・匏有苦葉》。
〔2〕此處毛傳作："招招，號召之貌。舟子，舟人，主濟渡者。卬，我也。"鄭箋作："舟人之子，號召當渡者，猶媒人之會男女無夫家者，使之爲妃匹。人皆從之而渡，我獨否。"《婚禮新編》合二爲一，內容摻雜。

12.2.9　媒妁[1]

《孟子》曰："父母之心，人皆有之。不待父母之命、媒妁之言，鑽穴隙相窺，踰牆相從，則父母國人皆賤之。"《滕文

公下》

校注：
〔1〕本條本自《孟子・滕文公下》。趙岐注："言人不可觸情從欲，須禮而行。"

12.2.10 不自專[1]

《白虎通》曰：男女不自專嫁娶，必由父母，須媒妁，所以遠恥防淫泆也。[2]

校注：
〔1〕本條本自《白虎通義・德論下・嫁娶篇》。此係意引。原文作："男不自專娶，女不自專嫁，必由父母，須媒妁何？遠恥防淫泆也。"
〔2〕淫泆：亦作"淫佚"，淫亂。

12.2.11 因針[1]

《淮南子》："綫因針而入，不因針而急。女因媒而成，不因媒而親。"[2] "行合趣同，千里相從；趣不合，行不同，對門不通。"[3] 劉向《新序》曰："婦人因媒而嫁，不因媒而親。"[4]

校注：
〔1〕此條包括三部分，分別出自《淮南子》和劉向《新序》。
〔2〕此句謂出自《淮南子》。查今本《淮南子・說山訓》作："先針而後綫，可以成帷；先綫而後針，不可以成衣……因媒而嫁，而不

因媒而成；因人而交，不因人而親。"與本書所引不同。《說苑·善說篇》作"縷因針而入，不因針而急。嫁女因媒而成，不因媒而親。"故本書所引當出自《說苑》。急：加快縫紉速度。

〔3〕此句出自《淮南子》。《說山訓》作"行合趨同，千里相從；行不合，趨不同，對門不通"。《金樓子·立言篇》："行合趣同，千里相從；趣不合行不同，對門不逢也。"趣：通"趨"。

〔4〕此句謂出自劉向《新序》，見《雜事篇》。

12.2.12　蹇脩[1]

《離騷》："吾令豐隆乘雲兮，[2]求宓妃之所在。解佩纕以結言兮，吾令蹇脩以為理。"注："豐隆，雲師。[3]宓妃，洛水神。纕音相，佩帶也。蹇脩，伏羲之臣。言既見宓妃，解佩帶，取玉，結言語，[4]令蹇脩為媒。"

校注：

〔1〕本條本自《楚辭·離騷》及王逸章句。蹇脩：亦作"蹇修"，傳說中伏羲氏之賢臣。後借指媒妁。

〔2〕令：原訛作"今"，今據《楚辭》正。

〔3〕雲師：王逸《楚辭章句》作"雷師"。

〔4〕王逸《楚辭章句》作"解我佩帶之玉，以結言語"。語：原訛作"契"，今據《楚辭章句》正。

12.2.13　又[1]

郭景純《遊仙詩》："靈妃顧我笑，[2]粲然啓玉齒。[3]蹇脩時不存，要之將誰使？"注："蹇脩，古賢媒。"[4]

校注：

〔1〕本條目錄未列。因亦言及"蹇脩"，故並爲一條。郭景純：即郭璞。

〔2〕靈：原作"雲"，今據《遊仙詩》正。靈妃，即宓妃，伏羲氏之女，傳說中的洛水女神。

〔3〕粲：原作"燦"，今據《遊仙詩》正。

〔4〕此乃《文選》本詩劉良注。

12.2.14　拙媒[1]

理弱而媒拙兮，恐導言之不固[2]……苟中情其好脩兮，又何必用夫行媒[3]……心不同兮媒勞，恩不甚兮輕絕。[4]《離騷》

校注：

〔1〕本條出自《離騷》，但實際上只有前兩句出自《離騷》，後一句出自《九歌·湘君》。

〔2〕之：原訛作"而"，今據《楚辭》正。導言：媒人傳達疏導雙方意見的話。不固：没有成效。

〔3〕脩：通"修"，修潔。用：因，借助。

〔4〕媒勞：媒人只是徒勞。輕絕：輕易棄絕。

12.2.15　鴆媒[1]

望瑶臺之偃蹇兮，見有娀之佚女。[2]吾令鴆爲媒兮，鴆告余以不好。注：有娀，國名。《吕氏春秋》云："有娀氏有美女。"[3]鴆，惡鳥。喻使讒賊人爲媒，故云不好。

《離騷》

校注：

〔1〕本條出自《離騷》。鴆媒：因鴆羽有毒，可殺人，故《楚辭》用以喻讒佞賊害人。後亦指善用讒言害人之人。

〔2〕兮：原脱，今據《離騷》補。偃蹇：高聳貌。娀：此處及下文原均訛作"娥"，今據《離騷》正。佚：通"昳"。佚女即美女。

〔3〕氏有：原脱，今據《離騷》補。

12.2.16　接歡[1]

余情悦其淑美兮，心振蕩而不怡。[2]無良媒以接歡兮，託微波而通辭。[3]《洛神賦》

校注：

〔1〕本條出自曹植《洛神賦》。接歡：由媒人傳達愛慕之情。

〔2〕淑美：賢淑美麗。振：原作"震"，今據《洛神賦》正。振蕩：振動。

〔3〕託：或作"托"。而：原作"以"，今據《洛神賦》正。

12.2.17　父不爲媒[1]

親父不爲其子媒。注：媒，合也。父談其子，人多不信。《莊子·寓言》

校注：

〔1〕本條本自《莊子·寓言篇》。今《莊子》注作"父之譽子，誠多不信"。

12.2.18　夢立冰上[1]

《晉索紞傳》：孝廉令狐策夢立冰上，與冰下人語。問紞，[2]紞曰："冰上爲陽，冰下爲陰，陰陽事也。士如歸妻，迨冰未泮，[3]婚姻事也。君居冰上，[4]與冰下人語，爲陽語陰，媒介事也。君當爲人作媒，冰泮而婚成。"策曰："老夫耄矣，不爲媒也。"會太守田豹因策爲子求鄉人張公徵女，仲春而成婚。

校注：

〔1〕本條本自《晉書·索紞傳》。索紞，字叔徹，西晉敦煌（今甘肅敦煌）人。從小在京師讀書，曾在太學任過職。學識淵博，精通陰陽八卦、天文地理、術數占候，尤擅占夢。後稱媒人爲冰人。

〔2〕問紞：諸書均無。

〔3〕妻：原作"女"，今據《晉書》正。此二句乃《詩·邶風·匏有苦葉》文。歸妻：娶妻。迨（dài）：趕上，趁着。泮（pàn）：融解。

〔4〕居：《晉書》作"在"。

12.2.19　青鳥[1]

漢武帝好神仙之術，乃築雲駕設祭。西王母感得，王母與帝將仙桃下至漢宮。[2]初，王母欲下，先有青鳥一雙啣書報帝，帝與王母相見，後昇雲駕而去。[3]胡曾《詠史詩》曰："青鳥西沉隴樹秋。"[4]《摭遺》曰："青鳥去時雲路斷。"[5]韓昌黎詩："仙梯難攀俗緣重，浪憑青鳥通丁寧。"[6]

校注：

〔1〕本條共四部分，皆言"青鳥"事。青鳥是神話傳説中爲西王母取食傳信的神鳥。《山海經·西山經》："又西二百二十里，曰三危之山，三青鳥居之。"郭璞注："三青鳥主爲西王母取食者，别自棲息於此山也。"《藝文類聚》卷九十一引舊題漢班固《漢武故事》："七月七日，上於承華殿齋，正中，忽有一青鳥從西方來，集殿前。上問東方朔，朔曰：'此西王母欲來也。'有頃，王母至，有兩青鳥如烏，俠侍王母旁。"後遂以"青鳥"爲信使的代稱。

〔2〕後一"母"字原殘泐，今據上下文補。

〔3〕此事未詳出處，蓋係《漢武故事》之演繹。

〔4〕此句出自唐胡曾《詠史詩·回中》。原詩曰："武皇無路及崑丘，青鳥西沉隴樹秋。欲問生前躬祀日，幾煩龍駕到涇州。"

〔5〕此句言出自《摭遺》，未詳是何書。今查《劉禹錫外集》卷七有《懷妓四首》，其四曰："三山不見海沉沉，豈有仙蹤更可尋。青鳥去時雲路斷，姮娥歸處月宫深。紗窗遥想春相憶，書幌誰憐夜獨吟。料得夜來天上鏡，只應偏照兩人心。"唐孟棨《本事詩·情感篇》亦録此詩，謂乃太和初御史所作。宋胡仔《漁隱叢話》前集卷六十《憶妓詩》條曰："余觀《劉賓客外集》有憶妓四首，内有一首，即前詩也。其餘三首亦是前詩之意也。《古今詩話》中既不云御史姓名，則此詩豈非夢得爲之假手乎？"

〔6〕此句出自《韓昌黎文集·華山女》。

12.2.20　平章[1]

老杜《送大理封主簿五郎親事不合，却赴通州。[2]主簿前閬州賢子，余與主簿平章鄭氏女子，垂欲納采。[3]鄭氏伯父京書至，女子已許他族，親事遂停》詩云："禁臠去東床，[4]趨庭赴北堂。風波空遠涉，琴瑟幾虛張。渥水出騏驥,昆山生鳳凰。[5]兩家誠款款,中道許蒼蒼。頗謂秦晉匹,從來王謝郎。青春動才調,白首缺輝光。玉潤終孤立,珠明得闇藏。餘寒折花卉,恨別滿江鄉。"

校注:

〔1〕此乃杜甫詩。平章:品評。

〔2〕却:原脱,今據杜詩補。大理封主簿五郎:又稱封五主簿,名無考。其父即下文封閬州。杜甫有《送高司直尋封閬州》詩。大理寺主簿:官名,位從七品上。通州:通川郡,屬山南西道。

〔3〕垂欲:將要。

〔4〕禁臠、東床:分別詳見 14.1.2 "謝混"條及 14.1.1 "郗鑒"條。

〔5〕騏驥、鳳凰:分別喻指閬州子和鄭氏女。

# 婚禮新編　卷之十三

13.1　自媒門

13.1.1　黃承彥[1]

《蜀志》：黃承彥高爽開列，[2]爲沔南名士，謂諸葛孔明曰："聞君擇婦；身有醜女，[3]黃頭黑色，才堪相配。"孔明許，即載送之。時人以爲笑樂，鄉里爲之諺曰："莫作孔明擇婦，正得阿彥醜女。"[4]

校注：

[1] 本條本自《三國志·蜀書·諸葛亮傳》裴松之注引東晉習鑿齒《襄陽耆舊傳》(《襄陽記》)。黃承彥(？—218)，沔南白水(今湖北襄陽)人。東漢末年名士。其女黃月英適諸葛亮。今襄陽有《漢故黃君之碑》出土。

[2] 高爽：高潔豪爽。開列：開朗。

[3] 身：第一人稱代詞，相當於"我"。

[4] 正得阿彥醜女：郝氏《續後漢書》卷七十上作"止得阿承醜女"。《册府元龜》卷八百五十三《總錄部·姻好》、《古今事文類聚》後集卷十四《人倫部·擇取醜婦》、《古今合璧事類備要》前集卷六十一《婚禮門·擇取醜婦》均作"正得阿彥醜女"。

13.1.2　溫太真[1]

《世説》：溫嶠字太真，喪婦。從姑劉氏家值亂離散，[2]姑唯有一女，甚有姿慧，屬公覓婿。公有自婚意，[3]答云："佳婿難得，但如嶠比，如何？"姑云："喪敗之餘，乞得粗相存活，[4]便足慰吾餘年，何敢希汝比？"却後少日，[5]公報姑云："已覓得婿處，門地粗可，身名宦，[6]盡不減嶠。"因下玉鏡臺一枚。姑大喜。既婚，交禮，女以手披紗扇，撫掌大笑曰："我固疑是老奴，果如所卜。"[7]

校注：

〔1〕本條本自《世説新語・排調》。溫太真即溫嶠（288—329），東晉太原祁縣（今屬山西）人，博學能屬文。嘗從劉琨討石勒、劉聰。元帝時，爲帝及朝士推重。明帝拜爲侍中，參預機密。成帝時爲江州刺史，討蘇峻，封始安郡公。謚忠武。

〔2〕從姑：即從祖姑，父親的叔伯姐妹。

〔3〕有：《世説新語》前有"密"字。

〔4〕乞得粗相存活：《世説新語》作"乞粗存活"。

〔5〕却後：亦作"卻後"，猶過後。

〔6〕身：《世説新語》前有"婿"字。

〔7〕果如所卜：《藝文類聚》卷四十《禮部下》、《太平御覽》卷五百四十一《禮儀部》婚姻下均作"果如所疑"。

13.1.3　孫興公[1]

《世説》：王文度弟阿智，[2]惡乃不翅，[3]當年長而無人與婚。孫興公有一女，亦僻錯，[4]又無嫁理。[5]因詣文度，求見阿智。既見,便陽言:[6]"此定可,殊不如人所傳,那得至今未有婚處!"乃曰:[7]"我有一女,不惡,[8]但吾寒士,不宜與卿計,欲令阿智娶之。"文度欣然啓父述云:[9]"興公向來,忽言欲與阿智婚。"述驚喜。既成婚,女之頑嚚,[10]欲過阿智。方知興公之詐。文度名坦之,弟處之,字文將,小名阿智。孫綽字興公。[11]

校注:

〔1〕本條本自《世說新語·排調篇》。孫興公即孫綽(314—371),東晉中都(今山西平遥)人。博學善屬文,尤工書法,長於玄言詩。《晉書》卷五十六有傳。

〔2〕王文度:即王坦之(330—375),東晉太原晉陽(今山西太原)人,藍田侯王述之子。累官中書令,領徐、兗刺史,謚曰獻。阿智:王坦之弟王處之小字。

〔3〕不翅:不止,不僅。翅,通"啻"。

〔4〕僻錯:邪僻乖張,不近情理。

〔5〕嫁理:《世說新語》作"嫁娶理"。

〔6〕陽言:説假話。陽,通"佯"。

〔7〕乃曰:《世說新語》無。

〔8〕不惡:該兩字《世說新語》前有"乃"字。

〔9〕啓父述:《世說新語》作"而啓藍田"。王坦之父王述(303—368),字懷祖,東晉太原晉陽(今山西太原)人。歷任揚州刺史、衛將軍、尚書令。封藍田侯。

〔10〕頑嚚(yín):愚蠢而頑固。

〔11〕"文度名坦之"至"孫綽字興公":此二句《世說新語》無。

13.1.4　馮素弗[1]

　　馮素弗慷慨有大志,姿貌魁偉,雄傑不群,任俠放蕩,不修小節,故時人未之奇。[2]惟交結時豪爲務,不以産業經懷。弱冠,自詣慕容熙尚書左丞韓業請婚,[3]業怒而距之。復求尚書郎高邵女,[4]邵亦弗許。南宮令成藻,[5]豪俊有高名,素弗造焉,藻命門者勿納。素弗逕入,與藻對坐,旁若無人。談飲連日,藻始奇之,曰:"吾遠求騏驥,不知近在東鄰,何識子之晚也!"

校注:

〔1〕本條本自《晉書》卷一百二十五《馮素弗傳》。馮素弗,十六國時北燕長樂信都(今河北衡水市冀州區)人。北燕太祖馮跋長弟。交結時豪,不修小節。跋之建立政權,素弗功居多。歷官侍中、車騎大將軍、録尚書事。後爲大司馬,封遼西公。

〔2〕此處《晉書》有"惟王齊異焉曰撥亂才也"句,《婚禮新編》未録。

〔3〕慕容熙(385—407):字道文,十六國時後燕國君,爲政虐暴。後中衛將軍馮跋發動政變,殺慕容熙。

〔4〕邵:原作"劭",今據《晉書》正。

〔5〕成藻:十六國時北燕人。初仕晉爲南宮令,有政績。後爲馮跋輔相。

13.1.5 無鹽[1]

齊鍾離春者,無鹽邑之女,宣王之正后也。其爲人極醜無雙,臼頭,深目,長壯,大節,卬鼻,結喉,肥項,少髮,折腰,出胸,皮膚若漆。行年四十,無所容入,衒嫁不售,[2]乃拂拭短褐,自詣宣王,謂謁者曰:"妾齊之不售女也。聞君王之聖德,願備後宮之掃除,頓首司馬門外,唯王幸許之。"

謁者以聞,宣王方置酒於漸臺,[3]左右聞之,莫不掩口大笑,曰:"此天下強顔女子也,豈不異哉!"於是宣王乃召見之,謂曰:"昔者先王爲寡人娶妃匹矣,[4]今夫人不容於鄉里布衣,而欲干萬乘之主,亦有何奇能哉?"鍾離春不對,[5]但揚目銜齒,舉手拊膝,曰:"殆哉!"[6]如此者四。宣王曰:[7]"願遂聞命。"鍾離春對曰:[8]"今大王之君國也,西有衡秦之患,南有強楚之讎,外有二國之難,内聚姦臣,衆人不附。春秋四十,壯男不立,[9]不務衆子而務衆婦。尊所好而忽所恃。[10]一旦山陵崩弛,[11]社稷不定,此一殆也。漸臺五重,黃金白玉,琅玕籠疏,翡翠珠璣,幕絡連飾,萬民罷極,此二殆也。賢者匿於山林,[12]諂諛強於左右,邪僞立於本朝,諫者不得通入,此三殆也。飲酒沉湎,以夜繼晝,[13]女樂俳優,縱橫大笑。外不修諸侯之禮,内不秉國家之治,此四殆也。故曰:殆哉!"[14]宣王於是拆漸臺,[15]罷女樂,退諂諛,去彫琢,[16]選兵馬,實府庫,四闢公門,[17]招進直言,延及側陋。卜擇吉日,立太子,進慈母,拜無鹽君以爲王后。[18]而齊國大安者,醜女之力也。

校注:

〔1〕本條本自漢劉向《古列女傳》卷六《辯通傳·齊鍾離春》。《新序》卷二《雜事第二》亦録,文辭小異。無鹽:齊邑名,位於今山東東平東部。戰國時期,齊國將被吞併的鄣國、宿國置爲無鹽邑。

〔2〕銜(xuàn)嫁:自媒求嫁。不售:此二字後《古列女傳》及《新序》尚有"流棄莫執於是"六字,《婚禮新編》未録。

〔3〕方:原脱,今據《古列女傳》補。

〔4〕昔者:原作"昔我",今據《古列女傳》正。妃匹:此二字後

《古列女傳》及《新序》尚有"皆已備有列位"六字,《婚禮新編》未録。

〔5〕鍾離春不對：此句脱文較多,今據《古列女傳》逐録如下：鍾離春對曰："無有。特竊慕大王之美義耳。"王曰："雖然,何善?"良久曰："竊嘗善隱。"宣王曰："隱固寡人之所願也,試一行之。"言未卒,忽然不見。宣王大驚,立發隱書而讀之,退而推之,又未能得。明日,又更召而問之,不以隱對……

〔6〕殆哉：《古列女傳》《新序》均作"殆哉殆哉"。

〔7〕宣：原脱,今據《古列女傳》補。

〔8〕鍾離春：原脱,今據《古列女傳》補。

〔9〕壯男：此處指太子。

〔10〕而：《古列女傳》無,《新序》有。

〔11〕山陵崩弛：諸侯帝王死亡的委婉語。

〔12〕匿：原作"伏匿",《新序》同,《古列女傳》無"伏"字,依句式求之,當删。

〔13〕晝：原訛作"書",今據《古列女傳》正。

〔14〕殆哉：《古列女傳》《新序》均作"殆哉殆哉"。

〔15〕拆：原訛作"折",今據《古列女傳》正。宣王於是拆漸臺：此句脱文較多,今據《古列女傳》逐録如下：於是宣王喟然而嘆曰："痛乎無鹽君之言! 乃今一聞。"於是拆漸臺……

〔16〕彫：《新序》同,《古列女傳》作"雕",乃通假字。

〔17〕闢：《新序》同,《古列女傳》作"辟",乃古字。

〔18〕以爲王后：《古列女傳》作"爲后",《新序》作"爲王后"。

13.2　擇婦

13.2.1　光武[1]

光烈陰皇后諱麗華。[2]初,光武適新野,聞后美,心悦之。後至長安，見執金吾車騎甚盛，因歎曰："仕宦當作執金吾，娶妻當得陰麗華。"更始元年六月，納后於宛，[3]時年十九。

校注：

〔1〕本條本自《後漢書》卷十上《光烈陰皇后本紀》。陰麗華，南陽新野（今屬河南）人，東漢光武帝劉秀的第二任皇后，以美貌著稱。諡光烈。

〔2〕光烈：原作"光武"，今據《後漢書》正。

〔3〕納后於宛：《後漢書》作"遂納后於宛當成里"。

13.2.2　馮偃[1]

《東觀漢記》：馮勤字偉伯，[2]魏郡人。祖父偃以兄弟形皆偉壯而己長不滿七尺，常自恥短陋，恐子孫似之，乃爲子伉娶長妻，生勤，長八尺三寸。

校注：

〔1〕本條本自《東觀漢記》卷十三《馮勤傳》，《後漢書》卷五十六《馮勤傳》亦錄其事。標題原作"馬偃"，今正。馮偃，東漢魏郡繁陽（今河南內黃）人，平陽侯馮揚子，官黎陽令。

〔2〕馮勤：原作"馬勤"，今據《東觀漢記》正。馮勤（？—56），初爲太守銚期功曹，後除郎中，給事尚書，掌諸侯封事。累遷司徒，賜爵關內侯。

13.2.3　晉武帝[1]

晉武帝將納衛瓘女爲太子妃，[2]賈充妻郭氏餽賂楊皇后左右,[3]使后説帝,求納其女。帝曰:"衛公女有五可,賈公女有五不可。[4]衛氏種賢而多子,美而長白;賈氏種妒而少子,醜而短黑。"[5]后固以爲請,荀顗、荀勖、馮紞皆稱充女絶美,[6]且有才德,帝遂從之。賈妃年十五,長於太子二歲,妒忌多權詐,太子嬖而畏之。[7]

校注:

〔1〕本條本自《資治通鑑》卷七十九《晉武帝紀》。《晉書》卷三十一《惠賈皇后傳》亦載其事。晉武帝即司馬炎,265—290年在位。

〔2〕衛瓘(220—291):字伯玉,河東安邑人(今山西夏縣北)。三國時期魏國、西晉的大臣,在"八王之亂"中被賈后以計誅殺。太子:武帝次子司馬衷,後爲惠帝。

〔3〕賈充(217—282):字公閭,平陽襄陵(今山西襄汾東北)人,曹魏至西晉時期大臣,西晉的開國元勳。充妻名郭槐,此處作"郭氏",後"醜"字或爲"槐"訛字,但醜貌亦通。

〔4〕五可、五不可:胡三省注:"五可:種賢,一也;多子,二也;美,三也;長,四也;白,五也。五不可可以類推。"

〔5〕短:原脱,今據《資治通鑑》及《晉書》補。

〔6〕荀顗、荀勖、馮紞:《晉書》作"荀顗、馮紞",《資治通鑑》"荀顗"後另有"荀勖",今據補。

〔7〕嬖而畏之:《晉書》作"畏而惑之"。

13.2.4 王汝南[1]

《世説》:王汝南少無婚,自求郝普仲將之女。[2]普門至孤陋,甚非其偶。君見其女,便求聘焉。司空王昶以其癡,[3]會無婚處,任其意,便許之。既婚,果有令姿淑德,高朗英邁，生東海，[4]母儀冠族。或問："何以知之？"曰："嘗見井上取水，舉動容止不失常，未嘗忤視，[5]以此知之。"

校注：

〔1〕本條本自《世説新語・賢媛篇》，實合《世説新語》及劉孝標注引《汝南別傳》而成。王汝南，即王湛（249—295），字處沖，西晉太原晉陽（今山西太原）人，少有識度。歷任秦王文學、太子洗馬、尚書郎、太子中庶子、汝南内史，因稱王汝南。《晉書》卷七十五有傳。

〔2〕郝普仲將：劉孝標引《郝氏譜》曰："普字道匡，太原襄城人。仕至洛陽太守。"程炎震云："襄城不屬太原，洛陽亦無太守，皆有誤字。《御覽》四百九十引此事，云出《郭子》，注云：'郝氏，襄城人。父匡，字仲時，一名普，洛陽太守。'"余嘉錫認爲作"仲時"爲是。

〔3〕王昶（？—259）：字文舒，太原郡晉陽縣（今山西太原）人。初爲曹丕文學侍從，徙散騎侍郎，後歷任揚烈將軍、征南大將軍、驃騎將軍。因平定諸葛誕有功而升任司空。諡穆侯。《三國志・魏書》有傳。

〔4〕東海：即王承（約273—318）。承字安期，弱冠知名，初爲驃騎參軍，遷司空從事中郎，爵藍田侯，後任東海太守。善清談，不飾文辭，被譽爲中興名臣第一。

〔5〕忤視：今本《世説》作"忤觀"。

13.2.5　呂範[1]

《吳志》：呂範字子衡，汝南細陽人。[2]少爲縣吏，有容觀姿貌。邑人劉氏，家富女美，範求之。女母嫌，欲勿與，劉氏曰："觀呂子衡寧當久貧者邪？"遂與之婚。後終大司馬。

校注：

〔1〕本條本自《三國志・吳書・吕範傳》。吕範（？—228）乃三國時期東吳將領，歷官前將軍、揚州牧、假節、大司馬，封南昌侯。

〔2〕細陽：原誤作"伊陽"，今據《三國志》正。細陽，漢高祖初置，屬陳郡，後改屬汝南郡，故城在今安徽太和縣。伊陽，河南省汝陽縣的舊稱，唐時置，隸汝州。

13.2.6 荀粲[1]

荀粲字奉倩，常以婦人才智不足論，自宜以色爲主。驃騎將軍曹洪女有色，粲於是聘焉，容服帷帳甚麗，專房嬿婉。[2]及婦病亡，[3]傅嘏往喭粲，[4]曰："婦人才色並茂爲難。子之聘也，遺才存色，非難遇也，何哀之甚？"[5]粲曰："佳人難再得！顧逝者不能有傾城之異，然未可易遇也。"[6]痛悼不能已。[7]出《荀粲別傳》。《世說》曰："奉倩婦冬月病熱，粲出中庭自取冷，還以身熨之。常曰：'婦人德不足稱，當以色爲主。'"

校注：

〔1〕本條本自《世說新語・惑溺篇》及劉孝標注引何劭《荀粲別傳》。《三國志・魏書・荀彧傳》裴松之注亦引而文辭小異。粲：原作"燦"，文中前四處亦均作"燦"，今據《世說新語》正。荀粲（209？—238？）字奉倩，三國魏玄學家，東漢名臣荀彧幼子。以善談玄理名噪一時。妻病亡，荀粲悲痛過度，歲餘亦亡。

〔2〕嬿婉：劉注所引作"燕婉"，裴注所引作"歡宴"。"嬿"爲

"燕"涉"婉"類化字。

〔3〕及：原訛作"久"，今據文意正。劉、裴所引均作"歷年後"。

〔4〕傅：原訛作"傳"，今據《世說新語》正。

〔5〕聘：裴注作"娶"。存：裴注作"好"。非難遇也：裴注作"此自易遇"。何哀之甚：裴注作"今何哀之甚"。

〔6〕異：裴注作"色"。可：裴注此字後有"謂之"二字。

〔7〕痛悼不能已：原作"痛憚不能已已"，"憚"爲"悼"訛字，"不能已已"不辭，今據裴注所引刪正。

13.2.7 馬司徒[1]

扶風郡夫人盧氏，[2]吉州刺史徹之女。[3]嫁扶風馬氏，爲司徒侍中莊武公之冢婦，[4]少府監西平郡王之夫人。[5]初，司徒與其配陳國夫人元氏，[6]惟宗廟之尊重，繼序之不易，賢其子之才，求婦之可與齊者。內外親戚咸曰：[7]"盧某舊門，承守不失其初，其子女聞教訓，有幽閒之德。[8]爲公子擇婦，[9]宜莫如盧氏。"媒者曰"然"，卜者曰"祥"。夫人入門而媼御皆喜，[10]既饋而公姑交賀，克受成福，[11]母有多子。爲婦爲母，莫不法式。[12] 韓文

校注：

〔1〕本條節錄自韓愈《扶風郡夫人墓誌銘》。馬司徒，即馬暢。暢乃唐汝州郟城（今河南郟縣）人，侍中馬燧子。少以蔭累官鴻臚少卿。燧卒後，以貨甲天下，暢亦善殖財，家益豐。晚爲豪幸牟侵，財產並盡。終少府監，贈工部尚書。《舊唐書》卷一百三十四、《新唐書》卷一百五十五均有傳。

〔2〕郡夫人：古代婦女封號。《新唐書·百官志一》："凡外命

婦有六：文武官一品，國公之母、妻爲國夫人，三品以上母、妻爲郡夫人。"

〔3〕徹：原作"徽"，今據韓文正。盧徹，河南開封符縣人，盧序之子，盧植十八世孫，歷官吉州刺史，罷任後定居吉州。

〔4〕司徒侍中莊武公：即馬燧。馬燧（726—795）字洵美，唐汝州郟城人。初爲趙城尉，累遷鄭、懷、隴、商等州刺史。大曆中遷河東節度使。入遷檢校兵部尚書，封幽國公，進同中書門下平章事，封北平郡王。復遷光祿大夫兼侍中。後罷節度使，解兵權，拜司徒，兼侍中。卒謚莊武。冢婦：嫡長子之妻。

〔5〕郡王：今本此二字後尚有"贈工部尚書"五字。少府監西平郡王，即馬暢。

〔6〕韓愈《唐故贈絳州刺史馬府君行狀》："初，司徒公娶河南元氏，封潁川郡夫人，贈許國夫人。許國薨，少府始孩，顧托以其姪爲繼室，是爲陳國夫人。"

〔7〕親戚：今本無"戚"字。

〔8〕閒：原作"間"，今據韓文正。

〔9〕子：原脱，今據韓文補。

〔10〕夫人：今本後尚有"適年若干"四字，晁本作"適年十四"。媪御，家中下人的統稱。

〔11〕公姑：公婆。成福：盛福，大福。

〔12〕式：原作"焉"，今據韓文正。

13.3　卜相擇婦門

13.3.1　黄霸[1]

《前漢》：黄霸少爲陽夏游徼，[2]與善相人者共載出，[3]見一婦人，相者言："此婦人當富貴，不然，相書不可用也。"

霸推問之，乃其鄉里巫家女也。霸即娶爲妻，與之終身。霸後至丞相。

校注：

〔1〕本條本自《漢書·循吏傳·黃霸》。黃霸（前130—前51），字次公，西漢淮陽陽夏（今河南太康）人。歷武帝、昭帝和宣帝三朝，先後任河南太守丞、廷尉、揚州刺史、潁川太守等職，吏治爲當時第一。宣帝任爲丞相，封建成侯，謚定侯。

〔2〕游徼：漢代鄉里負責巡察盜賊的小官。

〔3〕者：原脱，今據《漢書》補。

13.3.2　郭汜[1]

郭汜字子游，[2]父士爲縣卒，隨巫而遇一女子於路。[3]巫曰："此女生貴子，君亦有貴子，可相納之，當興君門。"[4]士納之，生汜，長不滿七尺，醜極當時。[5]樸訥無慧，後爲縣卒，感憤遊學，師事安平趙孔曜，曜見而偉之，[6]曰："此生有公侯骨。"[7]後果貴達。[8]

校注：

〔1〕本條本自《太平御覽》卷三百八十二《人事部》二三所引崔鴻《十六國春秋·前趙録·郭汜》。郭汜，生平不詳。據《十六國春秋》所載，汜曾"仕淵，歷聰及曜之世，位至侍中司徒"。

〔2〕《太平御覽》此處有"上郡人也"句。

〔3〕一：原脱，今據《太平御覽》補。

〔4〕此句《太平御覽》作"此女當生貴子，而君亦有貴子相，可納之，當興君門户"。

〔5〕此句《太平御覽》作"軀極醜陋,當時莫比"。

〔6〕偉之:《太平御覽》作"喜之"。趙孔曜,生平不詳,曾向冀州刺史裴徽推薦管輅。

〔7〕公侯骨:《太平御覽》無"侯"字。

〔8〕後果貴達:《太平御覽》作"其當貴達"。

13.3.3　陳希夷[1]

王克正仕江南,[2]歸本朝,直舍人院。及死,無子,其家修佛事,[3]唯一女十餘歲,繙經跪捧手爐於像前。[4]會陳摶入弔,出語人曰:"王氏女,吾雖不見其面,但觀其捧爐,手相甚貴,若是男子,當白衣入翰林。女子嫁即爲國夫人矣。"[5]後數年,陳晉公恕爲參知政事,[6]一日,便殿奏事,[7]太宗從容問曰:"卿娶誰氏,有幾子?"晉公對曰:"臣無妻,今有二子。"太宗曰:"王克正,江南舊族,身後唯一女,頗聞令淑,朕甚念之,卿可作配。"晉公辭以年高,不願取。[8]太宗敦諭再三,晉公不敢辭,遂納爲室。不數日,封郡夫人,如陳之相也。

校注:

〔1〕本條本自《東軒筆錄》卷二。該書凡十五卷,是北宋魏泰記載太祖至神宗六朝舊事的筆記,有重要的史料價值。陳希夷,即陳摶(871—989),字圖南,號扶搖子,賜號希夷先生,亳州真源(今河南鹿邑)人,五代宋初著名道家學者、隱士,中國太極文化創始人。他繼承漢代以來的象數學傳統,並將黃老清静無爲思想、道教修煉方術與儒家修養、佛教禪觀會歸一流,對宋代理學有較大影響。《宋史》卷四百五十七有傳。

〔2〕此處《東軒筆錄》有"歷貴官"三字。王克正,即王克貞(930—989),係避仁宗諱而改字。克貞字守節,宋吉州廬陵(今江西吉安)人,五代時南唐進士。累官觀政院副使。宋初知漢州。太宗時直舍人院,誥命典正,爲時人推重。出知滑、襄、梓三州,所至皆有善政。舍人院,宋代前期官署名,隸中書門下。江南,即南唐。

〔3〕本句末《東軒筆錄》另有"爲道場"三字。

〔4〕捧手:原脱,據《東軒筆錄》補。縗経:喪服。析言之,縗指用麻布製成披在胸前的喪服,経指用麻做的系在腰或頭上的喪帶。

〔5〕國夫人:宋代封宰相、使相、三師、三公、王、侍中、中書令之妻的封號。

〔6〕陳晉公恕(約945—1004):字仲言,北宋洪州南昌(今屬江西)人。太平興國二年(977)進士,授澧州通判。入京爲工部郎中、知大名府。淳化二年(991)升參知政事,位居副相。後任鹽鐵使、户部侍郎、轉運使等職。謚封晉公,贈吏部尚書。爲官清廉、公正,處事嚴明,在整頓賦税方面頗有作爲。《宋史》卷二百六十七有傳。

〔7〕便殿:原作"便坐",今據《東軒筆錄》改。便殿,正殿以外的别殿,乃帝王休息消閒之處。

〔8〕取:《東軒筆錄》作"娶"。

13.3.4 相里女[1]

杜祁公少時客濟源,[2]有縣令者能相人,[3]厚遇之。與縣之大姓相里氏議婚不成,祁公亦别娶。久之,祁公妻死,令曰:"相里女子當作國夫人矣。"相里兄弟二人,[4]前却祁公之議者兄也,[5]令召其弟曰:"秀才杜君,人材足依也,當以女弟妻之。"議遂定。其兄尤之,[6]弟曰:"杜君,令之重客。令之意其可違?"兄悵然曰:"姑從之,俾教諸兒讀書耳。"祁公未成婚，[7]赴試京師，登第。[8]相里之兄厚資往見，公曰："婚已定議，其敢違？某既出仕，頗憂門下無教兒讀書者耳。"[9]兄遺却之。[10]其兄大慚以歸。[11]祁公既娶相里夫人，至從官，[12]以兩郊禮奏異姓恩任，相里之弟後官至員外郎。《邵氏聞見錄》

校注：

〔1〕本條本自宋邵伯溫《邵氏聞見錄》卷八。相里爲複姓。

〔2〕杜祁公：即杜衍(978—1057)。衍字世昌，北宋越州山陰(今浙江紹興)人。大中祥符元年(1008)進士。歷仕州郡，以善辯獄聞。仁宗召爲御史中丞，改知審官院。慶歷三年(1043)任樞密使，次年拜同平章事、集賢殿大學士，兼樞密使，爲宰相。後出知兗州。以太子少師致仕，封祁國公，諡正獻。《宋史》卷三百一十有傳。

〔3〕者：原脱，今據《邵氏聞見錄》補。

〔4〕相里兄弟二人：原脱，今據《邵氏聞見錄》補。

〔5〕祁：原脱，今據《邵氏聞見錄》補。

〔6〕尤：責怪。

〔7〕婚：原作"昏"。

〔8〕登第：《邵氏聞見錄》作"登科"。

〔9〕耳：《邵氏聞見錄》作"爾"。

〔10〕兄遺却之：明抄本《邵氏聞見錄》作"凡所遺皆却之"，逮津本作"兄遺却之"。

〔11〕其兄大慚以歸：《邵氏聞見錄》作"相里之兄大慙以歸"。

〔12〕從官：皇帝近臣。

13.3.5 馬周[1]

京師賣䬾媼，[2]李淳風、袁天綱嘗遇而異之，[3]曰："此婦人大貴,何以在此?"馬周尋取爲妻。媼乃引同致於中郎將常何之家。[4]後有詔,文武官各上封事。[5]周陳便宜二十條,[6]遣何奏之,事皆合旨。太宗怪問何,對曰:"乃臣家客馬周所爲也。"召見與語,拜儒林郎。數年内,官至宰相,其媼亦爲夫人。出《定命錄》

校注:

〔1〕本條出自《定命錄》。《太平廣記·相四·賣䭔媼》亦引自《定命錄》,但其所記較《婚禮新編》爲詳。馬周(601—648),字賓王,唐博州茌平(今屬山東)人。少孤貧,嗜學,精《詩》《書》,善《春秋》。初補州助教,後到長安,爲中郎將常何家客,貞觀三年(631)代常何上疏二十餘事,深得太宗賞識,令直門下省,授監察御史,累官至中書令,追贈尚書右僕射、高唐縣公。

〔2〕䭔(duī):一種餅類食品。

〔3〕李淳風(602—670):唐岐州雍人(今陝西岐山),著名天文學家、曆算學家。每占候吉凶,合若符契。曾任太史令。袁天綱(罡),隋唐時益州成都(今四川成都)人,著名天文學家、星象學家、預測家,精通相術。隋大業中爲資官令,入唐爲火山令。

〔4〕常何(588—653):隋唐時汴州儀縣(今河南開封)人,初爲瓦崗李密部將。入唐後拜中郎將,再封太中大夫,除延州諸軍事、延州刺史,進爵武水縣開國伯。後歷任涇州、資州及黔州刺史等職。

〔5〕封事:密封的奏章。古時臣下上書奏事,防有洩漏,用皂囊封緘,故稱。

〔6〕便宜:指有利國家,合乎時宜之事。南朝梁劉勰《文心雕龍·奏啓》:"鼂錯受書,還上便宜。後代便宜,多附封事,慎機密也。"

13.4 不暇擇

13.4.1 何必齊宋[1]

衡門之下,可以棲遲。泌之洋洋,可以樂飢。豈其食魚,必河之魴?豈其娶妻,必齊之姜?豈其食魚,必河之鯉?豈其娶妻,必宋之子?注:"衡門,橫木爲門,言淺陋也。棲遲,遊息也。泌,泉水也。"閱之亦可忘飢。[2]里語曰:"洛鯉河魴,貴於牛羊。"[3]魴鯉乃魚之美者,喻何必大國,然後可妻。

校注:

〔1〕本條合《詩·陳風·衡門》、歐陽修《詩本義》卷五《衡門》及陸佃《埤雅·釋魚·魴》相關內容而成。

〔2〕閱之亦可忘飢:《詩本義》作"閱之而樂,則亦可以忘飢"。

〔3〕此句本自《埤雅·釋魚·魴》。原文作:"里語曰:'洛鯉伊魴,貴於牛羊。'言洛以渾深,宜鯉;伊以清淺,宜魴也。"伊即伊河,在河南省西部,源出伏山,後入洛河。

13.4.2 爲養[1]

孟子曰:"娶妻非爲養也,而有時乎爲養。"注:"取妻本爲繼嗣,而有親執釜竈,而不擇妻而取者。"[2]

校注:

〔1〕本條本自《孟子·萬章》。

〔2〕《婚禮新編》所引趙注與今本文字小異。今本作"娶妻本爲繼嗣也,而有以親執釜竈,不擇妻而娶者"。

13.4.3 重於救蝕[1]

晉成帝刻日納后,[2]而左僕射王彬卒,[3]議者以爲欲却期。孔坦曰:"婚禮之重,重於救日蝕。[4]納后盛禮,豈可以臣喪而廢!"從之。

校注:

〔1〕本條本自《晉書》卷七十八《孔坦傳》。孔坦(286—336),字君平,東晉會稽山陰(今浙江紹興)人。少方直有雅望,通《左氏傳》。元帝時爲太子舍人,遷尚書郎。成帝時累遷侍中,後出爲廷尉。復遷尚書,未拜。謚曰簡。

〔2〕晉成帝:名司馬衍(321—342),字世根,明帝長子,東晉第三任皇帝,廟號顯宗。刻日:限定日期。

〔3〕左僕射:《晉書》此三字前有"尚書"二字。王彬(278—336),字世儒,東晉琅邪臨沂(今屬山東)人大臣。歷官侍中、豫章太守、江州刺史、度支尚書。咸和三年(328)遷尚書右僕射。謚曰肅。

〔4〕《晉書》"重於救日蝕"句後有"救日蝕,有后之喪,太子墮井,則止"句。古人敬天畏神,因不明日食發生的真正原因,一旦發生日食,人們就會採取一些隆重儀式,祈求平安和日食早點結束,稱作"救日蝕"。

13.4.4 不在貴族[1]

虞翻《與弟書》曰:[2]"長子容,當爲求婦,其父如此,誰肯嫁之者？[3]造求小姓，[4]足使生子。天其福人，不在舊族。[5]揚雄之才，非出孔氏。[6]芝草無根，醴泉無源。[7]帝舜受禪，父頑母嚚。[8]虞世家法，又生癡子。"[9]

校注：

〔1〕本條本自《太平御覽》卷五百四十一《禮儀部》二十婚姻下。《古今事文類聚》後集卷十四《人倫部》擇婿類"不在貴族"條所引脫"芝草無根，醴泉無源。帝舜受禪，父頑母嚚"句。

〔2〕虞翻：原作"虞飜"，"飜"爲"翻"異構字。虞翻（164—233），字仲翔，三國吳會稽餘姚（今屬浙江）人。初爲太守王郎功曹，後從孫策爲富春長，孫權以爲騎都尉。吕蒙圖取關羽，請以自隨，卜筮多中。數以直諫忤旨。後因酒失徙交州。其長子虞容，生平事跡不詳。

〔3〕者：原脱，據《太平御覽》所引補。

〔4〕造求：原作"遠求"，據《太平御覽》改。造，到，去。小姓：指門第低微的人家。

〔5〕舊族：原作"貴族"，據《太平御覽》改。舊族，舊時曾有一定社會政治地位的家族。

〔6〕孔氏：四庫全書本《太平御覽》後有"之門"二字。

〔7〕芝草無根，醴泉無源：意即人之成功富貴要靠自己努力追求。

〔8〕帝舜受禪，父頑母嚚：《太平御覽》作"家聖受禪，父嚚母頑"。典出《尚書·堯典》："昔在帝堯……將遜於位，讓于虞舜，作《堯典》……瞽子，父頑，母嚚，象傲。"當以《婚禮新編》爲是。

〔9〕虞世家法，又生癡子：《太平御覽》作"虞家世法出癡子"，《古今事文類聚》作"虞世家法，反生癡子"。

13.4.5 親探井臼[1]

劉向《列女傳》曰:"家貧親老,不擇官而仕。[2]親操井臼,不擇妻而娶。"[3]

校注:

〔1〕本條出自劉向《列女傳》,乃該書卷二《賢明傳》"周南之妻"條。

〔2〕家貧親老:家裏貧窮,父母年老。劉向《説苑·建本篇》:"子路曰:負重道遠者,不擇地而休;家貧親老者,不擇禄而仕。"《韓詩外傳》卷一:"任重道遠者,不擇地而息;家貧親老者,不擇官而仕。"又卷七:"故家貧親老,不擇官而仕;若夫信其志、約其親者,非孝也。"

〔3〕操:原作"探",據《列女傳》改。井臼:汲水舂米,這裏泛指操持家務。《孟子·萬章下》"仕非爲貧也,而有時乎爲貧。娶妻非爲養也,而有時乎爲養"句趙岐注曰:"仕本爲行道濟民也,而有以居貧親老而仕者。娶妻本爲繼嗣也,而有以親執釜竈,不擇妻而娶者。"

13.4.6 不必貴種[1]

《孔叢子》曰:"浴不必江海,要之去垢;馬不必騏驥,要之善走;士不必賢世,要之知道;女不必貴種,要之貞好。"

校注:

〔1〕本條明言出自《孔叢子》,今查實無。實出自《史記·外戚世家》,乃褚少孫語。少孫是西漢傑出的文學家、史學家,曾對《史

記》作了一些補充修葺工作。《史記》中標明"褚先生曰"者皆是。

13.5 慕婚

13.5.1 叔梁紇[1]

叔梁紇求婚於顏氏。顏氏有三女,其小曰徵在。顏父問三女曰:"陬大夫雖父祖爲士,然其先聖王之裔。今其人身長十尺,武力絶倫,吾甚貪之。[2]雖年長性嚴,不足爲疑。三子孰能爲之妻?"[3]二女莫對。徵在進曰:"從父所制,將何問焉?"[4]父曰:"即爾能矣。"遂以妻之。徵在既往,廟見。以夫之年大,懼不時有男,[5]而私禱尼丘之山以祈焉。[6]生孔子,故名丘而字仲尼。[7]《家語》

校注

〔1〕本條出自《家語》,即《孔子家語·本姓解》。叔梁紇(前627—前554),春秋時期宋國(今河南商丘一帶)人,孔子之父。宋國君主後裔,後流亡到魯國陬邑(今山東曲阜市鄒城)任大夫職。
〔2〕貪:捨不得。
〔3〕妻:原脱,今據《孔子家語》補。
〔4〕制:命令,安排。
〔5〕不時:不及時。
〔6〕尼丘之山:即今山東曲阜東南的尼山。
〔7〕而:原脱,今據《孔子家語》補。

13.5.2 長孫熾[1]

唐高祖竇皇后,父毅,尚周武帝襄陽公主。[2]后生三歲,武帝愛之,養於宮中。時突厥納女於周,爲武帝后,無寵。竇后密諫曰:"吾國未靖,虜且強,願抑情撫接,[3]以取合從,則江南、關東不吾梗。"[4]武帝嘉納。時長孫熾爲周學士。聞之,每謂弟晟曰:[5]"此明睿人,必有奇子,不可以不圖婚。"故晟以女長孫氏女太宗。女,以女妻人曰女,忌據反。[6]

校注:

〔1〕本條本自《新唐書·后妃傳上》。長孫熾(549—610),字仲光,河南洛陽人。性慧敏,美姿容,頗涉群書,兼長武藝。北周武帝時爲通道館學士。入隋,官至户部尚書,以功授銀青光禄大夫。謚曰静。《隋書》卷五十一有傳。

〔2〕竇毅(519—582):字天武,扶風平陵(今陝西咸陽西北)人,北周大將。其妻乃北周武帝姊襄陽長公主,其第二女竇氏嫁給唐高祖李淵,追封爲太穆皇后。《周書》卷三十有傳。

〔3〕抑:原誤作"折",今據《新唐書》正。

〔4〕梗:害。

〔5〕長孫晟(551—609):字季晟,隋河南洛陽人,長孫熾弟,著名外交家、軍事將領,平突厥之功臣。隋文帝時拜車騎將軍,後授上開府儀同三司,終右驍衛將軍。謚曰獻。《隋書》卷五十一有傳。其女後爲太宗長孫皇后。

〔6〕以女:原脱,據《新唐書》補。女:此處破讀作 nǜ,將女子嫁給人。《左傳·莊公二十八年》:"晉伐驪戎,驪戎男女以驪姬。"杜預注:"納女於人曰女。"

13.5.3 韋祐[1]

《北史》:韋祐少好遊俠,[2]慕李長壽之爲人,[3]娶長壽女,因寓居闕南。[4]

校注:

[1] 本條本自《北史》卷六十六《韋祐傳》。《周書·韋祐傳》《册府元龜·總録部》亦收。韋祐(?—549),字法保,西魏京兆山北(今屬河南)人,好遊俠。初拜員外散騎侍郎,又任東洛州刺史,再拜車騎大將軍,後進爵爲公。諡莊。

[2] 遊俠:原作"豪俠",《册府元龜》同。《北史》《周書》均作"遊俠",今據《北史》及《周書》正。

[3] 李長壽(?—534):北魏伊川(今河南洛陽)人。性雄豪,有武藝。少與蠻酋結托,侵擾關南,孝明帝時用爲防蠻都督。數遷至河內太守。後遷廣州刺史,爲侯景攻殺。

[4] 居:原脱,今據《北史》補。關南:《周書》《册府元龜》同,《北史》作"闕南"。

13.5.4　孫晷[1]

孫晷以會稽虞喜隱居海嵎,[2]有高世之風。晷欽其德,聘喜弟預女爲妻。[3]喜戒女棄華尚素,與晷同志。時人號爲"梁鴻夫婦"。[4]

校注:

[1] 本條本自《晉書·孝友·孫晷傳》。孫晷字文度,東晉吴國富春(今浙江富陽)人。少有高操,恭孝清約,有學識,事親至孝。何充、蔡謨屢辟,不就。

[2] 虞喜(281—356):字仲,東晉會稽餘姚(今屬浙江)人,經學家、天文學家,是中國最早發現歲差的人,也是宣夜説的繼承

和發展者。《晉書》卷九十一有傳。

〔3〕預：即虞預（約 285—340）：字叔寧，虞喜胞弟，經學家、史學家。歷任著作郎、散騎常待等官職，進爵平康縣侯。《晉書》卷八十二有傳。

〔4〕梁鴻夫婦：東漢梁鴻與妻孟光相敬如賓，後以"梁鴻夫婦"喻指恩愛的夫妻。梁鴻事跡見《後漢書·逸民傳·梁鴻》，又見本書 14.2.2"孟光"條。

13.5.5　宗連[1]

趙元淑不治產業，[2]授驃騎將軍，將之官，家徒四壁，[3]無以自給。時長安富人宗連，家累千金，仕周爲三原令。有季女，惠而有色，[4]連獨奇之，每求賢夫。聞元淑如是，請與相見。連有風儀，美談笑，[5]元淑亦慕之。[6]及至其家，服玩居處擬於將相。酒酣，奏女樂，元淑所未見也。元淑辭出，連曰："公子有暇，可復來也。"後數日，復造之，宴樂更侈。如此者再三，因謂元淑曰："知公子素貧，老夫當相濟。"因問元淑所須，盡買與之。元淑臨別再拜致謝，[7]連復拜曰："鄙人竊不自量，[8]敬慕公子。今有一女，願爲箕箒妾，[9]公子意何如？"元淑感愧，遂聘爲妻。[10]連復送奴婢二十口、良馬十餘匹，[11]加以縑帛錦綺及金寶珍玩。元淑遂爲富人。

校注：

〔1〕本條本自《隋書》卷七十《趙元淑傳》。趙元淑（？—613），隋博陸（今河北蠡縣南）人。初授驃騎將軍，復以功特授將軍，進位柱國。歷德州刺史、潁州太守，後拜司農卿。因通謀反隋被誅。宗

連,生平事跡不詳。

〔2〕淑:原訛作"叔",今據《隋書》正。

〔3〕家徒四壁:《隋書》作"家徒壁立"。

〔4〕惠:《隋書》作"慧"。

〔5〕談:原脱,今據《隋書》補。

〔6〕慕:《隋書》作"異"。

〔7〕元淑臨別再拜致謝:《隋書》此句作"臨別,元淑再拜致謝"。

〔8〕不:原訛作"下",今據《隋書》正。

〔9〕箒:《隋書》作"帚"。"箒"爲"帚"涉"箕"類化異體字。

〔10〕聘:《隋書》作"娉"。

〔11〕送:原脱,今據《隋書》補。

13.5.6　張嘉貞[1]

郭元振美風姿,[2]有才藝,宰相張嘉貞欲納爲婿。[3]元振曰:"知公門下有五女,未知孰醜?[4]事不可倉卒,更待忖之。"[5]張曰:"吾女各有姿色,即不知誰是匹偶。以子風骨奇秀,非常人也,吾欲使五女各持一綫幔前,[6]使子取便牽之,得者爲婿。"[7]元振欣然從命,遂牽一紅絲綫,得第三女,[8]大有姿色,後果然隨夫貴達也。[9]《天寶遺事》

校注:

〔1〕本條出自《天寶遺事》,即五代王仁裕所撰《開元天寶遺事》。王仁裕(880—956),字德輦,秦州長道(今甘肅禮縣)人。著名政治家、文學家,歷事歧王李茂貞及前蜀、後周等五朝,官至户部尚書、兵部尚書、太子少保。《遺事》凡二卷一百四十六條,根據社

會傳聞，分別記述唐朝開元、天寶年間的逸聞遺事，内容以記述奇異物品及傳說事跡爲主，具有一定的社會史料價值。

〔2〕郭元振（656—713）：名震，唐魏州貴鄉（今河北大名北）人。舉進士，任通泉縣尉。因功封代國公，兼御史大夫、朔方道大總管。後流放新州（今廣東新興）。《舊唐書》卷九十七有傳。美風姿：《開元天寶遺事》作"少時美丰姿"。

〔3〕張嘉貞（665—729）：唐蒲州猗氏（今山西臨猗）人。歷仕武則天、唐睿宗、中宗和玄宗四朝，官至中書令，累封河東侯，是唐朝頗有影響的大臣。謚恭肅。《舊唐書》卷九十九、《新唐書》卷一百三均有傳。

〔4〕本句《開元天寶遺事》作"知公門下有女五人，未知孰陋"。

〔5〕忖：《開元天寶遺事》作"視"。

〔6〕本句《開元天寶遺事》作"吾欲令五女各持一絲幔前"。幔：原訛作"慢"，今據正。

〔7〕得者爲婿：原脱，今據《開元天寶遺事》補。

〔8〕得：原脱，今據《開元天寶遺事》補。後因以"紅絲"爲婚姻或媒妁的代稱。

〔9〕後：原脱，今據《開元天寶遺事》補。

13.5.7 李丞相[1]

孫明復先生退居泰山之陽，[2]枯槁憔悴，鬚鬢皓白，[3]家貧不娶。[4]故相文定公李迪就見之，[5]歎曰："先生年五十，一室獨居，誰事左右？不幸風雨飲食生疾奈何！吾弟之女甚賢，可以奉先生箕箒。"先生固辭，文定公曰：[6]"吾女不妻先生，不過爲一官人妻，[7]先生德高天下，幸婿李氏，榮貴莫大於此。"石介與其群弟子進曰："公卿不下士久矣,今丞相不以先生貧賤,而欲託以子,是高先生行義也。"[8]先生於是曰:[9]"宰相女不以妻公侯貴戚,而固以嫁山谷衰老、藜藿不充之人,相國之賢,古無有也,予不可不成相國之賢名。"[10]遂取之。[11]其女亦甘淡薄,事先生盡禮,[12]當時士大夫莫不賢之。[13]先生用富弼薦,除國子監直講。[14]《澠水燕談》

校注：

〔1〕本條言出自《澠水燕談》,見卷二《名臣》,其中部分字句今本《澠水燕談》無,實本自《宋史·儒林·孫復傳》。《古今事文類聚》後集卷十四《人倫部》擇婿"特取名士"條則與《婚禮新編》同。"相"字原脱,今補。李丞相,即下文文定公李迪。李迪(971—1047),字復古,宋濮州鄄城(今屬山東)人。真宗景德二年(1005)狀元。歷將作監丞、翰林學士、給事中、參知政事、集賢殿大學士等職。謚文定。《宋史》卷三百一十有傳。

〔2〕孫明復(992—1057)：名復,宋晉州平陽(今山西臨汾)人。舉進士不第,遂退居泰山,研學《春秋》,世稱泰山先生。石介等皆師事之,李迪以弟女妻之。范仲淹、富弼薦其經術,除秘書省校書郎、國子監直講,召爲邇英閣衹候説書,後因事遷殿中丞。《宋史》卷四百三十二有傳。泰：今本《澠水燕談》作"太"。

〔3〕鬚鬢：今本《澠水燕談》作"鬢髮"。

〔4〕家貧不娶：今本《澠水燕談》無,後有"著《春秋尊王發微》十五篇,爲《春秋》學者,未有過之者也"句。

〔5〕故相文定公李迪：今本《澠水燕談》作"故相李文定公守兖"。

〔6〕公：原脱,今據《澠水燕談》補。

〔7〕爲：原脱,今據《澠水燕談》補。

〔8〕"石介"至"行義也"：今本《澠水燕談》無,實本自《宋史·

儒林·孫復傳》。石介(1005—1045),字守道、公操,北宋兗州奉符(今山東泰安)人。與胡瑗、孫復合稱爲"宋初三先生"。仁宗天聖八年(1030)進士,歷任鄆州觀察推官、鎮南軍節度掌書記、嘉州軍事判官、國子監直講等職。《宋史》卷四百三十二有傳。

〔9〕於是:今本《澠水燕談》無。

〔10〕名:今本《澠水燕談》無。

〔11〕取:今本《澠水燕談》作"妻"。

〔12〕禮:今本《澠水燕談》作"婦道"。

〔13〕大:原脱,今據《澠水燕談》補。

〔14〕今本《澠水燕談》無此二句。富弼(1004—1083),字彦國,河南洛陽(今河南洛陽東)人。天聖八年(1030)以茂才異等科及第,歷知縣、通判等職,後爲知制誥,遷樞密使,封鄭國公。再拜中書門下平章事,號賢相。因與王安石政見不合,出判亳州,以韓國公致仕,謚文忠。

13.5.8 盧李[1]

盧淵爲侍郎,與僕射李沖特相友善。[2]沖重淵門風,而淵仰沖才官,[3]故結爲婚姻,往來親密。[4]至於淵荷高祖意遇,[5]頗亦由沖。《北史》

校注:

〔1〕本條本自《北史》卷三十《盧伯源傳》,但本條實本《魏書》卷四十七《盧淵傳》。盧淵(454—501),字伯源,北魏范陽涿(今河北涿縣)人。由主客令遷秘書監、本州大中正兼侍中,拜議曹尚書,豫州刺史、太尉長史、徐州刺史。後除秘書監,謚懿。

〔2〕特:原脱,據《北史》《魏書》補。李沖(450—498),字思順,北魏隴西郡狄道(今甘肅臨洮)人。初任秘書中散、内秘書令、南部

給事中。遷中書令、南部尚書、侍中、吏部尚書。北魏遷都洛陽時任鎮南將軍、侍中、少傅,後遷尚書僕射。諡文穆。

〔3〕而:《魏書》有;《北史》無。才:原訛作"方",今據《魏書》《北史》正。仰:《册府元龜》同,《魏書》作"祗",《北史》作"私",俗書禾部、礻部形近,祗作祗,私作私,故"祗"可作"私",此處當以"祗"爲是。祗,敬也。

〔4〕往:原訛作"生",今據《北史》《魏書》正。

〔5〕高祖:即北魏孝文帝拓跋宏。意遇:猶知遇。

13.5.9 薛裕[1]

薛裕弱冠,丞相參軍事。[2]時京兆韋夐志安放逸,不干世務。[3]裕慕其恬静,數載酒殽候之,[4]談宴終日。夐遂以從孫女妻之。[5]裕常謂親友曰:[6]"韋居士,[7]退不丘壑,進不市朝,怡然守道,榮辱弗及,何其樂也。"

校注:

〔1〕本條本自《周書》卷三十五《薛裕傳》,與《北史》卷三十六《薛裕傳》所記文辭小異。薛裕字仁友,北周河東汾陰(今山西萬榮)人,少以孝悌聞於州里。弱冠:任丞相參軍事,卒追贈洛州刺史。

〔2〕丞相:《周書》此二字前有"辟"字,《北史》無。

〔3〕韋夐(502—578):字敬遠,北周京兆杜陵(今陝西西安南)人。性淡泊,無意仕進,十見征辟,皆不應命,蕭然自樂於林泉,周明帝賜號"逍遥公"。世務:謀身治世之事。

〔4〕殽:通"肴"。《詩·大雅·行葦》:"嘉殽脾臄,或歌或咢。"《周書》作"餚",《北史》作"肴"。

〔5〕從孫:原脱,今據《周書》《北史》補。

〔6〕常：《周書》《北史》均作"嘗"。

〔7〕士：原訛作"大"，今據《周書》《北史》補。韋居士：此三字前《北史》尚有"大丈夫當聖明之運，而無灼然文武之用爲世所知，雖復栖遑，徙爲勞苦耳。至如"諸句（《周書》"栖遑"作"栖栖遑遑"），《婚禮新編》未錄。栖遑，忙碌不安，奔忙不定的樣子。

13.5.10 崔恬[1]

崔浩弟恬聞王慧龍乃王氏子，[2]以女妻之。浩見之，曰："信王家兒也。"[3]王氏世齇鼻，[4]江東謂之"齇王"。慧龍鼻漸大，浩曰："真貴種矣。"數向諸公稱其美。

校注：

〔1〕本條本自《北史》卷三十五《王慧龍傳》，《魏書》卷三十八《王慧龍傳》文字小異。崔恬字叔玄，北魏清河郡東武城（今河北清河）人，崔浩之弟。曾被封爲"繹幕子"。歷官終事中、上黨太守、荆州刺史，進爵陽武侯。

〔2〕浩：原訛作"恬"，今據《北史》正。崔浩（？—450），字伯淵，清河郡武城（今河北清河）人。仕北魏道武、明元、太武帝三朝，官至司徒，協助北魏統一北方。後在"國史之獄"中被族誅。王慧龍（390—440），太原晉陽（今山西太原）人。北魏著名將領。因與司州刺史溫洋密謀作亂事泄，被劉裕滿門抄斬。諡穆侯。

〔3〕信：確實。

〔4〕齇（zhā）：鼻子上的紅皰。齇鼻，即俗所謂"酒糟鼻"。

13.5.11 楊素[1]

越國公楊素重崔㒹門地，[2]爲子玄縱娶其女爲妻。聘禮甚厚。親迎之始，[3]公卿滿座，素令騎迎之，儦弊衣冠，[4]騎驢而至。素令上座，[5]儦禮甚倨，[6]言又不遜。素忿然，拂衣而起，竟罷坐。[7]後數日，儦方來謝，素待之如初。

校注：

〔1〕本條本自《北史》卷二十四《崔儦傳》，《隋書》卷七十六《崔儦傳》亦記之，文辭小異。楊素（544—606），字處道，弘農華陰（今屬陝西）人。隋朝政治家、軍事家、詩人。出身北朝士族，與隋文帝楊堅深相結納。後進爵越國公。卒謚景武。玄縱乃其第三子。

〔2〕儦：原作"儶"，今據《北史》正，下同。崔儦字岐叔，北齊清河東武城人。少以讀書爲務，初舉秀才，爲員外散騎侍郎。遷殿中侍御史，歷尚書郎。入隋，征授給事郎，兼內史舍人。素：此字後《北史》《隋書》尚有"時方貴幸"四字。

〔3〕始：原作"夕"，今據《北史》《隋書》正。

〔4〕儦弊衣冠：《北史》作"儦敝衣冠"，《隋書》作"儦故敝其衣冠"。

〔5〕素令上座：《隋書》作"素推令上座"，《北史》作"素推令上坐"。"座"爲"坐"分化字。

〔6〕儦：此字後《隋書》有"有輕素之色"句，《北史》無。

〔7〕坐：《北史》同，《隋書》作"座"。

婚禮新編　卷之十四

14.1　擇婿

14.1.1　郗鑒[1]

晉太尉郗鑒使門生求女婿於王導,[2] 導令就東廂徧觀子弟。[3] 門生歸,謂鑒曰:"王氏諸少並佳,然聞信至,咸自矜持。惟一人在東床坦腹食,[4] 獨若不聞。"鑒曰:"正此佳婿!"[5] 訪之,乃羲之也,遂以少女妻之。[6] 本傳

校注:

[1] 本條言出自"本傳",實即《晉書·王羲之傳》。郗:原作"郄",乃俗訛字,今正(可參《正字通·邑部》"郄"字下引黃長睿説)。郗鑒(269—339),字道徽,東晉高平金鄉(今屬山東)人。少孤貧,博覽經籍,躬耕吟詠,不應辟命。晉明帝初拜安西將軍,尋遷車騎將軍,都督徐、兗、青三州軍事,與王導、卞壼同受遺詔輔少主。後進太尉,封南昌縣公。謚文成。《晉書》卷六十七有傳。王羲之(303—361),字逸少,號澹齋,琅琊臨沂(今屬山東)人,後定居會稽山陰(今浙江紹興)。善書法,有"書聖"之稱。歷任秘書郎、寧遠將軍、江州刺史。後爲會稽内史,領右將軍,人稱"王右軍""王會稽"。與其子王獻之合稱"二王"。《世説新語·雅量篇》"坦腹"條亦記

此事。

〔2〕王導(276—339)：字茂弘，琅琊臨沂(今屬山東)人，東晉初重臣，歷仕元帝、明帝和成帝三朝。諡文獻。王羲之乃其堂侄。

〔3〕東廂：正房東側的房屋。弟：原訛作"第"，今據《晉書》正。

〔4〕東床：後代指女婿，即源於此。

〔5〕《晉書》句末有"邪"字。

〔6〕《晉書》無"少"字。

14.1.2　謝混[1]

晉孝武帝爲晉陵公主求婿，[2]謂王珣曰：[3]"主婿但似劉真長、王子敬便足。[4]如王處仲、桓元子誠可，[5]才小富貴，便預人家事。"珣對曰："謝混雖不及真長，不減子敬。"[6]帝曰："如此便足。"未幾，帝崩，袁山松欲以女妻謝混，[7]珣曰："卿莫近禁臠。"初，元帝始鎮建業，[8]公私窘罄，每得一独，[9]以爲珍膳，[10]項上一臠尤美，輒以薦帝，群下未嘗敢食，[11]于時呼爲"禁臠"，[12]故珣因以爲戲。混竟尚主，[13]襲父爵。《謝混傳》

校注：

〔1〕本條本自《晉書·謝混傳》。混：原書目錄、正文標題及內文均訛作"琨"，今正。謝混(？—412)，字叔源，小字益壽，東晉陳郡陽夏(今河南太康)人，謝安之孫，謝琰之子，謝靈運的族叔，號稱"風華江左第一"，善屬文。歷任中書令、中領軍、尚書左僕射。後爲劉裕所殺。《世説新語·排調篇》第六十條亦録此事。

〔2〕孝：原脱，今據《晉書》補。晉武帝乃司馬炎(236—290)，西晉開國君主。晉孝武帝乃司馬曜(361—396)，東晉第九任皇帝。

〔3〕王珣(349—400)：字元琳，小字法護，東晉琅邪臨沂(今屬山東)人。著名書法家王導之孫，王洽之子，王羲之再從侄。累官左僕射，加征虜將軍，並領太子詹事，後遷尚書令，加散騎常侍。諡獻穆。

〔4〕似：原作"如"，今據《晉書》正。主婿：又稱帝婿、國婿等，即俗所謂"駙馬爺"。劉真長：即劉惔，沛國相(今安徽省濉溪縣)人。生卒年不詳，約晉穆帝永和元年前後在世。少清遠有標格，初爲談客，累遷丹陽尹，爲政清静，門無雜賓。尤好《老莊》，任自然趣。《晉書》卷七十五有傳。王子敬：即王獻之(344—386)，王羲之第七子，官至中書令，世稱"王大令"。書法與父齊名，人稱"二王"。《晉書》卷八十有傳。

〔5〕王處仲：即王敦(266—324)，東晉琅邪臨沂(今山東臨沂北)人。與堂弟王導協助司馬睿建立東晉政權，成爲當時權臣。後發動政變，史稱王敦之亂。娶晉武帝司馬炎女襄城公主爲妻。《晉書》卷六十八有傳。桓元子：即桓温(312—373)，東晉譙國龍亢(今安徽懷遠縣西龍亢鎮)人。歷任征西大將軍、開府、南郡公、侍中、大司馬、都督中外諸軍事、揚州牧、録尚書事等職。三次出兵北伐。獨攬朝政十餘載，欲行篡位之事，未果。諡號宣武。娶晉明帝女南康公主司馬興男爲妻。《晉書》卷六十八有傳。

〔6〕不減：不次於。

〔7〕山松：原誤合作"崧"，今據《晉書》正。袁山松(？—401)，東晉陳郡陽夏(今河南太康)人，少有才名，博學能文。官吴郡太守。謝混：《晉書》作"之"。

〔8〕始：原脱，今據《晉書》補。

〔9〕窘罄：匱乏，窮盡。独：《廣韻·魂韻》："同豚。"

〔10〕膳：原作"美"，今據《晉書》正。

〔11〕嘗：原脱，今據《晉書》補。

〔12〕爲：原脱，今據《晉書》補。禁臠：喻指他人不得染指之物。

〔13〕尚：娶帝王之女爲妻。

14.1.3　王戎[1]

晉任瞻字育長，[2]少有令名。武帝崩，選一百二十挽郎，[3]一時之秀彦，[4]育長在其中。王安豐王戎選女婿，從挽郎搜其勝者，且擇取四人，任猶在其中。任童少時，神明可愛，[5]時人謂育長影亦好。[6]後爲天門太守。《世說》

校注：

〔1〕本條出自《世說》，乃節引《紕漏篇》文。王戎（234—305），字濬沖，西晉琅琊臨沂（今屬山東）人，"竹林七賢"之一，官至司徒，封安豐侯，謚元侯。《晉書》卷四十三有傳。

〔2〕任瞻：字育長，歷任謁者僕射、都尉、天門太守等職，其他事跡不詳。

〔3〕挽郎：出殯時牽引靈柩唱挽歌的少年。

〔4〕一時：一代，當代。秀彦：雋秀傑出的人。

〔5〕神明：神情。

〔6〕影：身影，這裏指外形容貌。

14.1.4　山簡戴叔鸞[1]

晉衛玠字叔寶，少乘羊車入市，見者皆以爲玉人，觀之者傾都。王濟，[2]玠之舅也，儁爽有風姿，[3]每見玠，輒歎曰：“珠玉在側，覺我形穢。”又嘗語人曰：“與玠同遊，冏若明珠之在側，朗然照人。”[4]及長，[5]好言玄理。王澄有高名，[6]少所推服，[7]每聞玠言，輒歎息絶倒。[8]故時人爲之語曰：“衛玠談道，平子絶倒。”王澄、王玄、王濟並有盛名，[9]皆出玠下，世云“王家三子，不如衛家一兒。”玠妻父樂廣，[10]有海内重名，議者以爲“婦公冰清，女婿玉潤。”[11]玠妻先亡。征南將軍山簡見之，[12]甚相欽重。簡曰：“昔戴叔鸞嫁女，唯賢是與，不問貴賤，況衛氏權貴門户令望之人乎！”[13]於是以女妻焉。本傳

校注：

[1] 本條係節引自《晉書·衛玠傳》。衛玠(286—312)，字叔寶，河東安邑(今山西夏縣)人，後移家建鄴(今南京)。魏晉之際著名的清談名士和玄學家，初任太傅西閣祭酒，後任太子洗馬。中國古代著名美男子。山簡(253—312)，字季倫，西晉河内懷縣(今河南武陟西南)人。山濤之子，初爲太子舍人，後歷任太子庶子、黄門郎、青州刺史、侍中、吏部尚書等職。永嘉三年(309)拜征南將軍。

[2] 王濟(約246—291)：字武子，太原晉陽(今山西太原)人。西晉大將軍王渾的次子，晉武帝選爲女婿，配常山公主。少有逸才，風姿英爽，文詞俊茂，名於當世，初拜中書郎，遷驍騎將軍、侍中。左遷國子祭酒，後外移至北芒山下(今河南洛陽市北)。《晉書》卷四十二有傳。

[3] 儁爽：原作"雋英"，今據《晉書》改。儁爽，才華出衆，性格豪爽。儁，《玉篇·人部》："同俊。""雋"乃"俊"通假字。

[4] 照：原作"映"，《太平御覽》卷三百七十九《人事部》二十《美丈夫上》同。《晉書》作"照"，今據《晉書》改。

[5] 及：原脱，今據《晉書》補。

〔6〕王澄（269—312）：字平子，王乂之子，王衍之弟，王戎堂弟，王敦族弟，西晉琅琊臨沂（今屬山東）人。好清談。少歷顯位，累遷成都王穎從事中郎、荆州刺史，後徵爲軍諮祭酒。《晉書》卷四十三有傳。

〔7〕推服：推許佩服。

〔8〕絶倒：佩服之極。

〔9〕王玄（？—約313）：字眉子，王衍之子，王澄之姪，西晉琅琊臨沂（今屬山東）人。少慕簡曠，有俊才，與衛階齊名。《晉書》卷四十三有傳。

〔10〕樂廣（？—304）：字彦輔，西晉南陽淯陽（今河南南陽南）人。擅長清談，官至尚書令，聲望很高，世稱樂令。《晉書》卷四十三有傳。

〔11〕婦公：即岳父。一作婦翁。

〔12〕見：原作"敬"，今據《晉書》正。

〔13〕戴叔鸞：即戴良，生卒年不詳，東漢汝南慎陽（今河南正陽）人。舉孝廉，被聘爲司空府，皆不就。《後漢書·逸民傳·戴良》："初，良五女並賢，每有求姻，輒便許嫁，疎裳布被，竹笥木屐以遣之。五女能遵其訓，皆有隱者之風焉。"令望：美好的聲望。

14.1.5 段儀[1]

後燕垂皇后段氏，[2]字元妃，光禄大夫儀之女。后少而婉惠，有節操，[3]嘗語妹季妃曰：[4]"我終不爲庸人妻。"季妃曰："我亦不爲庸人之婦。"[5]鄰人聞而笑之。内黄人張定善相，見儀二女，驚曰："君家大興，當由二女！"儀異之，至年二十餘而不嫁。儀子麟謂儀曰："張定何知，而拒求者？"[6]儀曰："吾女輩志行不凡，故且踟躕，以擇良配。"垂

稱燕王,納元妃爲繼室,遂有殊寵。范陽王德亦聘季妃。姊妹俱爲垂、德皇后,卒如其志。崔鴻《十六國春秋》[7]

校注：

[1] 本條本自崔鴻《十六國春秋》卷五十一《後燕錄》九。段儀,遼西鮮卑光祿大夫,生卒年及事跡不詳。段元妃、段季妃、段麟之父。

[2] 垂皇后：原作"垂德皇后",今《十六國春秋》刪。垂,即後燕成武帝慕容垂(384—396在位)。段氏(？—396),慕容垂的皇后,段儀的大女兒,南燕獻武帝慕容德皇后段季妃的姐姐,慕容垂結髮妻段皇后（成昭皇后）的侄女（一說是堂妹）。諡號"成哀皇后"。

[3] 后、節：原脫,今據《十六國春秋》補。

[4] 語：今本作"謂"。

[5] 我：今本作"妹"。

[6] 知：原訛作"如",今據《十六國春秋》正。

[7] 十六國春秋：原訛作"三十國春秋"。《玉海》卷四十一上："梁蕭方等著《三十國春秋》,以晉爲主,附列二十九國,採集爲廣,遂加刪緝,號曰'晉春秋',略凡一百八萬餘言。"崔鴻所撰者爲《十六國春秋》,今正。

14.1.6　竇毅[1]

唐高祖皇后竇氏父毅常曰：[2]"此女才貌如此,又有奇相,智識不凡,[3]不可妄以許人,當求賢夫。"因畫二孔雀於屏間,請昏者使射二矢,陰約中目則許之。[4]射者閱數十,[5]皆不能中。高祖最後至,兩發,時各中一目,遂歸

於帝。本傳

校注：

〔1〕本條言出自本傳，皇后竇氏在《舊唐書》卷五十一及《新唐書》卷七十六均有傳，實即二傳之節引。竇氏（569？—613？），京兆始平（今陝西興平）人，乃北周竇毅與北周武帝姐姐襄陽長公主的女兒。聰慧剛毅，頗有才華。嫁唐高祖李淵，生子建成、世民、玄霸、元吉，一女平陽公主。諡太穆皇后。

〔2〕竇毅（519—582）：字天武，北周扶風平陵（今陝西咸陽西北）人。曾任定州總管，封號神武公。《周書》卷三十有傳。

〔3〕智識：猶智力，識見。

〔4〕陰約：《新唐書》同，《舊唐書》作"潛約"，暗中約定。後世以"畫屏"爲擇婿之典。

〔5〕閱：一一數之，點算。

14.1.7　權德輿[1]

獨孤郁最爲權德輿所稱，以女妻之。德輿輔政，以嫌去内職，[2]憲宗歎曰："德輿乃有佳婿！"詔宰相高選世族，[3]故杜悰尚岐陽公主，然帝猶謂不如德輿之得郁也。又，憲宗見郁文雅，歎曰："德輿有婿乃爾！"

校注：

〔1〕本條本自《新唐書》卷一百六十二《獨孤郁傳》及卷一百六十六《杜悰傳》。獨孤郁（775—814），字古風，唐河南洛陽人。德宗貞元進士。始任奉禮郎，遷監察御史，後升右拾遺，擢爲翰林學士。復遷起居郎，知制誥，徙秘書少監。權德輿以女妻之。杜悰（794—

873），字永裕，唐京兆萬年（今陝西西安）人。杜佑之孫，杜牧之堂兄。以蔭遷太子司儀郎，娶憲宗第十一女岐陽公主爲妻。歷官京兆尹、淮南節度使、左僕射兼門下侍郎、同中書門下平章事、劍南東川節度使。復鎮淮南，再拜相。以檢校司徒爲鳳翔、荆州節度使，加太傅，封邠國公。權德輿（759—818），字載之，唐天水略陽（今甘肅秦安）人。未冠，即以文章稱。初召爲太常博士，遷中書舍人，官禮部侍郎，三知貢舉。又歷兵部、吏部侍郎，拜禮部尚書，同平章事。後罷相，徙刑部尚書，出爲山南西道節度使。諡文。

〔2〕内職：指供職禁中，内參機要的朝廷重臣。獨孤郁擢爲翰林學士後，權德輿拜相，以翁婿之嫌，郁改任考功員外郎，充史館修撰，預修《德宗實録》。

〔3〕高選：謂用高標準選拔。

14.1.8　韋夏卿[1]

韋夫人諱叢，[2]字茂之，僕射夏卿之季女。愛之，選婿得今御史元稹。

校注：

〔1〕本條本自《韓昌黎集》卷二十四《監察御史元君妻京兆韋氏夫人墓誌銘》。韋夏卿（742—806），字雲客，唐京兆萬年（今陝西西安）人。初授高陵主簿，累遷刑部員外郎、吏部侍郎，遷太子少保，卒贈左僕射。與孟郊爲摯友。《舊唐書》卷一百六十五、《新唐書》卷一百六十二均有傳。元君，即元稹（779—831），稹字微之，別字威明，唐代洛陽人（今河南洛陽）。初授秘書省校書郎，元和四年（809）爲監察御史，後官至宰相，卒贈尚書右僕射。與白居易並稱"元白"。《舊唐書》卷一百六十六、《新唐書》卷一百七十四均有傳。

〔2〕韋叢（783—809），字茂之，韋夏卿嫡出小女兒，年二十嫁

給元積，七年後卒。

14.1.9　晏元獻[1]

沈存中《筆談》曰[2]：晏元獻公判南京，[3]范希文以大理寺丞丁憂，[4]權掌西監。一日，晏謂范曰："吾一女及笄，仗君爲我擇婿。"范曰："監中有二舉子，富皋、張爲善，[5]皆有文行，[6]他日皆至卿輔，[7]並可婿也。"晏曰："然則孰優？"范曰："富修謹，張疏俊。"[8]晏曰："唯。"即取富皋爲婿。後改名，即丞相鄭國富公弼也。爲善亦更名方平。[9]

《邵氏聞見錄》曰：晏元獻公爲相，求婿于范文正公。[10]文正公曰："公之女若嫁官人，某不敢知。必求國士，無如富某者。"元獻一見，大愛之，[11]遂議婚。公繼以賢良方正及第，[12]是爲富鄭公。

《石林燕語》曰：晏公納富，以宰相得宰相，衣冠以爲盛世事。[13]

校注：

[1] 本條分三部分，第一部分出自沈存中（即沈括）《夢溪筆談》，第二部分節引自邵伯溫《邵氏聞見錄》卷九，第三部分節引自葉夢得《石林燕語》卷九。晏元獻，即晏殊（991—1055）。殊字同叔，北宋撫州臨川（今江西進賢）人。真宗景德初賜同進士出身。歷左正言、直史館，爲翰林學士拜御史中丞，遷參知政事，慶曆中拜宰相兼樞密使。卒謚元獻。平居好賢，范仲淹、孔道輔、歐陽修等皆出其門。主要作品有《珠玉詞》，被譽爲北宋婉約詞宗師。《宋史》卷三百一十一有傳。

[2] 沈存中《筆談》：即沈括《夢溪筆談》。但查實無此文。《古

今事文類聚》後集卷十四《人倫部》擇婿"委以擇婿"條、《錦繡萬花谷》前集卷十八《婚姻·監中擇婿》、《宋名臣言行錄》前集卷七均謂出自《筆錄》,即宋魏泰《東軒筆錄》。該書卷十四正載此事。此處若非丁昇之誤記,則或爲《夢溪筆談》逸文。

〔3〕南京:原訛作"西京",《東軒筆錄》《事實類苑》同,《古今事文類聚》《錦繡萬花谷》《宋名臣言行錄》作"南京",不誤。乾興元年(1022),真宗病逝,劉太后聽政。晏殊因忤其旨意,罷知宣州(今安徽宣城市),後改應天府(即南京,今河南商丘市),仁宗天聖四年(1026),因母謝氏病故,范仲淹回南京服喪。晏殊邀范仲淹辦應天府書院,以振興教育。西京:即今河南洛陽市。

〔4〕范希文:即范仲淹(989—1052)。北宋蘇州吴縣(今江蘇蘇州)人。著名政治家、思想家、軍事家和文學家。真宗朝進士,天聖二年(1024)升大理寺丞,仁宗時官至參知政事。後與富弼、韓琦等人推行"慶曆新政"。因遭反對而被貶爲地方官。卒諡文正。

〔5〕富皋:即富弼,見13.5.7"李丞相"條注〔14〕。張爲善:即張方平(1007—1091)。方平字安道,號樂全居士,應天府南京(今河南商丘)人。景祐元年(1034)進士,初知昆山縣,通判睦州。後歷任知諫院、知制誥、知開封府、翰林學士、御史中丞,出知數州府。神宗朝,官拜參知政事,反對王安石新法。諡文定。

〔6〕文行:文章與德行。

〔7〕卿輔:又作卿相,執政的大臣。

〔8〕富修謹,張疏俊:原作"富脩謹,張踈放"。今據《東軒筆錄》正。"脩"爲"修"通假字。"踈"爲"疏"俗字。修謹:謂行事或處世謹慎,恪守禮法。疏俊:放達超逸。踈放:亦作疏放,指放縱,不受拘束。不合方平稟性。

〔9〕也爲善亦更名方平:諸字《東軒筆錄》無。《古今事文類聚》《錦繡萬花谷》《宋名臣言行錄》有。恐爲佚文。

〔10〕求婿于范文正公:今本《聞見錄》作"求婚於文正"。

〔11〕愛：今本《邵氏聞見録》後有"重"字。

〔12〕賢良：有德行才能。方正：品行正直無邪。"賢良方正"本爲漢代選拔官吏後備人員的制度之一。漢文帝時始詔舉"賢良方正能直言極諫者"，如表現特別優秀，則授予官職。宋代沿用，設賢良方正科。

〔13〕以宰相得宰相：晏殊及富弼均爲宰相。世：原脱，今據《石林燕語》補。

14.1.10 陳秘[1]

陳侍禁名秘，開封人。有女，幼童慧悟，[2]成長淑慎，[3]秘奇此女，閲婿久之，乃以歸福州長溪主簿吴君。[4]吴君磊落，三佐縣，不可意，棄官歸藝花。睥睨畦圃，[5]釋然忘懷，以是心通意得於草木之性，[6]能與物爲四時，而吴氏花名於江南。[7]

校注：

〔1〕本條節引自《山谷集·外集》卷八《哀詞·陳夫人墓誌銘》。陳秘，開封人，左侍禁，知高州（今廣東高州市），其他事跡不詳。侍禁：職官名，有左右之分，乃宮禁中侍奉之官。

〔2〕慧悟：聰慧明曉。

〔3〕成長：長大。慎：原作"謹"，係避孝宗趙昚諱而改字。

〔4〕乃：原作"廼"，二字異體。長溪：治在今福建寧德市霞浦縣。吴君：曾任長溪主簿，其他事跡不詳。

〔5〕睥：原涉下文"畦"訛作"睳"，今據《山谷集》正。睥睨：本指斜視，有厭惡、傲慢的意味，這裏泛化爲一般地看。

〔6〕意：原脱，今據《山谷集》補。

〔7〕於：《山谷集》無。

14.1.11　擇婿車[1]

東坡詩云："眼亂行看擇婿車。"注："唐進士開宴,常寄曲江亭。[2]其日,公卿家傾城縱觀,[3]鈿車珠鞅,[4]櫛比而至。中東牀之選者十之八九。"[5]《唐摭言》云："曲江之會,行市羅列,[6]長安僅至半空。[7]公卿率以其日選東床。"[8]

校注:

〔1〕本條分兩部分,第一部分出自宋王十朋《東坡詩集注》卷十六《送別·和董傳留別》詩及宋援注。宋援,字正輔,西蜀人氏。嘗注杜詩及東坡詩。第二部分本自《唐摭言》卷三"散序"條。

〔2〕曲江:又名曲江池,因其水流屈曲,故名。唐開元中興修疏鑿池,以黃渠引義谷水注入池中,遂爲勝景。進士及第者於此宴會,乃當時一大盛事。

〔3〕縱觀:恣意觀看。

〔4〕鈿:原作"茵",今據宋援注正。鈿車:用金寶嵌飾的車子。珠鞅:用珠寶裝飾的皮帶。

〔5〕者、之:《東坡詩集注》無。

〔6〕行市:商店會集的所在。此處指臨時店鋪。

〔7〕僅至:《唐摭言》作"幾於"。僅(jìn),幾乎,接近。

〔8〕選:《唐摭言》作"揀選"。

14.2　女自擇

14.2.1　徐吾犯妹[1]

《昭公元年》:鄭徐吾犯之妹美,公孫楚聘之矣,[2]公孫黑又使强委禽焉。[3]犯懼,告子產。[4]子產曰:"是國無政,非子之患也。唯所欲與。"[5]犯請於二子,請使女擇焉。[6]皆許之,子晳盛飾入,[7]布幣而出。子晳,公孫黑也。布,陳贄幣也。[8]子南戎服入。左右射,超乘而出。[9]女自房而觀之,曰:"子晳信美矣,抑子南夫也。[10]夫夫婦婦,所謂順也。"[11]適子南氏。子晳怒,既而橐甲以見子南,[12]欲殺之而取其妻。子南知之,執戈逐之。及衝,[13]擊之以戈。子晳傷而歸,告大夫曰:"我好見之,不知其有異志也,故傷。"[14]

校注:

〔1〕本條本自《左傳·昭公元年》。徐吾犯:複姓徐吾,春秋時期鄭國人。本條記公孫楚與公孫黑爭婚徐吾犯妹之事,成語"同室操戈"即源於此。

〔2〕公孫楚:姬姓,游氏,名楚,字子南,又稱游楚,生卒年不詳。鄭穆公孫,鄭國下大夫。

〔3〕公孫黑(?—前540):姬姓,駟氏,名黑,字子晳。鄭穆公孫,鄭國上大夫。委禽:下聘禮。古代婚禮,納採用雁,故稱。

〔4〕子產(?—前522):姬姓,國氏,名僑,謚成,又被稱爲公孫僑、公孫成子,春秋末期鄭國的政治家、思想家、改革家。執政期間,極受鄭國百姓愛戴,後世評價甚高,視其爲宰相典範。

〔5〕唯所欲與:她願嫁誰就嫁誰。

〔6〕請:原脱,今據《左傳》補。

〔7〕飾:原作"服",今據《左傳》正。

〔8〕布幣:陳列幣帛等彩禮。贄幣:原作"幣帛",今據《左傳》正。

〔9〕超乘:跳躍上車。

〔10〕信:確實。抑:但是。

〔11〕夫夫婦婦：丈夫要像丈夫，妻子要像妻子。

〔12〕櫜（gāo）甲：把皮甲穿在外衣裏面。《周禮·考工記·函人》疏："以衣衷著甲謂之櫜。"

〔13〕衝：交通要道，十字路口。

〔14〕好見之：好心去見他。故傷：原脱，今據《左傳》補。

14.2.2 孟光[1]

扶風平陵孟氏有女，狀肥醜而黑，力舉石臼，擇對不嫁，[2]年至三十。父母問其故。女曰："欲得賢如梁伯鸞者。"時梁鴻未娶，鄉里勢家慕其高節，[3]多欲女之，鴻並絶不娶。聞女言，遂求納之。女求作布衣、麻屨，[4]織作筐緝績之具。及嫁，始以裝飾入門。[5]七日而禮不成。[6]妻乃跪床下請曰："竊聞夫子高義，簡斥數婦，妾亦偃蹇數夫矣。[7]今而見擇，敢不請罪。"鴻曰："吾欲裘褐之人，[8]可與俱隱深山者爾。今乃衣綺縞，傅粉墨，豈鴻所願哉？"[9]妻曰："以觀夫子之志耳。妾自有隱居之服矣。"乃更爲椎髻，著布衣，操作而前。[10]鴻大喜曰："此真梁鴻妻也。能奉我矣！"字之曰德曜，名孟光。居有頃，妻曰："常聞夫子欲隱居避患，今何爲默默？無乃欲低頭就之乎？"鴻曰："諾。"乃共入霸陵山中，以耕織爲業，詠《詩》《書》，彈琴以自娱。作《五噫之歌》曰："陟彼北芒兮，噫！顧覽帝京兮，噫！宮室崔嵬兮，噫！人之劬勞兮，噫！遼遼未央兮，噫！"[11]乃易姓運期，名耀，字侯光，[12]與妻適吴，依大家皋伯通，居廡下，爲人賃舂。[13]每歸，妻爲具食，不敢於鴻前仰視，舉案齊眉。[14]伯通察而異之，曰："彼傭能使其妻敬之如此，非凡人也。"乃方舍之於家。[15]

校注：

[1] 本條節録自《後漢書・逸民傳・梁鴻》。梁鴻字伯鸞，東漢扶風平陵（今陝西咸陽西北）人，生卒年不詳。少孤，受業太學。家貧而尚節介，博覽無不通。娶孟光爲妻，隱居霸陵山中，以耕織爲業。作《五噫之歌》，章帝使人追捕，逃亡齊魯，終於吳。

[2] 擇對：擇配，選擇婚姻對象。

[3] 勢家：有權勢的人家。

[4] 女：《後漢書》該字後有"求"字，今據《後漢書》補。麻：原作"麻"，今據《後漢書》正。

[5] 裝飾：打扮，修飾。

[6] 禮不成：《後漢書》作"鴻不答"。

[7] 竊：原作"妾"，今據《後漢書》正。簡斥：猶疏遠。偃蹇：本指驕傲，傲慢，這裏指謝絶。

[8] 裘褐：粗陋衣服。

[9] 乃：《後漢書》該字前有"今"字，今據《後漢書》補。綺縞：精美而有花紋的絲織品。傅：塗搽。

[10] 操作：勞動，幹活。

[11] 五噫之歌：又稱"五噫歌"，前三句寫作者登高所見，後兩句寫作者所感，揭示了當時社會的腐敗。北芒：即邙山，橫卧於洛陽北側，爲崤山支脈。崔嵬：高聳貌。劬（qú）勞：辛勤勞苦。遼遼：深邃貌。未央：没有止境。此處《後漢書》有"肅宗聞而非之，求鴻不得"句，説明下文梁鴻易姓的原因。

[12] 侯：原訛作"俟"，今據《後漢書》正。

[13] 大家：猶豪富之家。皋伯通：東漢吳人。爲郡大家，待梁鴻以賓禮。鴻卒，伯通葬之於吳要離塚傍。賃舂：受雇爲人舂米。

〔14〕後世典故"舉案齊眉"即源於此。
〔15〕舍:《後漢書》該字前有"乃方",今據《後漢書》補。乃方:於是才。

14.2.3 徐女[1]

晉王濬字士治,爲河東從事。刺史燕國徐邈有女才淑,[2]擇夫未嫁。邈乃大會佐吏,令女於内觀之。女指濬告母,[3]邈遂妻之。

校注:

〔1〕本條本自《晉書·王濬傳》。王濬(206—286),字士治,小字阿童。晉弘農郡湖縣(今河南靈寶西)人。初爲河東從事,轉任廣漢太守、益州刺史,因伐吴有功,升鎮軍大將軍,加散騎常侍。謚武侯。
〔2〕徐邈(171—249):字景山,三國時魏燕國薊(今北京附近)人。歷任丞相軍謀掾、奉高縣令、尚書郎、隴西太守、譙國相等職,拜涼州刺史,頗有政績。遷司隸校尉。謚穆。《三國志·魏書》有傳。
〔3〕女:原脱,今據《晉書》補。

14.2.4 婁后[1]

北齊武明皇后婁氏,少明悟,强族多娉之,[2]並不肯行。及見神武於城上執役,[3]驚曰:"此真吾夫也。"乃使婢通意,[4]又數致私財,[5]使以娉己,父母不得已而許焉。神武既有澄清之志,[6]傾産以結英豪,密謀秘策,[7]后恒參預。[8]

校注：

〔1〕本條本自《北齊書·神武婁后傳》。《北史·齊武明皇后婁氏》文辭小異。此條與下條所記爲一事。神武，即北齊神武帝高歡（496—547），鮮卑名賀六渾，渤海蓨（今河北景縣）人。北魏孝明帝時參與杜洛周起義軍，後歸葛榮，旋叛降爾朱榮，爲親信都督、晉州刺史。後滅爾朱氏，又立魏孝武帝，自爲大丞相。孝武帝圖謀攻歡失敗，西奔長安，歡另立孝靜帝。自是魏分東西，高歡專擅東魏朝政16年。其子高洋代東魏稱北齊帝，追爲神武帝，廟號高祖。

〔2〕强族：豪門大族。娉：古代男方遣媒向女方問名求婚謂之娉。今字作"聘"。

〔3〕於：《北齊書》有，《北史》無。執役：服勞役。

〔4〕通意：表達意願。

〔5〕致：原作"置"，今據《北齊書》及《北史》正。致，送。

〔6〕澄清：謂肅清混亂局面，一統天下。

〔7〕秘：原作"計"，今據《北齊書》《北史》正。秘策，秘密的策略。

〔8〕恒：原作"多"，今據《北齊書》《北史》正。

14.2.5　婁氏[1]

魏高歡，深沉有大志，[2]家貧，執役在平城，富人婁氏家女見而奇之，[3]遂嫁焉。《通鑑》一百四十九卷[4]

校注：

〔1〕本條出自司馬光《資治通鑑·梁紀五·高祖武皇帝五》。

〔2〕深沉：《資治通鑑》作"沈深"。

〔3〕家：《資治通鑑》無。

〔4〕鑑：原訛作"監"，今據《資治通鑑》正。

14.2.6　齊女[1]

《風俗通》曰：齊有一女，二家求之。其家語其女曰："汝欲東家則左袒，欲西家則右袒。"其女兩袒，父母問其故，對曰："願東家食而西家息。"以東家富而醜，西家貧而美也。

校注：

〔1〕本條明言出自《風俗通》，今本《風俗通義》無。實本自《太平御覽》卷三百八十二《人事部》二十三《醜丈夫》所引《風俗通》。

14.2.7　陳女[1]

《初學記》：《異苑》曰："鄢陽陳忠女名豐，鄰人葛勃有美姿。豐與村中數女共聚絡絲，[2]戲相謂曰：'若得婿如葛勃，[3]無所恨也。'"

校注：

〔1〕本條本自《初學記》卷十九《人部下》所引《異苑》。《異苑》十卷，南朝宋劉敬叔所撰志怪小說集，凡三八二條，皆言山川靈異、神祇靈異、妖精變化等奇聞異事。敬叔，《宋書》《南史》俱無傳，彭城人。初爲小兵參軍，後爲給事黃門郎，太始中卒。

〔2〕數：《異苑》卷八有，《初學記》所引無。《太平御覽》卷三百七十九《人事部》二十美丈夫上、《古今事文類聚》後集卷十四《人倫部·擇婿·戲有所慕》亦有。

〔3〕得：原作"拜"，《異苑》卷八作"得"，《初學記》《太平御覽》《古今事文類聚》所引亦均作"得"，今據《異苑》改。

14.2.8　李林甫[1]

李林甫有女六人，各有姿色，門地之家，[2]求之不允。林甫廳事壁間，[3]開一橫窗，飾以雜寶，[4]蒙以絳紗，[5]使六女戲於窗下，[6]每有貴族子弟入謁，[7]林甫即使女於窗中自選可意者事之。

校注：

〔1〕本條本自蜀王仁裕《開元天寶遺事》卷二《選婿窗》。李林甫（683—752），唐宗室，小字哥奴。善音律，會機變。累遷國子司業，拜御史中丞、吏部侍郎。後拜相，爲禮部尚書、同中書門下三品。又爲中書令，大權獨握，爲人陰險，世稱"口蜜腹劍"。

〔2〕門地：《古今事文類聚》後集卷十四《人倫部·擇婿·紗窗自選》同，今本《開元天寶遺事》及《説郛》卷五十二上"選婿窗"條均作"雨露"。雨露，謂沐浴恩澤。

〔3〕廳事：本作"聽事"，官署視事問案的廳堂。

〔4〕以：原脱，今據《開元天寶遺事》補。

〔5〕蒙：《古今事文類聚》同，今本《開元天寶遺事》及《説郛》作"縵"。縵，通"幔"，遮蔽。

〔6〕使：該字前今本《開元天寶遺事》有"常日"二字。

〔7〕有：原脱，今據《開元天寶遺事》補。

14.2.9　柴氏[1]

魏人柴翁有女，在唐莊宗掖庭。[2]明宗入洛，[3]遣出宮。[4]父母迎之,奩具計直千萬,分半與父母。令歸,曰:"兒見郵舍隊長,[5]黝色花項雀形者,[6]極貴人也,願事之。"父母不能奪,問之,乃郭威也。一日,謂郭曰:"君貴不可言,妾有貲五百萬,願奉君以發其身。"周祖因其貲,得爲軍司。[7]柴翁一日忽大笑,妻問之,[8]但笑不止。因醉以酒,乃曰:"花項漢將爲天子。"

校注:

〔1〕本條本自宋釋文瑩《玉壺清話》卷六。《玉壺清話》,又稱《玉壺野史》,凡十卷,是北宋僧人文瑩撰寫的一部野史筆記。主要記載北宋開國至神宗朝百年間君臣行事、禮樂憲章、詩文逸事、市井見聞等,此書從宋初至熙寧間諸文集中輯史聞雜事而成,是研究五代史和北宋史的珍貴資料。柴氏自擇之事,《宋史·張永德傳》記之頗詳。張永德乃後周太祖郭威女婿。

〔2〕唐莊宗:即五代時期後唐的建立者李存勗(885—926),神武川新城(今山西雁門)人。唐末河東節度使、晉王李克用長子,沙陀人。以勇猛聞名,繼晉王位後,經過多年征戰,在魏州(河北大名府)稱帝,國號唐,史稱後唐。滅後梁,統一了北方大部。後死於兵變。掖庭:宮中旁舍,妃嬪宮女居住的地方。柴氏乃莊宗宮女。

〔3〕明宗:即後唐第二位皇帝李嗣源(867—933),應州金城(今山西應縣)人,李克用養子,沙陀人。以戰功官至蕃漢內外馬步軍總管。李存勗死於兵變,嗣源入洛監國,不久即皇位。在位期間,施行改革,嚴懲貪官,注重節儉,能以民爲本,後人譽爲五代明君。

〔4〕遣:原脱,今據《玉壺清話》補。明宗入洛陽爲監國,當時莊宗後宮存者有千餘人。明宗僅"量留後宮百人、宦者三十人……其餘任其所適。""乃悉用老舊人補之,其少年者皆出歸其親戚,無

親戚者任其所適。"柴氏因此出宮。

〔5〕郵舍：驛站。此郵舍隊長即郭威(904—954)。威字文仲，邢州堯山(今河北邢臺隆堯縣西)人。歷仕後唐、後晉、後漢，官至樞密使加平章事。後發動兵變，代後漢稱帝，國號周，史稱後周。執政期間，以清廉勤政著稱。廟號太祖。

〔6〕黝色花項雀形：郭威頸部有飛雀刺青，人稱"郭雀兒"，本條稱爲"花項漢"。

〔7〕貲：原訛作"姿"，今據《玉壺清話》正。軍司：官名，職爲監軍。

〔8〕之：原脱，今據《玉壺清話》補。

14.3　卜相擇婿

14.3.1　呂公[1]

漢單父人呂公見高祖狀貌，[2]因重敬之，曰："臣少好相人，相人多矣，無如季相，[3]願季自愛。臣有息女，[4]願爲箕箒妾。"[5]呂媪怒曰："公始常奇此女，與貴人。沛令善公，求之不可，[6]何自妄許與劉季？"呂公曰："此非兒女子所知。"[7]卒與高祖。即呂后也。本紀。《王命論》曰："呂公覩形而進女。"[8]

校注：

〔1〕本條分兩部分，前一部分節引自《史記·高祖本紀》，後一部分本自《漢書·叙傳》所錄班彪《王命論》。單父：縣名，春秋時爲魯國單父邑。秦置單父縣，屬碭郡。西漢單父縣屬山陽郡。今屬山東菏澤市。

〔2〕依《高祖本紀》，高祖"隆准而龍顏，美鬚髯，左股有七十二黑子"。

〔3〕季：劉邦字。

〔4〕息女：親生女兒。

〔5〕箒：《史記》《漢書》均作"帚"。"箒"爲"帚"涉上"箕"之類化字。箕箒，畚箕和掃帚，皆掃除之具。這裏指以箕箒掃除，即操持家内雜務。

〔6〕可：《史記》《漢書》均作"與"。

〔7〕兒女子：猶言婦孺之輩。

〔8〕《王命論》：班彪所作，主要討論劉邦興起的原因，充斥着宿命觀點。

14.3.2 周浚[1]

晉周浚有人倫鑒識。[2]鄉人史曜素微賤，[3]衆所未知，浚獨引之爲友，以妹妻之，曜竟有名於世。

校注：

〔1〕本條本自《晉書·周浚傳》。周浚（220—288），字開林，汝南安成（今河南平興）人。以才理知名。初爲魏國尚書郎、御史中丞、折衝將軍、揚州刺史，拜射陽侯。伐吳有功，封成武侯。後爲晉武帝侍中、少府領將作大匠，又爲都督揚州諸軍事，拜安東將軍，卒於位。

〔2〕人倫鑒識：或稱人倫鑒、知人鑒、知人倫、知人、人倫、鑒識、識鑒，或簡稱作知、鑒、論等等，是流行於漢晉之間的一種品評、鑒賞、識拔、題目、褒貶人物的文化現象。

〔3〕史曜：正史無傳。晉曹嘉《晉紀》曰："汝南史曜，爲山濤所知。曜字季茂，父爲征南府小吏。鄉人周浚一見曜而友之，配之

妹。官至中書郎。"

14.3.3　鍾氏[1]

　　王渾妻鍾氏生女令淑,[2]武子爲妹求簡美對而未得,[3]有兵家子有雋才,[4]欲以妹妻之,乃白母,母曰:"要令我見。"[5]武子乃令兵兒與群小雜處,使母帷中察之。既而母曰:"如此衣形者,是汝所擬者邪?"[6]武子曰:"是也。"母曰:"此子才足以拔萃;[7]然地寒,不有長年,不得申其才用。[8]觀其形骨,必不壽,不可與昏。"兵兒數年果亡。《世説》

校注:

〔1〕本條見《世説新語·賢媛篇》。《晉書·列女傳》"王渾妻鍾氏"亦記此事。王渾(223—297),字玄沖,太原晉陽(今山西太原)人。魏司空王昶之子,襲京陵侯位。後歷任懷縣縣令、散騎黄門侍郎、散騎常侍、越騎校尉、徐州刺史等職。參與平吴,功績顯著,官至司徒、侍中。諡元。《晉書》卷四十二有傳。鍾氏,《晉書·列女傳》曰:"王渾妻鍾氏字琰,潁川人,魏太傅繇曾孫也。"

〔2〕令淑:謂德行善美。

〔3〕武子:即王濟(約246—291),字武子,乃王渾次子。詳見14.1.4"山簡"條注〔2〕。簡:通"檢",挑選。求簡美對,謂擇選佳婿。

〔4〕雋:今本《世説》作"儁",《晉書》作"俊"。《玉篇·人部》:"儁,同俊。"《正字通·隹部》:"雋,與俊通。"

〔5〕母曰:今本《世説》無"母"字,當補。鍾氏所説全文是:"誠是才者,其地可遺,然要令我見。"地:門第。可遺:可以不論。

〔6〕邪:此字前今本《世説》有"非"字。

〔7〕子：今本《世説》無。

〔8〕申：原訛作"中",今據《世説》正。地寒：出身微賤,地位低下。長年：長壽。

14.3.4　甘公[1]

陶謙字恭祖,丹楊人。少孤,始以不羈聞於縣中。年十四,猶綴帛爲幡,乘竹馬而戲,邑中兒僮皆隨之[2]。故蒼梧太守同縣甘公出遇之塗,[3]見其容貌,異而呼之,住車與語,甚悅,因許妻以女。甘公夫人聞之,怒曰："妾聞陶家兒遨戲無度,[4]如何以女許之？"公曰："彼有奇表,長必大成。"遂妻之。後爲徐州刺史。《魏志》

校注：

〔1〕本條出自《魏志》,乃合《陶謙傳》及裴松之注引《吴書》而成。陶謙（132—194）,字恭祖,揚州丹楊（今安徽當塗東北）人。初爲舒縣令、盧縣令,封幽州刺史、議郎,再拜揚武校尉,後任徐州刺史,官至安東將軍、徐州牧,封溧陽侯。

〔2〕僮：《魏志》裴注作"童"。二字通用。

〔3〕蒼梧太守甘公：名定,其他事跡不詳。《太平御覽》卷五百九十八《文部》十四"符"引《東觀漢紀》："延熹五年（162）,長沙賊起,攻没蒼梧,取銅虎符,太守甘定、刺史侯輔各奔出城。"

〔4〕遨：《魏志》裴注作"敖"。"遨"爲"敖"分化字。敖戲,嬉戲。

14.3.5　韓滉[1]

楊於陵十九登進士第,二十再登博學宏詞科,[2]調補潤州句容縣尉。浙西觀察使韓滉有知人之鑒,性剛嚴,少所接與,獨於陵常所厚待。滉有愛女,方擇佳婿,謂其妻柳氏曰:"吾閱人多矣,後貴且壽,無如楊生者,生子必位宰相。"以女妻之。既而生嗣復。滉撫其頂曰:"名位皆逾其父,楊門之慶也。"因字曰"慶門"。竟如其言。《唐書》

校注:

〔1〕本條言本自《唐書》,實合《舊唐書・楊於陵傳》《舊唐書・楊嗣復傳》而成。楊於陵(753—830),字達夫,弘農(今河南靈寶)人。十九歲登進士第,授潤州句容(今江蘇)主簿,入朝爲膳部員外郎。歷官吏部郎中、中書舍人、京兆尹等,官至户部侍郎,後遷户部尚書,以左僕射致仕。楊嗣復(783—848),字繼之,楊於陵次子。八歲能文,擢進士,累遷中書舍人、户部侍郎、尚書右丞,封弘農伯。李德裕輔政,被黜爲湖南觀察使,再貶潮州。後召爲吏部尚書。謚孝穆。韓滉(723—787),字太沖,長安(今陝西西安)人。以蔭補騎曹參軍,後任吏部員外郎、户部侍郎、蘇州刺史、浙江東西都團練觀察使、鎮海軍節度使等職,封晉國公。官至檢校左僕射同中書門下平章事。工書畫。

〔2〕博學宏詞(或作"宏辭"、"弘詞")科:是始於唐代的一種比較重要的吏部科目選,主要是爲了解决科舉出身後等待入仕所產生的問題,凡考試優等者不論獲得出身年數多少皆可立即入仕。

14.3.6 袁天綱[1]

陝州刺史王當有女,[2]集州縣文武官,令袁天綱擇婿。天綱曰:"惟果毅姚某有貴子,[3]可嫁之,終必得力。"當從其言而嫁之。時人笑焉,乃元崇也。[4]時年二十三,[5]好獵,

都未知書。[6]母勸令讀書。[7]元崇遂割放鷹鶋,折節勤學。[8]以挽郎入仕,竟位至宰相。《定命錄》

校注：

〔1〕本條言出自《定命錄》。《定命錄》,唐吕道生撰。原書已佚,《太平廣記》《類説》等有佚文,多記宿命前定故事。《太平廣記·相一》"袁天綱"條、《分門古今類事》卷九《相兆門》上《姚崇甚貴》、《古今事文類聚》後集卷十三《人倫部·婚姻·遣人相婿》均記此事。袁天綱,隋唐時益州成都(今四川成都)人,著名天文學家、星象學家、預測家,精通相術。隋大業中爲資官令,入唐爲火山令。

〔2〕陝：原訛作"陳",今據《太平廣記》正。《古今事文類聚》後集卷十三《人倫部·婚姻·遣人相婿》及《氏族大全》卷六《蕭韻·姚·擇婿》亦作"陳",均誤。王當：未詳。

〔3〕果毅：隋唐時武官名。隋時統驍果之兵,唐時統府兵。

〔4〕元崇：即姚崇(650—721)。崇字元之,本名元崇,避唐玄宗"開元"年號諱而改名,陝州(今河南三門峽陝縣)人。父姚懿,曾任硤石縣令、嶲州都督,卒贈幽州都督、吏部尚書,謚文獻。年輕時喜好逸樂,年長以後,才刻苦讀書,大器晚成。歷任武則天、唐睿宗、唐玄宗三朝宰相,司馬光譽爲唐朝四大賢相之一。

〔5〕年：原脱,今據《太平廣記》補。

〔6〕都：語氣副詞。

〔7〕母：原脱,今據《太平廣記》補。

〔8〕折節：强自克制,一改平素志行。

14.3.7 蘇氏[1]

信都富人蘇某,有女十人,爲擇良婿。張文成往見焉,[2]蘇曰："此雖有才,不能富貴。幸得五品官,[3]即當死矣。"魏知古時已及第,[4]然未有官。蘇云:"此雖形質黑小,然必當貴。"遂以長女嫁之。其女髮長七尺,黑光如漆,諸妹皆不及。有相者云:"此女富貴,[5]不喫宿食。"[6]諸妹笑知古曰:"只是貧漢得米旋煮,[7]故無宿飯。"其後魏爲宰相,每食,一物已上官供。《定命錄》

校注:

〔1〕本條出自《定命錄》,《酉陽雜俎・語資》《太平廣記・相四・蘇氏女》均錄此事。

〔2〕張文成:即張鷟(約 660—740),自號浮休子,唐深州陸澤(今河北深州)人。登進士第後,任岐王府參軍,調爲長安縣尉,又升鴻臚丞,武后時擢任御史。才學高超,屢試屢中,號稱"青錢學士"。有傳奇小説《遊仙窟》及筆記小説集《朝野僉載》傳世。

〔3〕官:《酉陽雜俎》有,《太平廣記》無。

〔4〕魏知古(647—715):唐深州陸澤(今河北深州)人。方直有雅才,弱冠舉進士。歷鳳閣舍人、吏部侍郎、黄門侍郎、散騎常侍同中書門下平章事、户部尚書,終工部尚書。卒贈幽州都督,諡忠。《舊唐書》卷九十八有傳。

〔5〕貴:《酉陽雜俎》有,《太平廣記》無。

〔6〕喫:《太平廣記》作"囓",恐誤。

〔7〕旋:立刻。

14.3.8 元懷景[1]

張燕公説之少也,元懷景知其必貴,[2]嫁女與之。後張至宰相,其男女數人婚姻榮盛,男尚公主,[3]女爲三品夫

人。[4]《定命録》

校注：

〔1〕本條本自《定命録》。《太平廣記·知人二·元懷景》録之。張説(667—730)，字道濟，一字説之，原籍范陽(今河北涿縣)，世居河東(今山西永濟)，徙家洛陽。初授太子校書，擢鳳閣舍人，累官至同中書門下平章事，後罷知政事。復拜中書令，封燕國公。出爲相州、岳州等地刺史，又召還爲兵部尚書、同中書門下三品，遷中書令，俄授右丞相，至尚書左僕射。諡文貞。《舊唐書》卷九十七有傳。

〔2〕元懷景(？—722)：河南洛陽(今屬河南)人，弱冠登進士第，補相府典簽，以内憂去職。重補相府參軍，遷太子通事舍人、右司員外郎，後自河南掾升爲河南少尹。開元間，歷官尚書右丞、左庶子。諡文。生平事跡見《張説之文集》卷二十《唐故左庶子贈幽州都督元府君墓誌銘》。

〔3〕男尚公主：謂張説次子張垍娶唐玄宗第八女寧親公主。張垍，《舊唐書》卷九十七有傳。

〔4〕女爲三品夫人：被詔封爲三品夫人。

14.3.9　盧承慶[1]

户部尚書范陽盧承慶，有兄女，[2]將笄而嫁之，謂弟尚書左丞承業曰："吾爲此女，擇得一婿曰裴居道。[3]其相位極人臣。然恐其非命破家，[4]不可嫁也。"承業曰："不知此女命相，[5]終他富貴否？"因呼其姪女出，兄弟熟視之。承業又曰："裴郎位至郎官，其女即合喪逝，[6]縱後遭事，[7]不相及也。"卒嫁與之。居道官至郎中，其妻旲殁。後居道竟拜中書令，被誅籍没，久而方雪。

校注：

〔1〕本條本自《太平廣記》卷一百五十九《定數》十四《盧承業女》，乃《定命錄》文。《分門古今類事》卷十六《婚兆門》"承業擇聟"條亦引。盧承慶（595—670），字子餘，號幽憂子，幽州范陽（今河北涿郡）人，少襲父爵，累遷民部侍郎，歷雍州別駕、尚書左丞，以度支尚書同中書門下三品，後拜刑部尚書，卒贈幽州都督。《舊唐書》卷八十一有傳。盧承業，承慶弟，有學識。貞觀末爲雍州長史、檢校尚書左丞，左遷忠州刺史，復爲雍州長史，賜爵魏縣子。後任揚州大都督府長史，謚簡。《舊唐書》卷八十一有傳。

〔2〕女：《分門古今類事》同，《太平廣記》作"子"。

〔3〕裴居道：絳州聞喜（今山西運城）人，以女爲高宗太子李弘妃。曾任左金吾將軍、刑部尚書，則天時，封同鳳閣鸞臺三品、中書令、内史、納言，封翼國公。爲酷吏所陷，下獄死。《舊唐書》卷八十六有傳。曰：《太平廣記》作"乃曰"，《分門古今類事》作"乃"。

〔4〕非命：因意外的災禍而死，遭厄運。

〔5〕命相：《太平廣記》作"相命"。命相，命運與相貌。

〔6〕合：應該，應當。喪逝：逝世。

〔7〕後：原訛作"使"，今據《太平廣記》正。遭事：遭遇不幸的事。

14.3.10　苗夫人[1]

唐張延賞累代台鉉。[2]每燕賓客，[3]選子婿莫有人意者。其妻苗氏有鑒識，[4]甚別英鋭，特選韋皋秀才，[5]曰："此人之貴，無以比儔。"[6]既以女妻之。[7]不二三歲，以韋郎性度高廓，[8]不拘小節，張公稍悔之，至不齒禮，[9]一門婢僕，漸見輕怠，唯苗氏待之常厚，曰："韋郎七尺之軀，學兼文武，豈有沉滯；[10]良時勝境，何忍虛擲乎？"韋乃辭東遊，苗氏罄妝奩贈送。[11]延賞喜其往也，[12]贐以七驢馱物，[13]韋盡歸之，延賞莫測也。[14]會德宗行幸奉天，西面之功，韋獨居上。[15]聖駕旋復之日，自金吾持節西川，以代延賞。乃改易其姓名，以"韋"作"韓"，以"皋"作"翺"，莫敢言之也。至天回驛，[16]去府城三十里上皇旋駕，因以為名，[17]有人特報延賞曰："替相公者，金吾韋皋，[18]必韋郎也。"延賞笑曰："天下同姓名者何限，彼韋生應已委棄溝壑，[19]豈能乘吾位乎？[20]婦女之言，不足云爾。"苗夫人又曰："韋郎雖貧賤，[21]氣凌霄漢。每相公所誚，[22]未嘗一言屈媚，[23]因以見尤。[24]成事立功，必此人也！"來早入州，方知不誤。延賞憂惕，莫敢瞻視，曰："吾不識人。"西門而出。凡是舊時奴婢曾無禮者，[25]韋公杖殺之。苗夫人無愧於韋郎，賢哉！韋公侍奉外姑，過於布素之時。自是海內貴門，[26]不敢忽於貧賤之婿！郭圓詩曰：[27]"宣父從周又適秦，[28]昔賢誰不困風塵。[29]當時甚訝張延賞，不識韋皋是貴人。"《雲溪》文

校注：

〔1〕本條乃《雲溪》文，即本唐范攄所撰筆記小說集《雲溪友議》卷中《苗夫人》。范攄，生卒年未詳，僖宗時吳（今江蘇吳縣）人。客居越地，自號五雲溪（即若耶溪）人。所以名其書爲《雲溪友議》。此書載開元以後異聞野史，尤以詩話爲多。所錄詩及本事，有爲他書所不載者，遺篇瑣事，有不少靠該書得以流傳。間有失實處。書中還有一些神鬼故事，頗有傳奇文氣息。苗夫人，乃苗晉卿女。唐

李肇《唐國史補》卷中："苗夫人，其父太師也，其舅張河東也，其夫延賞也，其子弘靖也，其子婿韋太尉也。近代衣冠婦人之貴，無如此者。"晉卿（675—765），字元輔，潞州壺關（今山西壺關縣）人，第進士。歷仕玄宗、肅宗、代宗三朝，累遷中書舍人，任吏部侍郎。貶安康太守，徙魏郡、扶風郡，封高平縣男，遷工部尚書、東京留守、憲部尚書。肅宗拜左相，封韓國公。諡文貞。

〔2〕張延賞（727—787）：本名寶符，唐玄宗賜名延賞，蒲州猗氏（今山西臨猗）人。歷仕玄宗、肅宗、德宗三朝，初授左司御率府兵曹參軍，再拜河南尹，徙荊南、劍南西川節度使，加吏部尚書，官至中書侍郎、同中書門下平章事。諡成肅。新、舊《唐書》均有傳。台鉉：猶台鼎。鉉：鼎耳，以代鼎。鼎三足，有三公之象，故以喻宰輔重臣。

〔3〕燕：《雲溪友議》及《太平廣記》卷一百七十《知人》二"苗夫人"條均作"宴"。"燕"通"宴"，宴請。

〔4〕有鑒識：《雲溪友議》作"有才鑒"，《太平廣記》作"有鑑"。鑒識，亦作"鑑識"，審察辨識的能力。多指識別人才。

〔5〕韋皋（745—805）：字城武，唐京兆萬年（今陝西西安）人。初任建陵挽郎，累授使府監察御史、隴州行營留後事，拜奉義軍節度、左金吾衛將軍，又代張延賞為劍南西川節度使。經略滇蜀，頗有建樹。以功加中書令，封南康郡王。

〔6〕比儔（chóu）：比並，匹敵。

〔7〕女：原脫，今據《雲溪友議》補。既：時間副詞。即，便。表示前後兩件事緊相銜接。

〔8〕性度：性情氣度。高廓：清高遠大。

〔9〕不齒禮：非以禮待，表示輕蔑。

〔10〕《雲溪友議》《太平廣記》此處尚有"兒家為尊卑見誚"諸字。

〔11〕苗氏：原脫，今據《雲溪友議》補。

〔12〕延賞：原脫，今據《雲溪友議》補。

〔13〕驢：原脱，今據《雲溪友議》補。《雲溪友議》及《太平廣記》此處尚有"每之一驛則附遞一馱而還行經七驛所送之物"諸字。

〔14〕測：知道。《雲溪友議》及《太平廣記》此處尚有"後權隴右軍事"諸字。

〔15〕西：此字前《雲溪友議》有"在"字，《太平廣記》無。西面之功：據《唐書·韋皋傳》，涇原兵變後，德宗逃至奉天（今陝西乾縣），朱泚自稱皇帝，欲拜韋皋爲鳳翔節度使，皋斬其使者，又馳使吐蕃與連和，德宗遂安。

〔16〕天回驛：在今四川成都天回鎮，玄宗幸蜀，李白作《上皇西巡南京歌十首》，其四曰："地轉錦江成渭水，天回玉壘作長安。"此地故名"天回"，後置天回驛。

〔17〕上皇旋駕因以爲名：《太平廣記》同，《雲溪友議》作"上皇發駕日以爲名"。又，此係原書注文，《婚禮新編》誤爲正文，今正。

〔18〕此處《雲溪友議》尚有"將軍非韓翃也"及"苗夫人曰若是韋皋"句。

〔19〕委棄：捨棄。溝壑：本指山溝，借指野死之處。《孟子·滕文公下》："志士不忘在溝壑，勇士不忘喪其元。"趙岐注："君子固窮，故常念死無棺槨没溝壑而不恨也。"委棄溝壑，對死亡的一種委婉説法。

〔20〕乘：原作"承"，據《雲溪友議》《太平廣記》正。乘，登上。

〔21〕雖：此字前《雲溪友議》《太平廣記》均有"比"字。比，副詞。先前：以前。《吕氏春秋·先識》："臣比在晉也，不敢直言。"

〔22〕誚：原作"談"，今據《雲溪友議》及《太平廣記》正。相公此二字前《雲溪友議》《太平廣記》尚有"以"字。

〔23〕屈：原作"出"，今據《雲溪友議》及《太平廣記》正。屈媚，委屈以取悦。

〔24〕以：《雲溪友議》《太平廣記》均作"而"。

〔25〕奴婢：《雲溪友議》及《太平廣記》均作"媲僕"。

〔26〕自是:《雲溪友議》及《太平廣記》均無。

〔27〕郭圓:字泗濱,唐會昌中檢校司門員外郎,爲劍南李固言從事。工書,嘗書豫章冠蓋盛集記。

〔28〕宣父從周又適秦:《太平廣記》卷一百七十《知人》二、《全唐詩》卷五百四十七郭圓《詠韋皋》、《唐詩紀事》卷五十九《郭圓》同。《紺珠集》卷四《韋皋代張延賞》作"宣父辭周又適秦",《類説》卷四十一《不識韋皋是貴人》作"宣父辭周儀入秦",《詩話總龜》卷三十五《譏誚門》、《天中記》卷十八《翁婿》作"宣父從周又入秦"。

〔29〕昔賢誰不困風塵:《紺珠集》《類説》《詩話總龜》《天中記》同。《雲溪友議》《太平廣記》作"昔賢多少出風塵",《唐詩紀事》作"昔賢雖少出風塵",《全唐詩》作"昔賢誰少出風塵"。

14.3.11 魏太武[1]

李欣字元盛,[2]母賤,爲諸兄所輕。父崇曰:"此子之生,相者言貴,[3]吾每觀之,[4]或未可知。"太武見之,指謂從者曰:"此小兒終效用於朕之子孫。"[5]因識眄之。[6]帝舅陽平王杜超有女,[7]將許貴戚。帝曰:"李欣後必宦達,[8]益人門户,可以妻之。"遂勸成昏。帝曰:"觀此人舉動,豈不異於人也? 必爲朕家幹事之臣。"[9]

校注:

〔1〕本條本自《魏書·李欣傳》,《北史·李欣傳》文辭小異。魏太武,原作"魏大武",今據《魏書》正。魏太武即北魏太武帝拓跋燾(408—452),字佛狸,北魏第三任皇帝。在位期間,消滅北燕、北涼等諸多政權,統一北方。謚太武皇帝,廟號世祖。

〔2〕欣:正文中兩處均訛作"訢",今據《魏書》正。李欣:字元

盛，北魏范陽(今河北涿縣)人也。初爲中書助教博士，歷任儀曹尚書、中秘書、相州刺史、太倉尚書、司空，進爵范陽公。再拜侍中、鎮南大將軍、開府儀同三司、徐州刺史。後爲馮太后誅殺。其父李崇(454—525)，字繼長，頓丘(今安徽滁州來安縣)人。文成皇后次兄李誕之子。初拜主文中散，襲爵陳留公。歷高祖、世宗、肅宗三朝，治八州，五拜都督將軍，政績顯赫，戰功卓著，堪稱一代名臣。

〔3〕言：原作"中"，今據《魏書》正。

〔4〕之：《北史》無，《魏書》作"察"。

〔5〕效用：猶效勞。

〔6〕眄：原作"盻"，今據《魏書》正。識眄：賞識眷顧。

〔7〕杜超(？—444)：字祖仁，北魏魏郡鄴(今河南安陽市)人，明元帝拓跋嗣(北魏第二任皇帝)杜后之兄。初爲相州別駕，封陽平公，尚南安長公主，拜駙馬都尉，位大鴻臚卿。後爲太宰，進爵爲王，鎮鄴，爲帳下所害。謚威。

〔8〕宦達：官位顯達，仕途亨通。

〔9〕幹事：辦事幹練。

14.3.12　韋鼎[1]

後周蘭陵公主居寡，[2]帝爲之求夫，[3]選親衛柳述及蕭瑒等以示相士韋鼎，[4]鼎曰："瑒當封侯，而無貴妻之相；述亦通顯，而守位不終。"[5]帝曰："位由我爾。"遂以降述。[6]述後除名，卒年三十九。

校注：

〔1〕本條本自《隋書·韋鼎傳》，《南史·韋鼎傳》所載同。韋鼎(515—593)，字超盛，京兆杜陵(今陝西西安東南)人。梁時累官

至中書侍郎。陳時累官至太府卿。陳亡入隋，授任上儀同三司，除光州刺史。

〔2〕蘭陵公主：隋文帝第五女，特所鍾愛。先嫁王奉孝，再嫁柳述。柳述流放惠州，煬帝令公主改嫁，以死相拒，終憂憤而卒，史稱其"質邁寒松"。居寡：同寡居，喪夫獨居。

〔3〕帝：謂隋文帝楊堅。

〔4〕親衛：侍衛。柳述（570—608）：字業隆，河東解縣（今山西運城）人，隋文帝重臣柳機之子。初爲太子親衛，拜開府儀同三司内史侍郎，擢兵部尚書，遷黃門侍郎，襲父爵爲建安郡公。復遷兵部尚書，參掌朝廷機密。後被隋煬帝流貶惠州，再遷寧越郡（今廣西欽州），不幸染瘴而亡。蕭瑒（574—612）：字同文，南蘭陵（今江蘇常州武進區）人，梁明帝蕭巋之子，封義安王。後隨梁主歸陳、隋，封陶丘郡開國公，授太子洗馬、東京衛尉少卿、上開府、儀同三司、秘書監等職，封陶丘侯。謚簡。

〔5〕貴妻：使妻尊貴。通顯：通達顯耀。守位：保持地（職）位。

〔6〕降：下嫁。

14.3.13　王青[1]

王青，晏元獻門下常賣人，[2]自號王實頭，嘗遇奇士，[3]傳一相術。[4]夫人一日呼至堂下，青相其女曰：[5]"此國夫人也。"夫人笑曰：[6]"爲我擇一佳婿。"青應聲曰："一秀才姓富，[7]須做宰相，明年狀元及第，在興國寺安下。"[8]元獻退朝，夫人具道其事，使人通好。明年，富黜於春官，[9]晏以青爲妄，大悔之。未幾，富中大科，[10]恩比狀元，即大丞相鄭公也。青有女婿，時秀才，儀貌甚偉，衆以青善相，必得非常人。青曰："吾女命薄,安敢適富貴人。"時生亦非遠到,[11]果及第而卒。

校注：

〔1〕本條本自宋劉延世編《孫公談圃》卷上。《孫公談圃》，北宋孫升叙,劉延世録。孫升（1038—1099）,字君孚,高郵（今屬江蘇）人。登進士第後簽書泰州判官,歷監察御史、殿中侍御史、中書舍人、直學士院,以天章閣待制知應天府,改集賢院學士。後坐黨籍,累貶果州團練副使,謫汀州,多述時事。劉延世字玉孟,號述之,臨江軍新喻（今浙江新餘）人,劉敞侄,少有盛名。孫升謫汀州時,延世父適知長汀,得從孫升游,因録爲是編。其書於當時朝政及權臣得失多有所論,可備一家之説。

〔2〕晏元獻：即晏殊。常賣,謂串街叫賣常用物品。宋趙彥衛《雲麓漫鈔》卷七："方言以微細物,博易於鄉市自唱,曰常賣。"

〔3〕嘗：《孫公談圃》作"常"。兩字通。

〔4〕此處《孫公談圃》尚有"時時相公之奴婢輒中"諸字。

〔5〕相：此字前《孫公談圃》有"遽"字。

〔6〕笑：此字前原有"應聲"二字,《孫公談圃》無,當涉下文"青應聲曰"而誤衍,今據文意删。

〔7〕一：此字前《孫公談圃》有"恰有"字。此富姓秀才即北宋名相富弼（富鄭公）。

〔8〕安下：住下,安歇。今本《孫公談圃》脱"安"字。

〔9〕春官：唐光宅年間曾改禮部爲春官,後遂以爲禮部的别稱。黜於春官,謂科舉失利。

〔10〕大科：唐制,取士之科,由皇帝自詔者曰制舉。其科目隨皇帝臨時所定,如賢良方正、直言極諫等。宋時名曰大科。《邵氏聞見前録》卷九："富韓公初遊場屋,穆修伯長謂之曰：'進士不足以盡子之才,當以大科名世。'"富弼於仁宗天聖八年（1030）舉茂才異等。

〔11〕遠到：猶遠至，日後能有大成。

14.3.14　馬亮[1]

馬尚書亮善相人，爲夔路監司日，[2]呂文靖父爲州職官，[3]亮一見文靖，即許以女嫁之。其妻怒曰："君常以此女爲國夫人，[4]何爲與選人子？"[5]亮曰："此其所以爲國夫人。"[6]

〔1〕本條本自《孫公談圃》卷下。馬亮（957—1031），字叔明，廬州合肥（今屬安徽）人。進士及第後，歷任大理評事、蕪湖知縣、殿中丞、工部侍郎、兵部侍郎、尚書右丞、工部尚書、太子少保，卒贈尚書僕射，諡忠肅。

〔2〕日：原脱，今據《孫公談圃》補。夔路監司，即西川轉運副使。

〔3〕呂文靖：即呂夷簡（979—1044），字坦夫，萊州（今屬山東）人。真宗初年進士，歷任通州通判、濱州知州、禮部員外郎、刑部員外郎兼侍御史、龍圖閣直學士遷刑部郎中，權知開封府。仁宗時拜同中書門下平章事、集賢殿大學士。宋代名相之一。諡文靖。其伯父呂蒙正是宋真宗時的宰相，父親呂蒙亨舉進士第，以蒙正居中書而罷，後歷下蔡、武平縣主簿，後官至光禄寺丞、大理寺丞。

〔4〕常：《孫公談圃》作"嘗"。國夫人，命婦的一種封號。《通典·職官十六》："大唐外命婦之制，諸王母、妻及妃，文武官一品及國公母、妻，爲國夫人。"

〔5〕選：原作"此"，今據《孫公談圃》正。選人，唐代稱候補、候選的官員。宋沿用之。呂蒙亨爲州職官，即州署中的屬官，故稱。

〔6〕其：《孫公談圃》無。呂夷簡後官拜宰相，故其夫人可稱"國夫人"。

婚禮新編　卷之十五

15.1　名行

15.1.1　南容[1]

子謂南容："邦有道,不廢;邦無道,免於刑戮。"以其兄之子妻之。《公冶長》南容三復白圭,孔子以其兄之子妻之。《先進》

校注:

[1] 本條兩章均出自《論語》。南容,孔子弟子南宮縚,魯人,字子容。依正義所言,此兩章分別讚美南容之賢行與慎言。

15.1.2　劉殷[1]

劉殷,新興人。司空、齊王攸辟爲掾,征南將軍羊祜召爲參軍,[2]皆以疾辭。同郡張宣子,識達之士也,[3]勸殷就徵。殷曰:"當今二公,有晉之棟楹也。吾方希達如楥樣爾,[4]不憑之,豈能立乎!吾今王母在堂,既應他命,無容不竭盡臣禮,[5]便不得就養。子輿所以辭齊大夫,良以色養無主故爾。"[6]宣子曰:"如子所言,豈庸人所識哉!而今而後,吾子當爲吾師矣。"遂以女妻之。宣子者,并州豪族,家富於財,其妻怒曰:"我女年始十四,[7]姿識如此,何慮不得爲公侯妃,而遽以妻劉殷乎!"宣子曰:"非爾所及也。"誡其女曰:"劉殷至孝冥感,才識超世,[8]此人終當遠達,爲世名公,汝其謹事之。"張氏性亦婉順,事王母以孝聞,奉殷如君父焉。《晉書》

校注:

〔1〕本條本自《晉書》卷八十八《劉殷列傳》。劉殷字長盛,生卒年不詳,西晉十六國時期前趙名士。官至太保,以高壽終。

〔2〕齊王攸:即司馬攸(248—283),司馬昭之次子,被過繼給司馬師,封齊王。羊祜(221—278):字叔子,西晉開國元勳,司馬攸之舅。

〔3〕識達:有見識,能洞達事理。

〔4〕棟榱:分別指屋的正梁和廳堂的前柱。榱(cuī)椽:架屋承瓦的木頭。方的叫榱,圓的叫椽。皆用來喻指擔負重任的人物。

〔5〕無容:原作"無庸",今據《晉書》正。無容,不能夠。王母:祖母。《禮記·曲禮下》:"祭王父曰皇祖考,王母曰皇祖妣。"

〔6〕色養:《論語·爲政篇》:"子游問孝。子曰:'今之孝者,是謂能養。'……子夏問孝。子曰:'色難。'"何晏集解引包咸曰:"色難者,謂承順父母顏色乃爲難。"朱熹集注:"色難,謂事親之際,惟色爲難也。"後因稱人子和顏悅色奉養父母或承順父母顏色爲"色養"。

〔7〕女:原作"兒",今據《晉書》正。

〔8〕冥感:謂至誠而感通神靈。《百喻經·得金鼠狼喻》:"心至冥感,還化爲金。"

15.1.3　裴寬[1]

　　唐裴寬爲潤州參軍事。刺史韋詵有女，擇所宜歸。詵自以族望清華，[2]雖門地貴盛、聲名籍甚者求之，[3]詵悉以爲不可。會除日登樓，見人於後圃有所瘞藏者，訪諸吏，曰："裴寬居也。"與俱來，詵問狀，答曰："寬義不以苞苴汙家，[4]適有人以鹿爲餉，致之而去，不敢自欺，故瘞之。"詵歎異之，引爲按察判官，曰："某有息女，願授君子。"遂歸語妻曰："常求佳婿，今果得矣。"明日，幃其族而觀之。[5]寬時服碧，[6]瘠而長，既入，族人皆大笑，呼爲"碧鸛雀"。[7]詵曰："愛其女，必以爲賢公侯妻，何可以貌求人？白如匏者，人奴之材。"卒妻之。韋氏與寬偕老，福壽富盛，莫有比者。
《明皇雜錄》

校注：

〔1〕本條本自《明皇雜錄》。《明皇雜錄》二卷，補遺一卷，唐鄭處誨撰，記載了唐玄宗一代雜事，偶亦兼及肅、代二朝史實。内容涉及唐玄宗早年的勵精求治，思賢若渴，晚年的不理朝政、恣情聲色，權臣的炙手可熱，忌賢妒能，對研究開元、天寶的理亂興衰史，頗有史料價值。所記異聞瑣事，亦可資參考。1985 年上海古籍出版社版《開元天寶遺事十種》收入此書。裴寬（679—754），中唐時河東聞喜（今屬山西）人。歷任潤州參軍、刑部員外郎、中書舍人、御史中丞、兵部侍郎等職。以廉明清正、剛直不阿、執法如山聞名。新舊《唐書》均有傳。此條所引實合《明皇雜錄》及《新唐書》而成。

〔2〕清華：謂門第或職位清高顯貴。北齊顏之推《顏氏家訓·雜藝》："王褒地冑清華。"韋詵：唐京兆杜陵（今陝西西安市長安縣）人，韋慶植孫。歷祠部郎中、潤州刺史。玄宗開元中，官至給事

中、揚府長史、魏州刺史、河北採訪使。

〔3〕聲名籍甚：名聲顯赫。指人在社會上流傳的評價極高。

〔4〕苞苴：饋贈的禮物。《莊子·列御寇》："小夫之知，不離苞苴竿牘。"鍾泰發微："古者饋人魚肉之類，用茅葦之葉，或苞之，或藉之，故曰'苞苴'。"又可指賄賂。《荀子·大略》："湯旱而禱曰：'……苞苴行與？讒夫興與？何以不雨至斯極也！'"楊倞注："貨賄必以物苞裹，故總謂之苞苴。"

〔5〕幛：謂藏於帷帳之內。

〔6〕服碧：《明皇雜錄》原注："舊制：八品以下衣碧。"據《新唐書·車服志》所記，官服，八品袍深青，九品袍淺青。唐高宗龍朔二年(662)因怕深青亂紫，改爲碧綠。

〔7〕鸛雀：即鸛，水禽名，嘴、頸、腿皆細長。因裴寬服碧，且瘠而長，象青綠色的長腿鸛鳥，故族人譏爲"碧鸛雀"。

15.1.4　射援[1]

射援，本姓謝，改爲射。援少有名行，太尉皇甫嵩賢其才，以女妻焉。

校注：

〔1〕本條本自《三國志·蜀書·先主傳》裴松之注所引《三輔決錄注》。原文如下："援字文雄，扶風人也。其先本姓謝，與北地諸謝同族。始祖謝服爲將軍出征，天子以謝服非令名，改爲射，子孫氏焉……援亦少有名行，太尉皇甫嵩賢其才而以女妻之，丞相諸葛亮以援爲祭酒，遷從事中郎，卒官。"

15.1.5　高謹[1]

魏高謹字孝甫，敦厚少華，[2]有深沉之量。育孤兄子五人,恩義甚篤。琅琊相何英嘉其行,[3]以女妻焉。

校注:

〔1〕本條出《三國志·魏書·高柔傳》裴松之注所引《陳留耆舊傳》。原文如下:"固子慎,字孝甫。敦厚少華,有沈深之量。撫育孤兄子五人,恩義甚篤。琅邪相何英嘉其行履,以女妻焉。"本條高謹即高慎,係避宋孝宗趙昚諱而改字。

〔2〕敦厚:原作"崇厚",係避宋光宗趙惇諱而改字。今據《陳留耆舊傳》改。

〔3〕嘉:原作"喜",今據《陳留耆舊傳》正。

15.1.6 錢道戢[1]

《南史》:[2]錢道戢少以孝行著聞,及長,頗有材幹,陳武帝微時,以從妹妻焉。[3]

校注:

〔1〕本條原言本自《北史》,今查實無。錢道戢(508—570),字子韜,南朝陳吳興長城(今浙江長興東)人。初爲濱江令,累遷東徐州刺史,封永安縣侯。入陳,初爲臨海太守。歷事五帝,官至都督、郢州刺史。卒謚肅。

〔2〕《南史》:原作《北史》。按,《南史》卷六十七、《陳書》卷二十二均載此事,故據改作《南史》。

〔3〕從:原脱,今據《南史》補。從妹即堂妹。《左傳·莊公八年》:"連稱有從妹在公宮。"楊伯峻注:"從妹今言伯叔妹或堂妹。"

15.1.7 魏悅[1]

魏悅性沉厚,有度量。宣城公李孝伯見而重之,[2]以

女妻焉。位濟陰太守，以善政稱。《北史》

校注：

〔1〕本條本自《北史》卷五十六《魏收列傳》。魏悅乃魏收之父。

〔2〕李孝伯：《魏書》卷五十三、《北史》卷三十三均有傳。

15.1.8　殷景仁[1]

《南史》：殷景仁少有大成之量，司徒王謐見而以女妻之。

校注：

〔1〕本條本自《南史》卷二十七《殷景仁列傳》。景仁爲劉宋文帝重臣。《宋書》卷六十三亦有傳。

15.2　才學

15.2.1　虞世基[1]

虞世基少沉靜，[2]博學高才，亦善草隸。中書令孔奐見而歎曰："南金之貴，屬在斯人。"[3]少傅徐陵聞其名，召之，不往。後因公會，[4]陵一見而奇之，顧謂朝士曰："當今潘、陸。"[5]因以弟女妻焉。[6]《隋書》

校注：

〔1〕本條本自《隋書》卷六十七《虞世基傳》。世基乃隋代書法家，文學家，與其弟世南並稱於世。《北史》卷八十三亦有傳。

〔2〕沉静：《北史》作"恬静"。

〔3〕南金：本指南方出產的銅。《詩·魯頌·泮水》："元龜象齒，大賂南金。"鄭玄箋："荊揚之州，貢金三品。"孔穎達疏："金即銅也。"後用來比喻南方的優秀人才。《晉書·薛兼傳》："初入洛，司空張華見而奇之，曰：'皆南金也。'"這裏是孔奕對虞世基的高度讚美。

〔4〕因：原脱，今據《隋書》補。公會：因公事集會。

〔5〕潘、陸：西晉著名太康詩人潘岳和陸機的並稱。

〔6〕弟女：原作"女弟"，今據《隋書》乙正。

15.2.2　羊祜[1]

晉羊祜博學能文，身長七尺三寸，美鬚眉，善談論。郡將夏侯威異之，[2]以兄霸女妻焉。郭奕見之曰：[3]"此今之顏子。"[4]

校注：

〔1〕本條本自《晉書》卷三十四《羊祜傳》。

〔2〕夏侯威：生卒年不詳，字季權，沛國譙（今安徽亳州）人。三國時期曹魏將領，爲夏侯淵第四子。官至兗州刺史，封關內侯，謚曰穆。其兄夏侯霸乃次子。

〔3〕郭奕：原作"郭弈"，今據《晉書》正。郭奕，字伯益，潁川陽翟（今河南禹州）人。三國時期魏臣，郭嘉之子，官至太子文學。

〔4〕顏子：即顏回（前521—前481），春秋時期魯國人，孔子最得意弟子。漢高帝以顏回配享孔子、祀乙太牢，後世尊奉爲顏子。

15.2.3 崔謙之[1]

崔謙之在北齊,終鉅鹿太守。少好學,唐儉愛其才,[2]妻以女,因倩作文奏。[3]

校注:

〔1〕本條本自《新唐書》卷二百一《文藝上》。原文曰:"崔行功,恒州井陘人。祖謙之,仕北齊,終鉅鹿太守,徙占鹿泉。少好學,唐儉愛其才,妻以女,因倩作文奏。"又,《舊唐書》卷一百九十上《文苑上》亦曰:"崔行功,恒州井陘人,北齊鉅鹿太守伯讓曾孫也,自博陵徙家焉。行功少好學,中書侍郎唐儉愛其才,以女妻之。"是以唐儉乃以崔行功爲婿,而非崔謙之。《新唐書》"少好學"主語蒙前省略,丁昇之誤解文意,所記大謬。

〔2〕唐儉(579—656):字茂約,并州晉陽(今山西太原)人。經北周、隋、唐三朝,唐凌烟閣二十四功臣之一。

〔3〕倩:音慶,女婿。詳見 6.1.14 又條注〔8〕。文奏:即文書,亦指奏疏。《舊唐書》曰:"(唐)儉前後征討,所有文表,皆行功之文。"即"因倩作文奏"注脚。

15.2.4 鄧攸[1]

鄧攸嘗訪鎮軍賈混[2],混以訟示攸,使決之。攸不視,曰:"孔子稱'聽訟,吾猶人也,必也使無訟乎!'"[3]混奇之,以女妻之。

校注:

〔1〕本條本自《晉書》卷九十《鄧攸傳》。鄧攸(? —326),字伯

道,平陽襄陵(今山西襄汾東北)人。官至中庶子。有棄兒保侄之典故流傳。

〔2〕賈混：西晉平陽襄陵人,字宮奇。賈充弟。性敦厚而無才幹。惠帝太康中為宗正卿。累遷鎮軍將軍,領城門校尉,加侍中,封永平侯。卒贈中軍大將軍、儀同三司。

〔3〕語出《論語·顏淵篇》。聽訟：審案子。

15.2.5 李頻[1]

唐李頻字德新,少秀悟,尤長於詩。與里人方干善。[2]給事中姚合名為詩,[3]士人多歸重,[4]合大加獎,以女妻之。

校注：

〔1〕本條本自《新唐書》卷二百三《文藝下》。李頻(818—876),字德新,唐壽昌長林西山(今浙江建德)人。大中八年(854)中進士,先後任南陵縣主簿、武功縣令、建州刺史等職。多有政績,有《梨嶽集》一卷,附錄一卷。《全唐詩》錄其詩二百零八首。

〔2〕干：原作"迁",今據《新唐書》正。方干(809—888),字雄飛,號玄英,睦州青溪(今浙江淳安)人。以詩拜謁姚合,姚合盛譽之。開成年間,與李頻唱和,關係甚篤。擅長律詩,清潤小巧,且多警句。有《方干詩集》傳世。《全唐詩》錄其詩六卷三百四十八篇。

〔3〕姚合(776—842)：陝州硤石(今河南三門峽市陝州區)人,唐著名詩人。以詩名。登元和十一年(816)進士第。歷任武功主簿、監察御史、戶部員外郎、荊杭二州刺史、給事中、秘書監。詩與賈島齊名,號稱"姚賈"。

〔4〕士人多歸重：依《新唐書》,此句後當有"頻走千里丐其品"句,文意方順。

15.2.6 柳談[1]

唐柳談字中庸，蕭穎士愛其才，[2]以女妻之。

校注：

〔1〕本條本自《新唐書》卷二百二《文藝中》。柳談：原書目錄、正文標題及內文均訛作"李談"，今正。柳談乃柳并之弟，柳并受業於蕭穎士，兼好黃、老。

〔2〕蕭穎士(717—768)：字茂挺，穎州汝陰（今安徽阜陽）人。唐朝文人、名士。高才博學，工古文辭，擅書古籀，有《蕭茂挺集》。

15.2.7 朱選之[1]

南齊朱選之，字處林，有志節，著《辯相論》。幼時，顧歡見而異之，[2]以女妻焉。

校注：

〔1〕本條本自《南齊書》卷五十五《朱謙之傳》，謙之乃選之之弟。《南史》卷六十二《朱異傳》亦記此事。朱異乃選之之子。《南史》字作"巽"，謙、巽均爲《易經》卦名，當以"巽"爲正。又惠棟《松厓筆記》："選、巽字相似，故譌爲巽。"

〔2〕幼：原脱，今據《南齊書》《南史》補。顧歡：南朝齊著名道教學者，字景怡，一字玄平。家貧好學，燃松節及糠照明讀書。於天臺山開館講授，徒生常近百人。

15.2.8 柳莊[1]

柳莊少有遠量，博覽墳籍，兼善辭令。濟陽蔡大寶有

重名於江左，[2]時爲岳陽王蕭詧諮議，[3]見莊便歎曰："襄陽水鏡，復在於茲。"[4]遂以女妻焉。《隋書》

校注：

〔1〕本條本自《隋書》卷六十六《柳莊傳》。柳莊，字忠敬，隋河東解（今山西運城）人，生卒年不詳。明習舊典，雅達政事，有給世之才。

〔2〕蔡大寶：字敬位，北周濟陽考城人。博覽群書，學無不綜，官領吏部尚書，謚曰文凱。

〔3〕蕭詧：原作"蕭察"，今據《隋書》正。蕭詧（519—562），南朝後梁皇帝，字理孫，廟號中宗。梁昭明太子第三子。中大通三年（531）封岳陽王。承聖三年（554）西魏攻殺梁元帝，立蕭詧爲帝，史稱後梁。

〔4〕襄陽水鏡：即司馬徽（約174—208），字德操，東漢末年襄陽名士。素以知人育人、薦才克己而著稱於世，世人稱爲"人鑒"，俗稱"水鏡先生"。此爲蔡大寶讚語，時屯襄陽。

15.2.9　蘇舜欽[1]

杜衍既貴，[2]有女，其夫人鍾愛，必求佳婿。衍以文章器業爲天下第一，[3]無如蘇舜欽，乃以女妻之。《名臣傳》

校注：

〔1〕本條言出自《名臣傳》，未詳所指何書。蘇舜欽（1008—1048），北宋詩人，字子美，開封（今屬河南）人。曾任縣令、大理評事、集賢殿校理、監進奏院等職。好古文，與梅堯臣齊名，人稱"梅蘇"。

〔2〕杜衍（978—1057）：北宋名臣，字世昌，謚正獻，越州山陰（今浙江紹興）人。大中祥符元年進士。歷仕州郡，以善辯獄聞。

以太子少師致仕，封祁國公。

〔3〕器業：才能學識。晉葛洪《抱朴子·知止》："夫器業不異而有抑有揚者，無知己也。"

15.2.10　胥茂諶[1]

謝景初女於室處，[2]靖深婉嫕，[3]言動皆顧繩墨。父母曰："吾女必擇所宜歸。"[4]則以嫁胥茂諶。茂諶端厚敏達，[5]學問自將，[6]調湖州烏程主簿。黃文

校注：

〔1〕本條本自《黃庭堅全集》外集卷第二十二《湖州烏程縣主簿胥君夫人謝氏墓誌銘》，另見《全宋文》卷二三三七。胥茂諶，正史無傳，《宋人傳記資料索引》認爲乃長沙人，偓孫，元衡子。早卒。

〔2〕謝景初（1020—1084）：字師厚，號今是翁，富陽縣人。慶曆六年（1046）甲科及第，授大理評事，後知餘姚縣，以屯田郎致仕。與王安石、韓玉汝、謝景平齊名于吳越，被譽爲"四賢"。景初博學能文，尤長於詩。其婿黃庭堅自謂從謝公得句法。於室處：《黃庭堅全集》作"方室處"，恐誤。

〔3〕靖深：静穆深沉。婉嫕：亦作婉㜴，溫順嫻静。《漢書·外戚傳下·孝平王皇后》："太后時年十八矣，爲人婉㜴有節操。"顏師古注："婉，順也；㜴，静也。"晉張華《女史箴》："婉嫕淑慎，正位居室。"嫕指和藹可親。《黃庭堅全集》字形近而誤作"嫟"。"嫟"同"暱"，狎昵，親近。"婉嫟"實不辭。

〔4〕吾女必擇所宜歸：《黃庭堅全集》作"吾女材，必擇所宜歸"。

〔5〕端：《黃庭堅全集》作"敦"，《婚禮新編》係避宋光宗趙惇諱而改字。

〔6〕自將：自養。

15.2.11　鄭羲[1]

《北史》：鄭曄娶長樂潘氏，生六子，粗有志氣。[2] 鄭羲第六，文學爲優。弱冠舉秀才，尚書李孝伯以女妻之。[3]

校注：

〔1〕本條本自《北史》卷三十五《鄭羲傳》。鄭羲（？—492），字幼麟，北魏滎陽開封（今河南開封南）人。出身士族，舉秀才，文成帝末任中書博士，孝文帝時任中書令。性貪而吝，多受賄賂。《魏書》卷五十六亦有傳。

〔2〕粗：略微。《北史·魏廢太子恂傳》："乃廢（太子恂）爲庶人，置之河陽，服食所供，粗免飢寒而已。"

〔3〕李孝伯（？—459）：北魏趙郡平棘人。少傳父業，博綜群言，美風儀，有法度，受太武帝親寵。後以功進爵宣城公。卒諡文昭公。《魏書》卷五十三有傳。

15.2.12　傅侯[1]

李白《送傅八之江南序》："其惟傅侯篇章驚新，[2] 海内稱善，五言之作，妙絶當時。陶公愧田園之能，謝客慙山水之美。[3] 佳句籍籍，[4] 人爲美談。前許州司馬宋公蕴冰清之姿，重傅侯玉潤之德，[5] 妻以其子。鳳凰于飛，潘、楊之好，[6] 斯爲睦矣。"

校注：

〔1〕本條本自《李太白全集》卷二十七《早夏於將軍叔宅與諸昆季送傅八之江南序》。傅八，事跡不詳，李白對其詩推崇備至，當

爲善詩者。

〔2〕本句原序作"《易》曰：'觀乎人文，以化成天下。'窮此道者，其惟傅侯耶？侯篇章驚新……"。《婚禮新編》截取其中部分內容。清王琦謂"驚"當作"警"，可從。

〔3〕愧：全唐文作"媿"。陶公：即陶淵明，以作田園詩著稱。謝客即謝靈運，小名客兒，以其山水詩聞名。

〔4〕籍籍：聲名盛大貌。南朝宋袁淑《效曹子建〈白馬篇〉》詩："籍籍關外來，車徒傾國鄽。"

〔5〕宋公：傅八之岳父，事跡亦不詳。許州：治今河南許昌縣。冰清、玉潤：詳見14.1.4"山簡"條。

〔6〕鳳凰于飛，喻夫婦親愛和諧。凰：一本作"皇"。潘：即潘岳，乃楊家女婿。

15.2.13　崔儦[1]

隋崔儦以讀書爲務，負恃才地，[2]忽略世人。大署其戶曰："不讀五千卷書者，無得入此室。"越國公楊素時方貴倖，[3]重儦門地，爲子玄縱娶其女爲妻，聘禮甚厚。

校注：

〔1〕本條本自《隋書》卷七十六。原書目錄、標題及正文均誤其名作"崔儦"，今據《隋書》正。

〔2〕才地：才能和門第。地，通"第"。《晉書·王恭傳》："（恭）自負才地高華，恆有宰輔之望。"

〔3〕楊素（544—606）：字處道，弘農華陰（今屬陝西）人。隋朝政治家、軍事家、詩人。出身北朝士族，與楊堅（隋文帝）深相結納。後進爵越國公。卒諡景武。玄縱乃其第三子。

15.2.14 明道先生[1]

國朝明道先生程顥,十歲能爲詩賦,十二三時群居庠序中,如老成人,見者無不愛重。故户部侍郎彭思永至學舍,[2]一見異之,許妻以女。《丁未録》[3]

校注:

[1] 本條原書目録作"程氏",正文作"明道先生"。明道先生是北宋著名理學家、教育家程顥的稱號。程顥(1032—1085),字伯淳,與其弟程頤(伊川先生)世稱"二程"。嘉祐年間舉進士後,任鄠縣及上元縣主簿、晉城令。有治績,官至太子中允、監察御史。曾參與王安石變法,後因反對新法被貶。賜謚純公。其哲學思想多散見於語録、詩文中。明末徐必達將他與程頤的著作彙編爲《二程全書》。

[2] 永:原訛作"水",今正。彭思永(1000—1070):字季長,吉州廬陵(今江西吉安)人。天聖五年(1027)進士,歷知州縣,有治狀。入爲侍御史。治平初,爲御史中丞。神宗即位,出知黄州,改太平州。以户部侍郎致仕。《宋史》卷三百二十有傳。

[3]《丁未録》:凡二百卷,宋李丙編。丙乃邵武軍光澤(今屬福建)人,字仲南。以父蔭入官,歷左修職郎、監臨安府都鹽倉。孝宗乾道中進士,特轉承奉郎。《丁未録》主要記載英宗治平四年(1067)王安石初召用至欽宗靖康初童貫之誅凡六十年間的議論更革事跡,載制詔章疏甚詳。

15.2.15 顧邵[1]

《吴志》:顧邵字孝則,博覽書傳。少與舅陸績齊名,陸遜等皆亞焉。[2]風聲流聞,遠近稱之。權妻以策女。年二十七,起家爲豫章太守。

校注：

〔1〕本條本自《三國志・吳書・張顧諸葛步傳》。目錄及此處標題原均誤作"雍邵"。字孝則者當爲顧邵，乃顧雍長子。今據《三國志》正。

〔2〕陸績（188—219）：三國吳郡人，字公紀。博學多識，星曆算數，無不該覽。作《渾天圖》、注《易》釋《玄》。陸遜（183—245）：字伯言。陸績之侄，孫策之婿。

15.3　及第後娶

15.3.1　陸暢[1]

韓文公《送陸暢歸江南》詩：[2]"舉舉江南子，[3]名以能詩聞。一來取高第，官佐東宮軍。迎婦丞相府，誇映秀士群。[4]鶯鳴桂樹間，觀者何繽紛。[5]"注："暢，江東人，取董溪女。溪墓誌云：丞相隴西公長女嫁吳郡陸暢。[6]"

校注：

〔1〕陸暢：字達夫，吳郡人。生卒年均不詳，約唐憲宗元和末年前後在世。新、舊《唐書》均無傳。元和元年（806）登進士第。初爲太子僚屬，後官鳳翔少尹。丞相董晉第二子董溪以女嫁之。《全唐詩》錄其詩一卷，凡三十五首又兩句。

〔2〕此詩見《韓愈全集・詩》"元和六年"卷，又見《全唐詩》第三四〇卷。

〔3〕舉舉：原誤作"舉士"，今據韓詩正。舉舉，猶楚楚，舉止端麗貌。孟郊《宿空侄院寄澹公》："雪簷晴滴滴，茗碗華舉舉。"

〔4〕秀士：德行才藝出衆的人。

〔5〕鶯鳴：原倒作"鳴鶯"，今據韓詩正。繽紛：多貌。

〔6〕董溪（762—811）：唐宰相董晉（贈太師隴西恭惠公）第二子，歷任秘書省秘書郎、商州刺史、河北營運糧使，後因事下獄除名。《韓愈全集·文》"元和八年"卷有《唐故朝散大夫商州刺史除名徙封州董府君墓誌銘》記其事跡。

15.3.2 李象[1]

李象，字昭文，父農爲業。象少好學，長於《左氏春秋》。天成中，[2]以本科調舉，[3]不捷。明年，應進士登上第。宰臣劉昫愛其才，[4]以猶女妻之。[5]

校注：

〔1〕本條未明言出處，《册府元龜》卷八百五十三《總錄部·姻好》亦錄，文辭小異。

〔2〕天成：後唐明宗李嗣源的年號（926—930），共計五年。

〔3〕本科：指進士科。《宋史·選舉志一》："開寶三年，詔禮部閱貢士及十五舉嘗終場者，得一百六人，賜本科出身。"

〔4〕劉昫（887—946）：字耀遠，五代時涿州歸義（今河北容城）人，後晉政治家。後唐莊宗時任太常博士、翰林學士。後晉時，官至司空、平章事。後晉出帝開運二年（945）奉詔修撰《唐書》（《舊唐書》）二百卷。

〔5〕猶女：侄女。

15.3.3 劉燁[1]

龍圖劉燁未第前，娶趙尚書晁之長女，[2]早亡，趙氏二妹皆未適人。既而劉公登第,晃已捐館,[3]夫人復欲妻之。公曰:"若是武有之德,則不敢爲姻;[4]如言禹別之州,則庶可從命。"[5]蓋不欲以七姨爲匹,欲九姨議婚也。夫人曰:"諺云:'薄餅從上揭。'[6]劉郎才及第,豈得便簡點人家女?"[7]公曰:"非敢有擇,但七姨骨相寒薄。"遂娶九姨。

校注:
〔1〕本條本自宋吳處厚《青箱雜記》卷四,宋祝穆《古今事文類聚》後集十三《擇娶九姨》亦錄之。劉燁(967—1029),宋洛陽人,字耀卿。真宗咸平元年(998)進士。歷知龍門縣,通判益州。召還,拜右正言。因屢有事,判三司户部勾院,出安撫京西。累遷刑部郎中、龍圖閣直學士,知河南府,徙河中府。《宋史》卷二百六十二有傳。此材料形象説明宋代士人在中舉前後擇偶主動權的轉化。

〔2〕趙尚書晃,未詳何人。"晃"恐爲訛字。

〔3〕登第:今本《青箱雜記》作"登科"。捐館:又作"捐館舍""捐舍",死亡的婉辭。

〔4〕武有之德:《左傳·宣公十二年》:"夫武,禁暴、戢兵、保大、定功、安民、和衆、豐財者也。"杜預注:"此武七德。"此處指數字七,暗指七姨。

〔5〕禹別之州:《尚書·禹貢》:"禹別九州,隨山濬川,任土作貢。"禹分天下爲九州:冀州、兗州、青州、徐州、揚州、荆州、豫州、梁州、雍州。此處指數字九,暗指九姨。

〔6〕薄餅從上揭:借喻娶女要按大小次序來辦。

〔7〕簡點:原作"披點",今據《青箱雜記》正。簡點,選定。

15.3.4　白積[1]

丁晉公初釋褐爲饒倅,[2]同年白積爲判官,積一日以片紙假緡五鐶於公。[3]公笑曰："榜下新婚京國富室,豈無半千質物耶？懼我撓之耳。"[4]於簡尾書曰："欺天行當吾何有？立地機關子太乖。五百青蚨兩家闕,[5]赤洪崖打白洪崖。"[6]

校注：

〔1〕此條出自北宋僧人文瑩《湘山野錄》卷下。《湘山野錄》三卷,筆記體野史。因書作于荊州金鑾寺,故以湘山爲書名。寫成于神宗熙寧年間,主要記載自北宋開國至神宗時期的歷史,內容涉及朝章國典、宮闈秘事、將相軼聞,下及風俗風情。徽宗崇寧二年(1103)被禁。白積,生平事跡未詳。《宋史》有《白積集》十卷。

〔2〕丁晉公：即丁謂(966—1037),宋蘇州長洲(今江蘇蘇州)人,字謂之,後更字公言。太宗淳化三年(992)進士。爲大理評事、通判饒州,遷尚書工部員外郎、三司使。真宗大中祥符年間以户部侍郎參知政事,歷任工、刑、兵、吏四部尚書,進尚書左僕射,同中書門下平章事,封晉國公。後貶徙雷州、道州。明道年中授秘書監致仕,卒於光州。釋褐：脱去平民衣服,喻始任官職。亦指進士及第授官。今本《湘山野錄》作"授饒倅"。倅,指充任州郡的副職官員。丁謂初授饒州通判,故曰"饒倅"。

〔3〕緡：穿錢的繩索。借指成串的銅錢,亦泛指錢。鐶：銅錢。多用作錢幣量詞,表示價值很小或數量很少。

〔4〕懼我撓之耳：今本《湘山野錄》作"懼我撓之,故矯耳"。

〔5〕青蚨：傳説中的蟲名,借指錢。可參《太平御覽》卷九百五十引漢劉安《淮南萬畢術》"青蚨還錢"條。

〔6〕赤紅崖打白紅崖：《氏族大全》卷二十一"京國富室"條下所引同,今本《湘山野錄》作"白洪崖打赤洪崖"。《古今事文類聚》前集卷二十九《仕進部》"同年貸錢"條作"赤洪崖打白洪崖"。明蔣

一葵《堯山堂外紀》卷四十四本條下注："洪崖，錢監名。"打：連詞。猶及，和。清翟灝《通俗編·語辭》："《俗呼小錄》：俗凡牽連之辭，如指某人及某人，物及某物，亦曰打。丁晉公詩所謂'赤紅崖打白洪崖'、禪語所謂'東壁打西壁'是也。"此句後尚有"時已兆朱崖之讖"句。朱崖：又作珠崖，地名，在今海南省瓊山縣東南。仁宗時，丁謂因庇護雷允恭事被罷相，貶爲崖州司户參軍，因有"朱崖之讖"云云。

15.3.5 李夔[1]

吴氏，越州山陰人，天資孝謹，[2]言德功容，人鮮儷焉。父母賢之，謂必得名士，乃可爲配。[3]李夔以諸生與脩衣冠制度，名聞朝廷，繼而擢高第，[4]遂以妻之。然吴氏世爲望族，[5]夫人生大家，而李公起寒素，夫人事之能盡婦道。[6]李公終於中大夫右文殿脩撰。[7]楊龜山文

校注：

〔1〕底本標題及正文二處原均作"李夔之"，今删"之"字。李夔（1047—1121），字斯和，其先無錫人，唐末避亂遷福建邵武。通經書，善屬文。神宗元豐三年（1080）進士，嘗任華亭縣尉，移松溪尉，有政聲。累遷右文殿修撰，仕終龍圖閣待制。其子李綱（1083—1140），南宋抗金名臣。本條言乃楊龜山文，係楊龜山爲李夔之妻吴氏撰寫的《令人吴氏墓誌銘》。楊時與李夔同屬南劍州人，素相友善。

〔2〕天：本《楊龜山先生全集》無。

〔3〕可：此字後《楊龜山先生全集》有"以"字。

〔4〕第：《楊龜山先生全集》作"科"。高科：科舉高第。

〔5〕然:《楊龜山先生全集》作"惟"。

〔6〕盡婦道:《楊龜山先生全集》作"盡婦順"。婦順指婦女順從孝敬之美德。婦道指爲婦之道,舊多指貞節、孝敬、卑順、勤謹而言,範圍大於婦順。

〔7〕脩,原脱,今據《楊龜山先生全集》補。右文殿脩(修)撰:宋官名。

15.3.6　蔡君謨[1]

蔡君謨娶葛常之祖姑清源君,[2]已而赴漳南幕。[3]常之曾祖通議贈詩曰:"藻思舊傳青管夢,哲科新試碧雞才。乍依仲寶蓮花幕,更下溫郎玉照臺。"[4]

校注:

〔1〕本條本自宋葛立方《韻語陽秋》卷一。蔡君謨,即蔡襄(1012—1067),宋興化軍仙游人(原籍仙游,後遷居莆田)。天聖八年(1030)進士,先後擔任館閣校勘、知諫院、直史館、知制誥、龍圖閣直學士、樞密院直學士、翰林學士、三司使、端明殿學士等職,出任福建路轉運使,知泉州、福州、開封和杭州府事。卒贈禮部侍郎,諡號忠。學識淵博,書藝高深,與蘇軾、黃庭堅、米芾共稱"宋四家"。葛立方(？—1164),字常之,自號懶真子。南宋潤州丹陽(今屬江蘇)人,徙居吳興。高宗紹興八年(1138)進士。歷中書舍人、吏部侍郎。博極群書,以文章名。有《韻語陽秋》《歸愚集》等。《韻語陽秋》(又名《葛立方詩話》)二十卷,此書内容廣泛,主要評論自漢魏至宋代諸家詩歌創作意旨之是非,同時也涉及風俗地理、書畫歌舞、花鳥魚蟲等。其詩論旨在求風雅之正,以事理爲要,而不甚論語句之工拙,格律之高下。《四庫全書總目提要》譽其爲"宋人詩話之善本"。

〔2〕祖姑：祖父的姐妹。《後漢書·來歙傳》："父仲，哀帝時爲諫大夫，娶光武祖姑，生歙。"

〔3〕已：《歷代詩話》本《韻語陽秋》無"已"字。清鄭方坤《全閩詩話》有。已而：旋即，不久。當據《全閩詩話》補。

〔4〕本詩第一句用江淹夢彩筆典故，誇獎蔡襄文彩，又喻蔡襄舒州夢女；第二句用金馬碧雞典故，誇蔡襄高中甲科；第三句用名士庾杲入王儉（字仲寶）幕典故，喻蔡襄赴漳州幕府；第四句以溫嶠得偶典故，贊蔡襄喜得良緣。四句連用四典，非常貼合。照：《歷代詩話》本及《全閩詩話》作"鏡"。

15.3.7　王沂公[1]

王沂公初就殿試時，固已有盛名。李文靖公沆爲相，[2]適求婿，語夫人曰："吾得婿矣。"乃舉公姓名曰："此人今次不第，[3]後亦當爲公輔。"是時呂文穆公家亦求姻於沂公。[4]公聞文靖言，曰："李公知我。"遂從李氏，唱名果第一。[5]《石林燕語》

校注：

〔1〕本條出自《石林燕語》卷九。《石林燕語》十卷，宋葉夢得撰。它是作者在湖州宴遊之餘隨筆劄記的朝章國典、舊聞時事、朝野故事和古今嘉言善行，尤詳於官制科目，頗足以補史傳之闕。內容還涉及詩文、詞章、奏議、考釋、筆記等。在筆記類著作中，《石林燕語》是很有代表性、最重要的一種。王沂公，即王曾（978—1038），字孝先，宋青州益都（今山東青州）人，祖籍泉州。真宗咸平五年（1002）狀元，善爲文辭。累官吏部侍郎，兩拜參知政事。仁宗時拜中書侍郎、同中書門下平章事，後罷知青州。景佑元年（1034）

召入爲樞密使，次年復拜相，封沂國公。後罷相，出判郡州，諡文正。《宋史》卷三百一十有傳。

〔2〕李文靖公：即李沆(947—1004)，字太初，宋洺州肥鄉(今屬河北)人。太平興國五年(980)進士，累除右補闕、知制誥。後拜參知政事，又罷知河南府，遷禮部侍郎兼太子賓客。真宗即位，復參知政事。咸平初加平章事、監修國史，累加尚書右僕射，時稱"聖相"。諡文靖。《宋史》卷二百八十二有傳。

〔3〕次：原作"此"，今據《石林燕語》正。

〔4〕呂文穆公：即呂蒙正(944或946—1011)，字聖功，河南洛陽人。太宗太平興國二年(977)狀元。歷著作郎、翰林學士、參知政事。後罷爲吏部尚書。四年(988)復相。真宗咸平四年(1001)，第三次入相。六年罷。授太子太師，封萊國公，改許國公。有重望，直言敢諫。能知人。卒諡文穆，贈中書令。

〔5〕唱名：科舉時代殿試後，皇帝呼名召見登第進士，稱作唱名。

15.3.8　富文忠公[1]

富文忠公嘗謂邵伯溫曰：[2]"吾年二十八登第方娶。嘗白先公先夫人，[3]未第決不許娶。[4]"《聞見錄》

校注：

〔1〕本條出自《聞見錄》，即邵伯溫所撰《邵氏聞見錄》卷第十八。富弼：見13.5.7"李丞相"條注〔14〕。

〔2〕邵：原訛作"耶"，今據《邵氏聞見錄》正。

〔3〕嘗白先公先夫人：原作"當先公先夫人"，"當"爲"嘗白"形訛誤合字，今據《邵氏聞見錄》正。又，《古今事文類聚》後集卷十三作"當先公先夫人時"，亦通。

〔4〕許:《邵氏聞見録》無,《古今事文類聚》有。

15.3.9　王定保[1]

　　王定保,唐光化三年李渥侍郎下及第。[2]吴子華侍郎欎爲婿。[3]子華即世,[4]定保南遊湖湘,[5]無北歸意。吴氏假緇服,[6]自長安來,訪其良人,[7]白於馬武穆王,[8]令引見定保於定林寺。[9]吴氏隔簾誚之曰:"先侍郎重先輩以名行,[10]俾妾侍箕箒。值上都搔擾,[11]侍郎没,慮先輩以妾改適,是以不遠千里來明侍郎之志。"定保不勝慚赧,致書武穆乞主婚爲婿。[12]吴氏確乎不拔,[13]乞爲尼。[14]定保爲盟畢世不婚。吴氏歸吴中外家。[15]沈彬有詩贈定保曰:[16]"仙桂曾攀第一枝,薄遊湘水阻佳期。皋橋已失齊眉願,蕭寺行逢落髮師。廢苑露殘蘭寂寞,丹山雲斷鳳參差。聞公已有平生約,謝絶女蘿依菟絲。"[17]定保後爲馬不禮,奔五羊,依劉氏,官至卿。[18]《郡閣雅談》

校注:

〔1〕本條出自《郡閣雅談》。該書作者潘若同(或作潘若沖),生卒年及字號均不詳。宋太宗時曾爲郡守,後又曾任讚善大夫。好詩文,著有《郡閣雅言》(又作《郡閣雅談》《郡齋雅言》)二卷五十六條,以筆記小説形式記載唐末五代遺聞軼事,間述詩壇文事,論詩頗有見地。原書久佚,《説郛》卷十七存録八條,阮閲《詩話總龜》、胡仔《苕溪漁隱叢話》亦載録若干條。王定保(870—940),五代時南昌人。唐光化進士,初爲容管(今廣西南寧市南)巡官,以遭亂不能北返,客遊廣州,劉隱辟爲幕屬。劉龑稱帝建南漢,定保累官寧遠軍節度使,遷中書侍郎同平章事。善文辭,有筆記小説集

《唐摭言》傳世，記載唐代貢舉制度和士人參加貢舉的活動以及有關遺聞佚事，唐代詩人的零章斷句爲別集失載者，也多賴此書保存。

〔2〕光化三年：唐昭宗年號，即公元900年。李渥：隴西人。咸通末進士及第，釋褐太原從事，累拜中書舍人、禮部侍郎。光化三年選貢士。《舊唐書》卷一百七十八有傳。

〔3〕吳子華：即吳融，唐越州山陰（今浙江紹興）人。生卒年不詳。昭宗龍紀元年（889）登進士第。累遷侍御史，後一度去官，流落荆南，復召爲左補闕，拜翰林學士、中書舍人。天復元年（901）進户部侍郎，終翰林承旨。有《唐英歌詩》。臠爲婿：范正敏《遯齋閑覽》："今人於榜下擇婿，號臠婿，其語蓋本諸袁山松，尤無義理。"詳見14.1.2"謝混"條。

〔4〕即世：去世。《左傳·成公十三年》："無禄，獻公即世。"

〔5〕湖湘：原脱，據《説郛》《詩話總龜》《苕溪漁隱叢話》補。

〔6〕緇服：僧尼之服。

〔7〕良人：古時女子對丈夫的稱呼。

〔8〕於：原脱，據《説郛》《詩話總龜》《苕溪漁隱叢話》補。馬殷（852—930），字霸圖，許州鄢陵（今屬河南）人。五代時楚國創建者。唐乾寧時隨劉建鋒過江西，盡有嶺北及桂管之地。唐授爲潭州刺史、判湖南軍府事，加同平章事。朱温建後梁，受封爲楚王。後唐滅梁，殷封楚國王。卒諡武穆。

〔9〕定林寺：《詩話總龜》《苕溪漁隱叢話》均作"定保寺"，諸書無考。《説郛》及《婚禮新編》均作"定林寺"。《湖廣通志》卷八十《古跡志·寺觀》謂長沙府茶陵州有定林寺，在州城南對河，宋文鬱禪師建。《五燈全書》卷四十一亦有長沙茶陵定林寺條。

〔10〕以：原脱，據《説郛》《詩話總龜》《苕溪漁隱叢話》補。先侍郎：即吳氏父吳子華。先輩：對文人的敬稱。

〔11〕值上都搔擾：《説郛》《詩話總龜》《苕溪漁隱叢話》均無。

搔擾：動亂不安。

〔12〕主婚：《說郛》《詩話總龜》《苕溪漁隱叢話》均無，當據《婚禮新編》補。定保慚而欲娶吳氏，致書武穆乞主婚，而非作武穆女婿。

〔13〕確乎：原作"確守"，據《說郛》《詩話總龜》《苕溪漁隱叢話》改。《周易·乾》："確乎其不可拔。"

〔14〕乞爲尼：《說郛》《詩話總龜》《苕溪漁隱叢話》均無。

〔15〕外家：女子出嫁後稱娘家爲外家。《資治通鑑·梁簡文帝大寶元年》"犯者刑及外族"句元胡三省注："男子謂舅家爲外家，婦人謂父母之家爲外家。"

〔16〕沈彬：字子文，唐筠州高安人。生卒年均不詳，約唐宣宗大中七年（853）至周世宗顯德四年（957）間在世。應舉不策。乾符中南遊湖湘，隱雲陽山數年。又遊嶺表，約二十年，始還吳中。與僧虛中、齊己爲詩友。有詩集一卷傳世。

〔17〕露殘、菟絲：《說郛》《詩話總龜》《苕溪漁隱叢話》均作"露寒""兔絲"。仙桂：神話傳說月中有桂樹，稱作"仙桂"。此喻指科舉功名。薄遊，漫遊。蕭寺：唐李肇《唐國史補》卷中："梁武帝造寺，令蕭子雲飛白大書'蕭'字，至今一'蕭'字存焉。"後因稱佛寺爲蕭寺。丹山：古謂產鳳之山名。《呂氏春秋·本味》："流沙之西，丹山之南，有鳳之丸，沃民所食。"

〔18〕五羊：廣州的別名。唐鄭熊《番禺雜記》："廣州昔有五仙騎羊而至，遂名五羊。"劉氏：即劉隱。

15.4　娶後及第

15.4.1　裴筠[1]

裴筠娶蕭遘女，[2]言定，未幾，擢進士第。羅隱以詩贈

之，[3]曰："細看月輪還有意，定知青桂近姮娥。"[4]《詩話》

校注：

〔1〕裴筠：原作"袁筠"，今據《唐摭言》正。本條言出自《詩話》，即宋阮閱《詩話總龜》。但此事最早載於五代王定保《唐摭言》卷九"誤掇惡名"條。《婚禮新編》目名原誤作"袁筠"，今正作"裴筠"。《唐語林》卷七、《太平廣記》卷二百五十六、《類說》卷三十四均作"裴筠"，《古今事文類聚》後集卷十三誤作"袁筠"。裴筠，事跡不詳。

〔2〕蕭遘：原訛作"蕭安"，《唐摭言》《唐語林》作"蕭楚公"，《太平廣記》作"蕭遘"，《詩話總龜》卷三十六作"蕭楚"，《古今事文類聚》後集作"蕭安"。今據《太平廣記》正。蕭遘（？—887），字得聖。祖籍南蘭陵（今江蘇武進）。懿宗咸通五年（864）擢進士第。初爲秘書省校書郎、太原從事，僖宗時累拜司空，封楚國公。《舊唐書》卷一百七十九有傳。

〔3〕羅隱（833—909）：字昭諫，號江東生，杭州新城（今浙江桐廬）人。十試不第。晚年歸鄉依吳越王錢鏐，歷任錢塘令、司勳郎中、給事中等職。以詩文著稱於世。

〔4〕唐代以"折桂"比喻進士及第，裴筠被蕭楚公選作女婿後很快便進士及第，羅隱於是以月宮中桂樹、嫦娥爲典，作詩諷刺裴筠靠裙帶關係考中進士。本句《唐摭言》《唐語林》《類說》《說郛》卷三十五上作"信知青桂近嫦娥"，《太平廣記》作"信知青桂近姮娥"，《詩話總龜》作"定知青桂近嫦娥"，《古今事文類聚》後集作"定知丹桂近嫦娥"，《氏族大全》卷五作"定知青桂近姮娥"。信知：深知，確知。杜甫《兵車行》："信知生男惡，反是生女好。"姮娥：神話中的月中女神。《淮南子·覽冥訓》："羿請不死之藥於西王母，姮娥竊以奔月。"姮，本作"恆"，俗作"姮"。漢代因避文帝劉恆諱，改稱常娥，通行作嫦娥。南朝宋顏延之《爲織女贈牽牛》詩："婺女儷經星，嫦娥棲飛月。"青桂：桂樹常綠，故稱青桂。丹桂：桂樹的一種。

傳說月中有桂樹,因以"丹桂"爲月亮的代稱。又舊時稱科舉中第爲折桂,因以丹桂比喻科第。唐黄滔《寓題》詩:"損生莫若攀丹桂,免俗無過詠紫芝。"

15.4.2　盧儲[1]

李翱尚書牧江淮郡,[2]進士盧儲投卷來謁,李禮待之,置文卷几案間,赴公宇視事。[3]長女及笄,[4]見文卷,[5]尋繹數四,[6]謂小青衣曰:"此人必爲狀頭。"[7]李公聞之,深異其語,乃慕爲婿。來年果狀頭及第。纔過殿試,[8]徑赴佳期。作《催粧詩》曰:"昔年將去玉京遊,第一仙人許狀頭。今日已成秦晉會,早教鸞鳳下粧樓。"[9]後盧止官舍,[10]迎内子,[11]有庭花開,乃題曰:"芍藥斬新栽,當庭數朵開。東風與拘束,留待細君來。"[12]人生前定,[13]固非偶然耳。《南部新書》

校注:

〔1〕本條言出自《南部新書》。《詩話總龜》卷二十三、《記纂淵海》卷三十七亦謂出自《南部新書》。但今本《南部新書》未載此事。《太平廣記》卷一百八十一謂出自《抒情詩》,《古今事文類聚》前集卷二十六謂出自《詩話》,後集卷十四謂出自《南部新書》,《説郛》卷五十一上謂出自吕榮義《上庠録》。盧儲,字號及生卒年不詳,江淮一帶人氏。唐憲宗元和十五年(820)庚子科狀元及第。《全唐詩》有其存詩二首。

〔2〕李翱(772—841):字習之,隴西成紀(今甘肅秦安東)人。德宗貞元十四年(798)進士,曾歷任校書郎、國子博士、史館修撰、考功員外郎、禮部郎中、中書舍人、桂州刺史、山南東道節度使等職。曾從韓愈學古文,協助韓愈推進古文運動。卒諡文。有《李文

〔3〕公宇：舊時指官府處所。宋周密《齊東野語·趙伯美》："治事有公宇，退食有公廨。"

〔4〕及笄：女子年滿十五歲。《禮記·内則》："（女子）十有五年而笄。"

〔5〕卷：原脱，今據《太平廣記》及文意補。

〔6〕尋繹：抽引推求。唐劉知幾《史通·惑經》："經既不書，傳又缺載，缺略如此，尋繹難知。"數（shuò）四：猶言再三再四，多次。《東觀漢記·張純傳》："時舊典多闕，每有疑義，輒爲訪純，自郊廟婚冠喪紀禮儀，多所正定，一日或數四引見。"

〔7〕狀頭：即狀元，進士第一人。

〔8〕殿試：也稱廷試，科舉考試中最高一級，由皇帝親臨殿廷策試。《太平廣記》《唐詩紀事》均作"關試"。關試是唐宋時吏部對進士的考試，合格者方能爲官。

〔9〕已成：《太平廣記》《唐詩紀事》均作"幸爲"。玉京：道家稱天帝所居之處，此處指帝都長安。第一仙人：此處指李女。秦晉：春秋時期秦晉兩國世爲婚姻，後因稱兩姓聯姻爲"秦晉之好"。鸞鳳：皆瑞鳥名，常喻指夫妻或情侶。

〔10〕止官舍：原作"正官舍"，《太平廣記》《詩話總龜》《唐詩紀事》均作"止官舍"，今據三書正。《古今事文類聚》後集作"至官舍"。

〔11〕内子：妻的通稱，此處稱己之妻。

〔12〕嶄新：即嶄新，全新。細君：古稱諸侯之妻，後爲妻的通稱。

〔13〕人生前定：《太平廣記》作"信人生前定"。

15.4.3　常脩[1]

唐關圖有一妹，[2]甚聰慧，文學書札，罔不動人。圖嘗語同僚曰："某家有一進士,所恨不櫛爾。"[3]後適鹺客之子常脩,[4]而脩之父與圖有舊。脩略曉文墨,關氏乃與讀書習文數年,[5]才學遂優。脩咸通中登第。[6]《南楚新聞》

校注：

〔1〕本條言出自《南楚新聞》。《南楚新聞》三卷,唐末尉遲樞（生平事跡不詳）撰,是一部主要記載中國南方一帶奇聞逸事的筆記小說。原書已佚。《類說》卷四十五、《紺珠集》卷二、《說郛》卷七十三及《太平廣記》中尚存部分佚文。本條《太平廣記》卷二百七十一《婦人》"關圖妹"條記之甚詳,此處系節錄。常脩,諸本皆作"常修",生平事跡不詳。

〔2〕關圖：生平事跡不詳。

〔3〕爾：諸書作"耳"。

〔4〕鹺：鹽的別名。《禮記·曲禮下》："鹽曰鹹鹺。"鄭玄注："大鹹曰鹺。"鹺客,即鹽商。

〔5〕數年：《太平廣記》作"二十餘年"。

〔6〕咸通：唐懿宗年號。《太平廣記》作"咸通六年",即公元865年。

15.4.4 竇璠[1]

竇璠久不第,晚娶宇文翃女,[2]遂登科。時杜尚書宅遺火,[3]云："因鼠燒尾曳火而作。"韋說因謂璠曰：[4]"魚將化龍,雷爲燒尾。[5]近日老鼠亦有燒尾者。"璠甚慚。

校注：

〔1〕本條本自《北夢瑣言》卷四《祖系圖進士牓》,原載甚詳。

《紺珠集》卷六《鼠燒尾》與本條文字小異。但二書所載與《北夢瑣言》正好相反。《婚禮新編》謂竇璠因娶宇文翃女而登科，《北夢瑣言》謂宇文翃嫁女於竇璠而得官。竇璠，唐哀帝天祐元年右散騎常侍竇回弟。生平事跡不詳。

〔2〕宇文翃：生平事跡不甚詳。進士及第後，以女嫁於已六十多歲的竇璠，後來果然獲得官職。

〔3〕杜尚書：即杜慆，唐京兆萬年（今陝西西安）人。懿宗咸通中爲檢校左散騎常侍、泗州刺史，後檢校工部尚書、滑州刺史，以功遷義成軍節度、鄭滑觀察等使。

〔4〕韋説：原誤作"韋詵"，《北夢瑣言》作"相國韋公説"，《紺珠集》作"韋説"，今據《紺珠集》正。韋詵乃睿宗、玄宗時人。詳見15.1.3"裴寬"條。韋説，五代時京兆萬年人。仕後唐，莊宗定汴、洛，與趙光胤同拜平章事。明宗時因事流合州，賜自盡。

〔5〕魚將化龍，雷爲燒尾：典出《太平廣記》卷四百六十六《水族三》"龍門"條引《三秦記》，文曰："龍門山，在河東界……每暮春之際，有黃鯉魚逆流而上，得者便化爲龍。又林登云：龍門之下，每歲季春，有黃鯉魚自海及諸川爭來赴之，一歲中登龍門者不過七十二。初登龍門，即有雲雨隨之，天火自後燒其尾，乃化爲龍矣。"又，《封氏見聞錄》卷五"燒尾"條："士子初登榮進及遷除，朋僚慰賀，必盛置酒饌音樂以展歡宴，謂之'燒尾'。"

15.5　門下士

15.5.1　公孫瓚[1]

魏公孫瓚字伯珪，以母賤，爲郡小吏。爲人美姿儀，大音聲，性辨慧，[2]每白事，不肯稍入，[3]常總説數曹事，無有忘誤。侯太守奇其才，[4]以女妻焉。《三國志》

校注：

〔1〕本條言出自《三國志》。實合《三國志·魏書·公孫瓚傳》《後漢書·公孫瓚傳》及二書引《典略》相關内容而成。公孫瓚（？—199），字伯珪，東漢遼西令支（今河北遷安）人。靈帝中平間爲遼東屬國長史，降虜校尉。後拜奮武將軍，封薊侯。據冀州與袁紹連年交兵，後爲袁紹所敗，自焚而死。

〔2〕辨：《三國志》《後漢書》作"辯"。

〔3〕稍入：原訛作"屑"，今據《三國志》所引《典略》正。

〔4〕侯太守：未詳。

15.5.2　韋孝寬[1]

《北史》：韋孝寬沉敏和正，[2]爲國子博士，行華山郡事。[3]屬楊侃爲大都督，[4]出鎮潼關，引孝寬爲司馬。侃奇其才，以女妻之。

校注：

〔1〕本條本自《北史》卷六十四《韋叔裕傳》，又見《周書》卷三十一《韋叔裕傳》。韋孝寬（509—580），名叔裕，字孝寬，京兆杜陵（陝西西安南）人，南北朝時期西魏、北周傑出的軍事家，官至大司空、延州總管、上柱國。

〔2〕沉敏和正：原作"沉敏利正"，《北史》作"沈敏和正"，《周書》作"沉敏和正"，"沉""沈"一字之變，"利"爲"和"訛字，今據《周書》正。

〔3〕行：兼攝官職。

〔4〕屬：正好，恰好。楊侃（487？—531），字士業，南北朝時北魏人。三十一歲襲華陰伯位，先後任揚州及雍州刺史的錄事參軍、通直散騎常侍、度支尚書和給事黃門侍郎、衛將軍、右光禄大夫

等職。

15.5.3 李若初[1]

李若初少孤貧，初爲轉運使劉晏下散職。[2]晏判官包佶察其勤幹，[3]以女妻之。

校注：

〔1〕本條本自《舊唐書》卷一百四十六《李若初傳》。又見《册府元龜》卷八百五十三《總録部》。李若初（？—799），唐趙郡（今河北趙縣）人。歷陳州太康令，累授檢校郎中、兼中丞、懷州刺史。又爲衢州、福州刺史，兼御史中丞。整理鹽法，頗有次叙。卒贈禮部尚書。

〔2〕劉晏（715—780）：字士安，唐曹州南華（今山東東明）人，著名經濟改革家和理財家。歷仕玄宗、肅宗、代宗、德宗四朝，玄宗天寶年間辦理稅務，因政績顯著，官至侍御史。代宗廣德元年拜吏部尚書、同平章事。不久罷相，仍領度支鹽鐵轉運租庸調使及東都、河南、江淮、山南等道轉運租庸鹽鐵使等職。《舊唐書》"下"後有"微冗"二字。

〔3〕包佶察其勤幹：原作"包結察其勤許"，今據《册府元龜》正。《舊唐書》"察"作"重"。勤幹：勤勉幹練。包佶，字幼正，生卒年不詳，唐潤州延陵（今江蘇丹陽）人。玄宗天寶六年進士。累官至秘書監。出於劉晏門下。歷汴東兩稅使、諸道鹽鐵等使，遷刑部侍郎、太常少卿，拜諫議大夫、御史中丞，封丹陽郡公。

15.5.4 姜宇[1]

姜宇，字子居，少孤貧，爲河北陳不識家牧羊。[2]年十五，身長七尺九寸，聰惠美風儀。每夜專讀書，睡則懸頭於屋梁，達旦而止。不識奇之，將妻以女，其妻弗聽。不識乃置酒引宇，令女潛觀之，問女曰："姜宇人士才明，吾欲以汝妻之，汝母難宇家之牧人，汝意云何？"女曰："觀宇之姿才，豈復爲人牧羊也。"遂妻之。後歷位京兆尹、御史中丞。崔鴻《前秦錄》

校注：

〔1〕本條出自崔鴻《前秦錄》。崔鴻（478—525），字彦鸞，北魏清河（今山東臨清市東）人，著名史學家。歷官尚書兵部郎中、司徒長史，孝明帝時詔修國史。後拜給事黄門侍郎，尋加散騎常侍、齊州大中正。卒贈鎮東將軍，度支尚書、青州刺史。《北史》卷四十四有傳。所撰《十六國春秋》凡一百卷，另有序例一卷，年表一卷，原書已殘佚，現有後人僞托或重輯的三種不同版本傳世。《前秦錄》是其中之一，共十卷。姜宇（？—384），前秦冀北（今甘肅甘谷）人，仕苻堅，歷官京兆尹、御史中丞。淝水之戰後，被慕容沖所殺。

〔2〕陳不識：生平事跡不詳。

15.5.5 杜廣[1]

殷州刺史杜廣，[2]初爲劉景廝卒，[3]以馬肥良，引爲直士。侍立通夜，未嘗休倦。[4]景奇而問之，[5]廣流涕申叙，曲有章條。[6]景執手曰："吾罪人也，久負賢者！"告其妻曰：[7]"吾爲女求夫三年，[8]不覺廝中有騏驥。"[9]於是妻之。《三十國春秋》

校注：

〔1〕本條出自《三十國春秋》，實本自《太平御覽》卷五百一十

九《宗親部》所引該書佚文。《三十國春秋》三十卷，梁蕭方等著，主要記述曹魏明帝至東晉安帝時期凡三十國（以晉國爲主，附列魏、前秦、西蜀等二十九國）的言事。原書已亡佚，清湯球有輯本。杜廣，十六國時前趙人，官至殷州刺史。

〔2〕殷州：原作"商州"，係避宋太祖趙匡胤父弘殷諱而改。《太平御覽》《廣博物志》卷十九《人倫》二尚有"前趙"二字。

〔3〕劉景：前趙高祖劉淵部將，曾被委任爲使持節、征討大都督、大將軍、汝陰王。烈帝劉聰封爲太宰，後爲隱帝劉粲所殺。

〔4〕嘗：《太平御覽》作"曾"。

〔5〕景奇而問之：《太平御覽》作"景因問之"。

〔6〕廣流涕申叙，曲有章條：《太平御覽》《廣博物志》均作"廣流涕申欵曲有章條"，《古今合璧事類備要》前集卷六十一《喜得美婿》作"廣申曲有條章"，《氏族大全》卷十四《廐中騏驥》作"廣申叙有條"，《山堂肆考》卷一百五十三《女妻廐卒》作"廣所對曲有條章"。點校本《太平御覽》作"廣流涕申曲，有章條"。"申曲"實不辭。《魏王乂墓誌銘》："商較用捨，曲有章條。"曲，周詳。《逸周書‧官人》："曲省其行，以觀其備。"

〔7〕告其妻曰：《太平御覽》作"謂妻曰"。

〔8〕三年：原作"三十年"，《氏族大全》同，《太平御覽》《古今合璧事類備要》《山堂肆考》《廣博物志》均作"三年"，今據《太平御覽》等書改。

〔9〕騏驥：《氏族大全》《山堂肆考》同，《太平御覽》《古今合璧事類備要》《廣博物志》作"麒麟"。二者均可喻賢才，但既在馬廐中，當以作"騏驥"爲是。

15.5.6　陸遜[1]

孫權爲將軍，陸遜年二十一，始仕幕府，後拜定威校尉，[2]權以兄策女配遜。

校注：

〔1〕本條本自《三國志·吳書·陸遜傳》。陸遜（183—245），本名陸議，字伯言，吳郡吳縣（今江蘇蘇州）人。三國時期東吳名將，歷任吳國大都督、上大將軍、丞相等職。謚昭侯。

〔2〕定威校尉：原作"金威校尉"，今據《三國志》正。建安二十一年（216），鄱陽尤突作亂，陸遜率軍配合奮武將軍賀齊將其討平，因功拜定威將軍，屯兵利浦。

15.5.7 王鍔[1]

王鍔爲辛京杲下偏裨，[2]杲時帥長沙，一旦擊毬，[3]馳騁既酣，鍔向天呵氣，[4]氣高數丈，若匹練上衝。[5]杲謂其妻曰："此極貴相。"遂以女妻之。[6]鍔終爲將相。《獨異》

校注：

〔1〕本條言出自《獨異》，即唐李亢所撰《獨異志》。該書是一部軼事兼志怪的小說集，所錄世事之獨異者，故名。原本凡十卷，今已散佚，傳世明抄本與《稗海》本均爲三卷。本條賴《太平廣記·相三》"王鍔"條存之。王鍔（740—815），字昆吾，唐太原人。始爲湖南團練營將，以功擢邵州、江州刺史，後由嗣曹王李皋舉薦，被任命爲鴻臚少卿、容管經略使、檢校兵部尚書、淮南節度使。憲宗九年（814）升任檢校司空、同中書門下平章事，位列宰相。善理財，明吏治。《舊唐書》卷一百五十一、《新唐書》卷一百七十均有傳。

〔2〕辛京杲：原作"辛果"，《太平廣記》同。明嘉靖本《獨異志》及《舊唐書》《新唐書》均作"辛京杲"，今據明嘉靖本《獨異志》等正。

下兩處"杲"原均誤作"果",今並正。辛京杲(? —784),唐蘭州金城(今甘肅蘭州)人,因作戰勇猛,累遷鴻臚卿,英武宣使,封肅國公,遷左金吾衛大將軍,進晉昌郡王,歷湖南觀察使、工部尚書致仕。偏裨:偏將,裨將。

〔3〕擊毬:盛行於我國唐宋時期的一種在馬上打球的運動。

〔4〕向:明嘉靖本《獨異志》作"仰"。

〔5〕疋、銜:明嘉靖本《獨異志》作"白""銜"。

〔6〕遂以女妻之:明嘉靖本《獨異志》作"遂以女弟妻之"。女弟即妹妹。

15.5.8 裴敞[1]

唐裴敞辟劉悟府,[2]悟奇之,故爲其子從諫納其女。裴氏年十五,火光起袿下,[3]家人以爲怪,因許嫁。封燕國夫人。

校注:

〔1〕本條本自《新唐書》卷二百一十四《藩鎮宣武彰義澤潞傳》。

〔2〕劉悟(? —825):唐懷州武防(今屬河南)人。初爲平盧節度使李師道部將,後殺李師道歸附朝廷,詔授義成節度使,封彭城郡王,後轉任昭義節度使。初期尚聽朝命,後期也割據稱雄。其子劉從諫(803—843),始襲任昭義節度使,後封沛國公。性奢侈,無遠略,以忠義自許。

〔3〕光:原脱,今據《新唐書》補。袿:原訛作"柱",今據《新唐書》正。袿(guī),即長襦,婦女的上服。

15.5.9 太學士人[1]

太學一士人,出假晚歸,過一貴官宅後,聞牆內打秋千,戲笑諠閧,[2]遂攀牆外柳樹窺觀之。宅内使僕廝自牆外掠士人,置之牆内。士人驚懼,具以實告。有一老媪曰:"既是太學士人,必能詩詞。且賦《秋千》一詞。"遂援筆賦《胡搗練》曰:[3]"緑楊陰裏笑聲長,應是秋千争打。蘭柱綵繩高掛,瞥見人如畫。身輕小燕破烟飛,香滿春風一架。報道羅裙褪也,笑倩人扶下。"詞成,其家稱賞,遂延作館。[4]後一年登第,以女妻焉。《古今詞話》

校注:

〔1〕本條出自《古今詞話》。《古今詞話》,南宋楊湜編著。湜字曼倩(據陶宗儀《説郛》),里籍仕履不詳。此書在宋以來公私書目中未見著録。大概成於紹興間,《苕溪漁隱叢話》中已見稱引。明以後亡佚,今本爲近人趙萬里所輯,共六十七則。書中所采五代以下詞林逸事,大都出於傳聞,且側重於艷史故實。通行有趙萬里輯《校輯宋金元人詞》本、唐圭璋編《詞話叢編》本。今查本條不見於今本《古今詞話》,當爲佚文。太學:我國古代設於京城傳授儒家經典的最高學府。

〔2〕閧:同"鬨"。諠閧,喧呼哄閙。

〔3〕胡搗練:原作"搗練子"。詞牌名,又名《詠搗練》《搗練子令》等。單調二十七字,五句三平韻,雙調三十八字,前後段各五句、三平韻。但本條八句四十八字,知非《搗練子》,實爲《胡搗練》,雙調四十八字,前後段各四句、三仄韻。今正。

〔4〕作館:指受聘至人家坐館授徒。

15.5.10 張延賞[1]

張延賞雖早孤,而博涉經史,通吏治。苗晉卿尤器許,[2]以女妻之。

校注：

〔1〕本條本自《新唐書》卷一百二十七《張延賞傳》。詳見14.3.10"苗夫人"條注〔2〕。

〔2〕苗晉卿(684—765)：字元輔,唐潞州壺關(今山西壺關縣)人。歷仕玄宗、肅宗、代宗三朝。肅宗時被委以左宰相的重任,封韓國公。諡懿獻、文貞。《舊唐書》卷一百一十三、《新唐書》卷一百四十有傳。器許：器重而讚許。

15.5.11　封德彝[1]

楊素討江南,[2]以封德彝爲行軍記室。[3]泊海上,素召記事,[4]德彝墜水,免,[5]易衣以見,訖不言。久乃素知,[6]問故,對曰："私事也,故不敢白。"素異其爲,以從妹妻之。[7]

校注：

〔1〕原書正文有此條,而目錄漏列。本條本自《新唐書·封倫傳》。封德彝(568—627),又名封倫,唐觀州蓚人。才思敏捷,善於見風使舵。在隋曾被擢爲內史舍人。歸唐後,事高祖、太宗二主,拜中書侍郎兼中書令,進封趙國公,徙密國,後改任尚書右僕射。卒諡明,改諡繆。

〔2〕楊素(544—606)：字處道。隋弘農華陰(今屬陝西)人。北周時任車騎將軍,與楊堅(隋文帝)深相結納。楊堅爲帝,任楊素爲御史大夫,後因滅陳而進爵越國公,任內史令。楊廣即位,拜司徒,改封楚國公。卒諡景武。討江南：事在隋開皇十年(590)。

〔3〕行軍記室：職官名,相當於秘書。

〔4〕召：原作"在"，據《新唐書》正。
〔5〕免：沒淹死。
〔6〕久乃素知：《新唐書》同，恐當作"久素乃知"。
〔7〕從妹：堂妹。

15.5.12　駱統[1]

吳孫權以將軍領會稽太守。郡人駱統年二十，試爲烏程相，民户過萬，咸歎其惠理。[2]權嘉之，召爲功曹，行騎都尉，妻以從兄輔女。[3]

校注：

〔1〕原書正文有此條，而目録漏列。本條本自《三國志·吳書·駱統傳》。駱統（193—228），字公緒，三國吳會稽烏傷（今浙江義烏）人。初爲烏程相，遷爲功曹，行騎都尉。後因戰功遷偏將軍，封新陽亭侯，任濡須督。

〔2〕惠理：恩惠的治理。

〔3〕從：原脱，據《三國志》補。從兄：即堂兄。輔：即孫輔，字國儀。孫堅兄孫羌之子，孫賁之弟，孫權堂兄。以揚武校尉輔佐孫策平定三郡。因軍功功授廬陵太守，遷平南將軍。後因遣使與曹操私通，被孫權幽禁。

15.6　容儀

15.6.1　陳平[1]

前漢陳平少時家貧，好讀書。及長，可取婦，富人莫與者,貧者平亦愧之。戶牖富人張負有女孫,五嫁夫輒死,人莫敢取,平欲得之。邑中有大喪,平家貧,侍喪,以先往後罷爲助。[2]負見之喪所,獨視偉平,平亦以故後去。負隨平至其家,家乃負郭窮巷,[3]以席爲門,然門外多長者車轍。負歸,謂其子仲曰:"吾欲以女孫與陳平。"[4]仲曰:"平貧不事事,一縣中盡笑其所爲,獨奈何予之女?"負曰:"固有美如陳平長貧者乎?"卒與女。爲平貧,乃假貸幣以聘,予酒肉之資以內婦。負戒其孫曰:"毋以貧故,事人不謹。事兄伯如事乃父,[5]事嫂如事乃母。"平既取張氏女,[6]資用益饒,游道日廣。

校注:

〔1〕本條本自《漢書》卷四十《陳平傳》。《史記》卷五十六《陳丞相世家》所記文字小異。陳平(？—前178),漢陽武(今河南原陽)人,西漢開國功臣之一。楚漢相爭時,六出奇計,助劉邦一統天下。文帝時,曾任右丞相,後遷左丞相。先後受封戶牖侯、曲逆侯。諡獻侯。

〔2〕先往後罷:早出晚歸。

〔3〕負郭:背靠外城。窮巷:簡陋的小巷,比喻家居僻陋,出身貧寒。

〔4〕欲:原脫,據《漢書》補。與:《漢書》作"予"。

〔5〕伯:陳平兄名。

〔6〕女:原脫,今據《漢書》補。

15.6.2 王凱[1]

王粲與族兄凱俱避地荊州,[2]劉表欲以女妻粲而嫌其形陋,[3]而用率以凱有風貌,[4]乃以妻凱。凱生業,業即劉表外孫也。《鍾會傳》注

校注：

〔1〕本條本自《三國志·魏書·鍾會傳》裴松之注引《博物記》。《博物志》卷六《人名攷》、《册府元龜》卷八百五十三《總錄部》"姻好"亦載。王凱，王粲族兄，生平事跡不詳。

〔2〕粲：原作"燦"，今據《博物志》正。王粲（177—217），字仲宣，山陽郡高平（今山東微山）人。東漢末年著名文學家，被譽爲"建安七子之冠冕"。初仕劉表，後歸曹操。

〔3〕劉表（142—208）：字景升，山陽郡高平（今山東微山）人。東漢末年名士，漢室宗親，荆州牧，封成武侯。漢末群雄之一。

〔4〕用：因爲。率：都。

15.6.3　于顗[1]

《北史》：于顗身長八尺，美鬚眉。周大冢宰宇文護見而器之，[2]以女妻焉。

校注：

〔1〕本條本自《北史》卷二十三《于顗傳》，《隋書》卷六十所載同。于顗，字元武，隋河南洛陽人。在北周，以父勳賜爵新野郡公。後拜吳州總管。入隋，坐事免。後襲爵燕國公，授澤州刺史。

〔2〕大冢宰：原作"太宰"，據《北史》及《隋書》正。宇文護（515—572），代郡武川（今内蒙古武川西）人。西魏權臣宇文泰之侄。泰死後，擁泰第三子宇文覺建北周，封大司馬、晉國公。後被周武帝宇文邕所殺。

15.6.4　韋斌[1]

唐韋斌授太子通事舍人。少脩整，好文藝，容止嚴峭，[2]有大臣體，與兄韋陟齊名。[3]薛王業以女妻之。[4]

校注：

〔1〕本條本自《新唐書》卷一百二十二《韋斌傳》。《舊唐書》卷九十二《韋斌傳》文字小異。韋斌，京兆萬年人（今陝西西安），唐三朝宰相韋安石子。睿宗景雲初安石爲相時，授太子通事舍人。累拜中書舍人、禮部侍郎。

〔2〕少：《舊唐書》作"早"。峭：《舊唐書》作"厲"。

〔3〕韋陟：見12.1.4"崔元綜"條。

〔4〕業：原作"恭"，據《新唐書》正。薛王業：即李業（？—734），唐睿宗第五子，本名李隆業。睿宗景雲元年（710）封薛王，授秘書監。玄宗時遷太子太保，後進拜司徒。

15.6.5 柳亨[1]

柳亨姿貌魁異，唐高祖以外孫竇氏妻之。

校注：

〔1〕本條本自《新唐書》卷一百一十二《柳澤傳》。柳亨：原作"柳澤"，據《新唐書》正。《新唐書》曰："柳澤，蒲州解人。曾祖亨，字嘉禮，隋大業末，爲王屋長，陷李密，已而歸京師。姿貌魁異，高祖奇之，以外孫竇妻之。"則"姿貌魁異"者爲柳澤曾祖柳亨，而非柳澤。《婚禮新編》誤，今正。

婚禮新編　卷之十六

16.1　師友

16.1.1　張博[1]

前漢京房字君明。淮陽憲王舅張博從房學易,[2]以女妻房,房與相親。

校注:

〔1〕本條本自《漢書·京房傳》。京房(前77—前37),字君明,西漢東郡頓丘(今河南清豐西南)人。精通音律之學,本姓李,推律自定爲京氏。元帝時立爲博士,官至魏郡太守。開創了今文《易》學"京氏學",屢以卦氣、陰陽災異推論時政。有《京氏易傳》三卷傳世。

〔2〕淮陽憲王:即劉欽(?—前28),漢宣帝劉詢之子,母張婕妤。元康三年(前63)劉欽被立爲淮陽王。張博乃其舅。

16.1.2　馬融[1]

後漢馬融字季長,爲人美辭貌,有俊才。初,京兆摯恂以儒術教授,[2]隱於南山,不應徵聘,名重關西。融從其遊學,博通經籍。徇奇融才,以女妻之。

校注:

〔1〕此條本自《後漢書·馬融傳》。馬融(79—166),字季長,東漢右扶風茂陵(今陝西興平東北)人。著名經學家,尤長於古文經學。博通今古文經籍,世稱"通儒"。

〔2〕詳見《太平御覽》卷五百八《逸民部八》引晉皇甫謐《高士傳·摯恂》。恂字季直,博學多才,嫻於文辭,常隱居於周至南山。屢召不應。頗有清名。

16.1.3 鮑宣[1]

鮑宣妻,桓氏女,字少君。宣嘗就少君父學,父奇其清苦,故以女妻之,裝送資賄甚盛。[2]宣不悦,謂妻曰:"少君生富驕,習美飾,而吾實貧賤,不敢當禮。"妻曰:"大人以先生修德守約,故使賤妾侍執巾櫛。[3]即奉承君子,唯命是從。"宣笑曰:"能如是,是吾志也。"[4]妻乃悉歸侍御服飾,更着短布裳,與宣共挽鹿車歸鄉里。[5]拜姑禮畢,持甕出汲,[6]修行婦道,鄉邦稱之。

校注:

〔1〕本條本自《東觀漢記》卷二十二《鮑宣妻》,《後漢書·列女傳》、司馬光《家範》卷七《姑姊妹》門亦錄之。鮑宣(前30—3),字子都,西漢渤海高城(今河北鹽山東南)人。哀帝時爲諫大夫,後拜司隸。王莽篡漢後被殺。《漢書》卷七十二有傳。

〔2〕裝送:嫁妝。

〔3〕執:原脱,今據《東觀漢記》補。

〔4〕是吾："是"字原脱，今據《東觀漢記》補。

〔5〕鹿車：古代的一種小車。《太平御覽》卷七百七十五引漢應劭《風俗通》："鹿車，窄小裁容一鹿也。"

〔6〕持甕：《氏族大全》同，其他諸書皆作"提甕"。

16.1.4 郭瑀[1]

劉昞字延明，十四就博士郭瑀學。時瑀弟子五百餘人，[2]通經業者八十餘人。瑀有女始笄，妙選良偶，[3]有心於昞。遂別設一席於座前，[4]謂諸弟子曰："吾有一女，年向長成，[5]欲覓一快女婿。誰坐此席者，吾當婚焉。"昞遂奮衣來坐，神志湛然，[6]曰："向聞先生欲求快女婿，[7]昞其人也。"瑀遂以女妻焉。《北史》

校注：

〔1〕本條言本自《北史》卷三十四《劉延明傳》。但據文辭可知，實本自《魏書》卷五十二《劉昞傳》。郭瑀（？—387?），字元瑜，東晉十六國時期敦煌（今屬甘肅）人。通經藝，多才藝，善屬文。隱於臨松，設館講學，弟子多達千餘人。劉昞（370?—440），字延明，號玄處先生，北魏敦煌（今屬甘肅）人。少就博士郭瑀學，後隱居酒泉授學。西涼為儒林祭酒、從事中郎，遷撫夷護軍。北涼時拜為國師。魏太武帝拜樂平王從事中郎。著作豐碩，有《三史略記》《涼書》《敦煌實錄》等。

〔2〕餘：原脱。據《魏書》《北史》補。

〔3〕妙選：精選。《漢書·劉輔傳》："妙選有德之世，考卜窈窕之女。"

〔4〕於座前：《魏書》作"於坐前"，《北史》無此三字。"坐"為

"座"分化字。

〔5〕長成：《魏書》作"成長"，《北史》無此句。向：面臨，將近。《後漢書·段熲傳》："餘寇殘燼，將向殄滅。"《舊唐書·顏真卿傳》："吾今年向八十，官至太師。"

〔6〕湛然：《北史》同，《魏書》作"肅然"。清浦起龍《史通通釋》卷十五《點煩》曰："《魏書》作'肅'，不如'湛'字勝。"劉昞態度恭敬而又自信，故當以"湛然"爲是。

〔7〕女：原脱。據《魏書》《北史》及本條上句"欲覓一快女婿"補。快女婿，稱心如意的女婿。

16.1.5 張承[1]

吳張承字仲嗣，少以才學知名，與諸葛瑾相友善。[2]承年少瑾四歲。初，承喪妻，昭欲令索諸葛瑾女，[3]承以相與有好，難之，孫權聞而勸焉，遂爲婚。[4]生女，孫權爲子和納之。[5]孫權數令和修敬於承，[6]執子婿之禮。《吳志》，承附父昭

校注：

〔1〕本條本自《三國志·吳書·張承傳》。張承（178—244），字仲嗣，三國時徐州彭城（今江蘇徐州）人，東吳重臣張昭之子。官濡須都督、奮威將軍，拜都鄉侯。

〔2〕諸葛瑾（174—241）：字子瑜，三國時琅邪陽都（今山東沂南）人。東吳大臣，諸葛亮之兄，深得孫權信賴。建安二十五年（220）代呂蒙領南郡太守。官至大將軍，領豫州牧。《三國志》有傳。

〔3〕欲令：今本《三國志》作"欲爲"。

〔4〕婚：今本《三國志》作"婿"。

〔5〕孫和(224—253)：字子孝,孫權第三子。
〔6〕修敬：恭敬有禮。

16.1.6　鮑玄[1]

葛洪好神仙導養之法,[2]師事南海太守鮑玄。玄以内學,[3]逆占將來,[4]見洪,深重之,以女妻洪。洪傳玄業,兼綜練醫術。

校注：

〔1〕本條見《晉書》卷七十二《葛洪傳》。鮑玄,西晉上黨人,曾官南海太守。

〔2〕葛洪(284—364)：字稚川,自號抱朴子,東晉丹陽郡句容(今屬江蘇)人。著名道教學者、煉丹家、醫藥學家。曾受封爲關内侯,後隱居羅浮山煉丹。著有《神仙傳》《抱朴子》《肘後備急方》《西京雜記》等。

〔3〕以：《晉書》作"亦"。内學：讖緯之學。《後漢書·方術傳序》："自是習爲内學,尚奇文,貴異數,不乏於時矣。"李賢注："内學謂圖讖之書也。其事秘密,故稱内。"又指道教所習神仙導養之學。此處即用此義。

〔4〕逆：預測,揣度。晉袁宏《後漢紀·明帝紀下》："乃召侍胡逆問曰：'匈奴使到日,何故不白？'"

16.1.7　戴逵[1]

戴逵字安道,性不樂當世,[2]常以琴書自娛。師事徵士范宣於豫章,[3]宣異之,以兄女妻焉。

校注：

〔1〕本條本自《晉書》卷九十四《戴逵傳》。逵：原訛作"達"，下文亦訛，今均正。戴逵（326—396），字安道，東晉譙郡銍縣（今安徽濉溪）人，南渡居會稽剡縣（今浙江嵊州），著名彫塑家、美術家、音樂家。終生不仕，初就學於名儒范宣，博學多才，善鼓琴，工人物、山水。有《戴逵集》，已散佚。

〔2〕當世：出仕，做官。

〔3〕徵：《晉書》作"術"。徵士，指不接受朝廷徵聘的隱士。術士，儒生。二者皆可通。范宣，字宣子，晉陳留（今河南陳留東北）人。自幼便喜隱遁，朝廷屢辟就不就。博綜群書，精通經學，招生授課，對儒學傳播作出了重要貢獻。

16.1.8　張徹[1]

張徹常從韓退之學，選於諸生，以姪女孫嫁與之。是爲禮部郎中雲卿之孫，開封府俞之女。[2]孝順祇修，[3]群女效其所爲。_{韓文}

校注：

〔1〕本條本自《昌黎先生集》卷三十四《故幽州節度判官贈給事中清河張君墓誌銘》。張徹（777—821），唐清河東武城（今河北清河東北）人，移居徐州符離（今安徽宿縣北）。著名詩人，從韓愈學於汴州，與白居易、孟郊、張籍等人交好。進士及第，先後任秘書省校書郎、昭義軍節度使掌書記、幽州盧龍節度使判官，累遷監察御史。復任幽州判官，軍亂被執，因罵衆而遇害。卒贈給事中。新、舊《唐書》均無傳。

〔2〕據《新唐書·宰相世系表三上》，"禮部郎中"爲韓愈叔父韓雲卿，"俞某"即韓雲卿之子開封尉韓俞。時韓俞正任開封尉，韓

愈亦在開封（汴州治所在開封縣），故委託從諸生中選女婿。

〔3〕祗（zhī）修：敬謹修身。

16.1.9 李漢[1]

宗室李漢少事韓愈，辱知最厚且親，[2]愈愛重，以女妻之。

校注：
〔1〕本條見《昌黎先生集》序。李漢，唐宗室，韓愈門人，韓愈歿後爲之編訂文集並作序文。

〔2〕辱知：謙辭，謂受人賞識或提拔。

16.1.10 范蜀公[1]

范蜀公鎮字景仁。[2]少受學於鄉先生龐直溫。直溫之子昉卒於京師，公娶其女爲孫婦，養其妻子終身。墓誌

校注：
〔1〕本條本自《東坡全集》卷八十八《范景仁墓誌銘》。范蜀公即范鎮（1007—1088）。鎮字景仁，北宋成都華陽（今四川成都）人。仁宗朝進士，調新安主簿。授直秘閣、判吏部南曹、開封府推官。擢起居舍人、知諫院，知制誥。英宗立，遷翰林學士。出知陳州。神宗召復翰林學士兼侍讀。與司馬光私交甚好，反對王安石變法，以户部侍郎致仕。哲宗立，起提舉崇福宮，累封蜀郡公。謚忠文，贈右金紫光禄大夫。

〔2〕景：原訛作"純"，今據《東坡全集》正。

16.2 腹婚

16.2.1 光武[1]

後漢賈復與五校戰,[2]大破之,復傷瘡甚。[3]光武大驚曰:"失吾名將。聞其婦有孕,生女邪,我子娶之;生男邪,我女嫁之,不令其憂妻子也!"

校注:

〔1〕本條本自《後漢書》卷四十七《賈復傳》。賈復(9—55),字君文,東漢南陽冠軍(今河南鄧縣西北)人。幼好學,通《尚書》。協助劉秀建立東漢,爲"雲台二十八將"之一。先後任執金吾、左將軍等職,封膠東侯。

〔2〕五校:西漢末高扈率領的農民起義軍稱號。

〔3〕瘡:《後漢書》作"創"。

16.2.2 韋放[1]

《南史》:韋放字元直,爲徐州刺史,與吴郡張率皆有側室懷孕,[2]因指腹爲昏姻。其後各産男女,未及成長而率亡,遺嗣孤弱,放常贍恤之。[3]及爲北徐州,時有貴族請昏者,[4]放曰:"吾不失信於故友。"乃以息岐娶率女,[5]又以女適率子,時稱放能篤舊。[6]

校注:

〔1〕本條本自《南史》卷五十八《韋叡傳》。又見《梁書》卷二十

八《韋放傳》。韋放(474—532),字元直,南朝梁京兆杜陵(今陝西西安)人。初爲主簿,襲封永昌縣侯,中大通二年(530),徙督北徐州諸軍事、北徐州刺史。謚宜侯。

〔2〕張率(475—527):字士簡,南朝梁吳郡吳(今江蘇蘇州)人。能詩文。齊明帝時舉秀才,除太子舍人。梁武帝時爲司徒掾,遷秘書丞,後入壽光省,累官黃門侍郎、新安太守。《梁書》卷三十三有傳。

〔3〕贍恤:救濟,撫恤。恤:原作"邮",二字異體。

〔4〕貴族:《南史》同,《梁書》作"勢族"。

〔5〕息:兒子。

〔6〕篤舊:以深情厚誼待故舊。

16.2.3　崔浩[1]

《北史》:尚書盧遐妻,崔浩女。王寶興母,[2]浩弟恬女。初,寶興母及遐妻俱孕,浩謂曰:"汝等將來所生,皆我之自出,[3]可指腹爲親。"及昏,浩爲撰儀,躬自監視。謂諸客曰:"此家禮事,宜盡其美。"[4]

校注:

〔1〕本條本自《北史》卷三十五《王寶興傳》,《魏書》卷三十八《王寶興傳》亦錄。崔浩,詳見13.5.10"崔恬"條注〔2〕。

〔2〕王寶興:生卒年不詳,北魏太原晉陽(今山西太原)人。王慧龍子。少孤。娶盧遐女。崔浩被誅,寶興從母緣坐没宮,寶興盡賣貨産,出塞贖之以歸。州辟從事、別駕,舉秀才,皆不就。閉門不交人事。襲爵長社侯、龍驤將軍。

〔3〕自出:甥之代稱。《左傳·成公十三年》:"康公,我之自出。"杜預注:"晉外甥。"

〔4〕宜：原脱，今據《北史》補。

16.3 幼婚

16.3.1 白氏詩[1]

三十男有室，二十女有歸。近代多離亂，婚姻多過期。嫁娶既不早，[2]生育常苦遲。兒女未成人，[3]父母已衰羸。凡人貴達日，多在長大時。欲報親不待，孝心無所施。哀哉三牲養，少得及庭闈。[4]惜哉萬鍾粟，[5]多用飽妻兒。誰能正昏禮，待君張國維。[6]庶使孝子心，皆無風樹悲。[7]

校注：
〔1〕本條本自《白氏長慶集》卷二《諷諭二》之《贈友五首》。
〔2〕嫁娶：原作"婚姻"，今據《白氏長慶集》正。
〔3〕兒：原作"男"，今據《白氏長慶集》正。
〔4〕庭闈：內舍。多指父母居住處，因用以稱父母。
〔5〕粟：原作"禄"，今據《白氏長慶集》正。
〔6〕國維：國家的法紀。
〔7〕風樹：《韓詩外傳》卷九："皋魚曰：'……樹欲靜而風不止，子欲養而親不待也。'"後因以"風樹"爲父母死亡，不得奉養之典。

16.3.2 文王[1]

《淮南子》曰："禮，三十而娶。文王十五而生武王，非法也。"歲星十二歲而周天，[2]天道一備，故國君年十二歲而冠，[3]冠而娶。十五而生子，重國嗣，[4]不從古制也。

校注：

〔1〕此條"禮……非法也"爲《淮南子·氾論訓》文，"歲星……古制也"爲高誘注文節引。本條又見《太平御覽》卷五百四十一《禮儀部》二十《婚姻》下，文字小異。

〔2〕而：原脱，今據《淮南子》補。

〔3〕歲：原脱，今據《淮南子》補。

〔4〕國嗣：皇位繼承人。

16.3.3　楊椿[1]

楊椿有曾孫，年十五六，常欲爲之早娶，望見玄孫。

校注：

〔1〕本條本自《魏書》卷五十八《楊椿傳》。《北史·楊椿傳》《册府元龜·總錄部》"家法"條亦錄。

16.3.4　謝瀹[1]

謝瀹年七歲，王景文見而異之，[2]言於孝武帝，[3]召見於人衆中。瀹舉止閑詳，應對合旨。僕射褚彦回以女妻之，[4]厚爲資送。《南史》

校注：

〔1〕本條本自《南史》卷二十《謝弘微傳》，又見《南齊書》卷四十三《謝瀹傳》。謝瀹(454—498)，字義潔，南朝齊陳郡陽夏(今河南太康)人。起家車騎行參軍。入齊，累遷吏部尚書。明帝廢郁林王而即位，瀹即稱疾不出，惟以飲酒爲事。位終太子詹事。諡簡子。

〔2〕王景文：即王彧，南朝劉宋重臣，《宋書》卷八十五有傳。

〔3〕孝：原訛作"宋"，今正。孝武帝，即宋世祖劉駿（430—464）。

〔4〕褚彦回：即褚淵，南朝劉宋重臣，《南齊書》卷二十三、《南史》卷二十八有傳。

16.3.5　周弘正[1]

《南史》：周弘正年十歲，通《老子》《周易》。伯父捨每與談論，輒異之。河東裴子野深相賞納，[2]請以女妻之。

校注：

〔1〕本條本自《南史》卷三十四《周弘正傳》。又見《陳書》卷二十四《周弘正傳》。周弘正（496—574），字思行，南朝陳汝南安成（今河南平輿）人。起家梁太學博士，累遷國子博士。侯景占建康，附景爲太常。後投元帝，授黃門侍郎，遷左户尚書，加散騎常侍。入陳，累遷侍中、尚書右僕射。

〔2〕裴子野（469—520）：字幾原，南朝梁河東聞喜（今屬山西）人。著名史學家、文學家。初仕齊爲江夏王參軍。入梁爲著作郎、中書侍郎、鴻臚卿，領步兵校尉。謚貞。賞納：稱讚結納。

16.3.6　王僧達[1]

《南史》：王僧達幼聰敏，父弘爲揚州時，[2]六七歲，有通訟者，[3]竊覽其辭，謂爲有理。及大訟者亦進，[4]弘意其小，留左右，僧達爲申理，闇誦不失一句。[5]文帝聞其早慧，召見德陽殿，應對閑敏，上甚知之，妻以臨川王義慶女。[6]

校注：

〔1〕本條本自《南史》卷二十一《王僧達傳》，又見《宋書》卷七十五《王僧達傳》。王僧達（423—458），南朝宋琅邪臨沂（今屬山東）人。早慧，爲宋文帝劉義隆所稱賞。曾爲宣城太守，遷征虜將軍、護軍將軍、吳郡太守。後被孝武帝借故賜死。

〔2〕王弘（379—432）：字休元，南朝宋琅邪臨沂（今屬山東）人。初爲驃騎參軍主簿，從劉裕征戰，官至太尉長史，轉左長史。入宋，封華容縣公。文帝即位，遷司空、揚州刺史。後進位太保，領中書監。《南史》卷二十一有傳。

〔3〕通訟：遞交訴狀。

〔4〕大訟：開庭斷案。

〔5〕闇誦：熟讀成誦。闇，通"諳"，熟悉，瞭解。

〔6〕臨川王義慶：即劉義慶（403—444）。義慶字季伯，南朝宋彭城（今江蘇徐州）人，劉宋宗室，武帝劉裕之侄，襲封臨川王。歷任秘書監、中書令和荆州、江州、南兗州刺史、都督加開府儀同三司。後因疾還京。曾集士人作《世說新語》《幽明錄》等書。

16.3.7 柳偃[1]

柳偃字彥游，年十二，梁武帝引見，詔問讀何書，對曰："《尚書》。"又問有何美句，對曰："德惟善政，政在養民。"[2] 衆咸異之。詔尚武帝女長城公主。[3]

校注：

〔1〕本條本自《南史》卷三十八《柳偃傳》，《梁書》卷二十一《柳偃傳》亦錄之。柳偃（？—551？），字彥游，南朝梁河東解（今山西運城）人。娶梁武帝女長城公主，拜駙馬都尉。累官太子舍人、鄱陽内史。

〔2〕語出《尚書·大禹謨》。

〔3〕尚：特指娶公主爲妻。《史記·張耳陳餘列傳》："張敖已出，以尚魯元公主故，封爲宣平侯。"司馬貞索隱："韋昭曰：'尚，奉也，不敢言取。'崔浩云：'奉事公主。'"《初刻拍案驚奇》卷七："蓋婚姻之事，民間謂之'嫁'，皇家謂之'降'；民間謂之'娶'，皇家謂之'尚'。"

16.3.8　杜驥[1]

北土舊俗，[2]問疾必遣子弟。杜驥年十三，父使候問同郡韋華。[3]華子玄有高名，見而異之，以女妻焉。《南史》

校注：

〔1〕本條本自《南史》卷七十《杜驥傳》，《宋書》卷六十五《杜驥傳》亦錄之。杜驥（387—450），字度世，南朝宋京兆杜陵（今陝西西安）人。高祖即杜預。初爲州主簿、員外散騎侍郎，加建武將軍。後爲通直郎，出爲督寧遠將軍、宣冀二州刺史。官至左軍將軍。

〔2〕俗：《南史》《宋書》均作"法"。

〔3〕《南史》《宋書》均無"問"字。"候"有拜訪，探望義。《漢書·董仲舒傳》："主父偃候仲舒……竊其書而奏焉。"《後漢書·朱暉傳》："顯宗舅新陽侯陰就慕暉賢，自往候之，暉避不見。"

16.3.9　江斅[1]

《南史》：江斅字叔文，母宋文帝女淮陽公主。幼以戚屬召見，孝武謂謝莊曰："此小兒方當爲名器。"[2]尚孝武臨汝公主。袁粲見之,曰:"風流不墜,正在江郎。"[3]

校注:

[1] 本條本自《南史》卷三十六《江夷傳》,又見《南齊書》卷四十三《江斅傳》。江斅(452—495),字叔文,南朝齊濟陽考城(今河南蘭考東)人,宋孝武帝婿,拜駙馬都尉,除著作郎。累遷齊高帝太尉從事中郎。入齊,歷仕東海、吳郡太守、侍中、秘書監等,官至晉安王師。好文辭,爲當時士族領袖。

[2] 名器:猶大器,喻國家的棟梁。

[3] 正:《南史》《南齊書》均作"政",《太平御覽》卷一百五十四《皇親部》所引作"正"。"政"通"正",只,就。《世説新語·規箴篇》:"殷覬病困,看人政見半面。"

16.3.10 長孫澄[1]

《北史》:長孫澄字士亮,年十歲,司徒李琰之見而奇之,[2]遂以女妻焉。

校注:

[1] 本條本自《北史》卷二十二《長孫澄傳》,又見《周書》卷二十六《長孫澄傳》。長孫澄,字士亮,北周河南洛陽人。十四歲從父征討,勇冠諸將。仕西魏,歷豫、渭二州刺史,進位驃騎大將軍、開府儀同三司。入北周,拜大將軍、秦州刺史,封義門郡公,爲玉壁總管。卒謚簡。

[2] 琰:後原脱"之"字,據《北史》《周書》補。李琰之(?—533),字景珍,北魏隴西狄道(今甘肅臨洮)人,少號神童。初爲彭城王行台參軍,兼著作佐郎。孝莊帝時累官衛將軍、荆州刺史,兼尚書左僕射、三荆二郢大行台。孝武帝初,官至兼侍中、車

騎大將軍、左光祿大夫、儀同三司。卒諡文簡。《魏書》卷八十二有傳。

16.3.11　徐儉[1]

《南史》：徐儉幼而修立，[2]有志操。汝南周弘正重其爲人，[3]妻之以女。梁元帝召爲尚書金部郞中。嘗侍宴賦詩，元帝歎賞之，曰："徐氏之子，復有文矣"。[4]

校注：

〔1〕本條本自《南史》卷六十二《徐儉傳》，亦見《陳書》卷二十六《徐儉傳》。徐儉（？—588），名衆（一作報）。南朝陳東海郯（今山東郯城西南）人。勤學有志操。起家豫章王府行參軍。元帝召爲尚書金部郞中。入陳，累遷中書侍郞、兼中書通事舍人、尋陽内史。襲封建昌侯，入爲御史中丞。

〔2〕修：《陳書》同，《南史》作"脩"，"脩"爲"修"音借字。修立，修身而有所成就。

〔3〕正：《陳書》同，《南史》作"直"。周弘正，詳見16.3.5"周弘正"條。周弘直（500—575），字幼方（思方），弘正第四弟。仕梁爲太學博士，遷西中郞、湘東王外兵記室參軍，入爲尚書儀曹郞。

〔4〕徐儉曾祖徐憑道、太祖徐超之、祖徐摛、叔徐孝克俱以詩文名世，其家族縱橫文壇長達百年之久。梁元帝因有是語。

16.3.12　王吉[1]

王吉曰："夫婦，人倫之大綱，[2]夭壽之萌也。世俗嫁娶太早,未知爲人父母之道而有子,[3]是以教化不明而民多夭。"

校注:

〔1〕本條本自《漢書》卷七十二《王吉傳》。11.3.3"王吉"條重出。

〔2〕之:《漢書》無。

〔3〕爲人父母:原作"爲父",據《漢書》正。

16.3.13 文中子[1]

文中子曰:"早婚少聘,教人以偷。"

校注:

〔1〕見舊題隋王通撰《中説》卷八《魏相篇》。原文作:"早婚少聘,教人以偷。妾媵無數,教人以亂。且貴賤有等,一夫一婦,庶人之職也。"宋阮逸注:"偷,薄也。"即浮薄,不厚道。

16.3.14 傅咸[1]

杜有道妻嚴氏字憲,嫠居,有女名韡,傅玄求爲繼室,憲便許之。成昏。玄前妻子咸六歲,嘗隨繼母韡省憲。憲謂咸曰:"汝千里駒也,[2]必當遠至。"以其妹之女妻之。

〔1〕本條本自《晉書》卷九十六《列女傳》"杜有道妻嚴氏"條。傅咸(239—294),字長虞,西晉北地泥陽(今陝西耀縣東南)人,傅

玄之子。初拜太子洗馬，襲父爵爲尚書右丞，遷冀州刺史，官至御史中丞。遭母憂去。後起爲議郎，兼司隸校尉。卒諡貞。

〔2〕汝：原作"此"，據《晉書》正。

16.4 晚婚

16.4.1 大過[1]

《易·大過》："九二：枯楊生稊，[2]老夫得其女妻，無不利。"象曰："'老夫女妻'，過以相與也。""九五：枯楊生華，[3]老婦得其士夫，無咎，無譽。"象曰："'枯楊生華'，何可久也？老婦士夫，亦可醜也。"

校注：

〔1〕本條本自《周易·大過》。大過：《周易》卦名。巽下兌上。《易·大過》："大過，棟橈，利有攸往，亨。"孔穎達正義："棟橈者謂屋棟也，本之與末俱橈弱，以言衰亂之世始終皆弱也。"後以"大過"指衰亂。

〔2〕枯楊生稊：枯老的楊樹復生嫩芽。本句孔穎達正義："枯楊生稊者，枯謂枯槁，稊謂楊之秀者……枯槁之楊更生少壯之稊。枯老之夫得其少女爲妻也。"

〔3〕枯楊生華：花生于枯楊之上，不能結子。比喻好景不長。

16.4.2 富文忠公[1]

富文忠公問邵伯溫年幾何，娶未？對曰："年二十四，未娶。"公曰："晚昏甚善，[2]可以保養血氣，專意學問。吾

年二十八登第方娶。⁽³⁾嘗白先公先夫人,⁽⁴⁾未第決不娶。"《閒見錄》

〔1〕本條本自宋邵伯溫《邵氏聞見錄》卷十八。富文忠公即富弼,見13.5.7"李丞相"條注〔14〕。
〔2〕晚昏:《邵氏聞見錄》作"晚娶"。
〔3〕登第:《邵氏聞見錄》作"登科"。
〔4〕白:原訛作"曰",據《邵氏聞見錄》正。

16.4.3　夏禹⁽¹⁾

《吕氏春秋》曰:"禹年三十未娶。行塗山,恐時晚失制,⁽²⁾乃娶塗山女。"

校注:

〔1〕本條言本自《吕氏春秋》,但該書未言禹娶塗山女之事。實乃出《吴越春秋》卷四。
〔2〕晚:《藝文類聚》卷九十九《祥瑞部》下《狐一》所引、《太平御覽》卷八十二《皇王部》七《夏禹》所引均作"暮"。失制:失去自制力。

16.4.4　陳留公⁽¹⁾

《風俗通》曰:陳留有富室公,⁽²⁾年九十無子,取田氏爲婦,⁽³⁾一交接而死。後生男,其女誣其淫洪有兒,⁽⁴⁾争財數年不決。丞相丙吉曰:⁽⁵⁾"吾聞老翁子不奈寒,⁽⁶⁾又無影。"時歲八月,取同歲小兒解衣裸之,⁽⁷⁾此兒獨言寒,又日中無影。大小歎息,因與其財。

校注：

〔1〕本條言出自《風俗通》，今《風俗通》無，乃佚文。王利器《風俗通義校注》據《意林》《書鈔》《御覽》等書輯補。晉和凝《疑獄集》卷二"邴吉辨子影"條亦詳錄此事。

〔2〕有：原脱，據《風俗通義校注》補。

〔3〕田氏：《御覽》作"田家"，《意林》作"田舍"，《古今事文類聚後集》作"田客"，《錦繡萬花谷前集》作"田父"。

〔4〕泆：放蕩，放縱。《尚書·酒誥》："誕惟厥縱，淫泆於非彝。"《左傳·隱公三年》："驕、奢、淫、泆，所自邪也。"

〔5〕丙吉：又作"邴吉"，《史記》卷九十六、《漢書》卷七十四均有傳。

〔6〕翁：原訛作"公"，今據《風俗通義校注》正。奈：《太平御覽》卷三十四作"耐"，卷三百八十八作"奈"。

〔7〕裸：原作"裸"，今據《風俗通義校注》正。

16.4.5　鍾繇[1]

魏鍾繇老而納正室，蓋取"宗子雖七十無無主婦"之義。[2]

校注：

〔1〕本條本自《三國志·魏書·鍾會傳》裴松之注。鍾繇(151—230)，字元常，曹魏潁川長社(今河南長葛東)人。三國時期著名書法家、政治家。官至太傅，與晉代書法家王羲之並稱爲"鍾王"。

〔2〕此處原脱一"無"字，據《魏志》裴注補。《禮記·曾子問》："孔子曰：'宗子雖七十，無無主婦，非宗子，雖無主婦可也。'"孔穎達正義："宗子，大宗子也。凡人年六十無妻者不復娶，以陽氣絶故也。而宗子領宗男於外，宗婦領宗女於內，昭穆事重，不可廢闕，故雖年七十亦猶娶也。故云'無無主婦'，言必須有也。"

16.4.6 甄琛[1]

甄琛爲主客郎，迎送梁使劉纘。[2]纘子昕爲朐山戍主，[3]昕死，家屬入洛。中有女年未二十，琛已六十餘矣，乃納昕女爲妻。昏日，詔給廚費。

校注：

〔1〕本條本自《魏書》卷六十八《甄琛傳》。甄琛（？—524），字思伯，北魏中山無極（今屬河北）人。舉秀才，拜中書博士，遷諫議大夫。後拜中散大夫，兼御史中尉，再遷侍中、河南尹，除吏部尚書。卒贈司徒、尚書左僕射，謚孝穆。

〔2〕劉纘：相貌俊美，時任南齊驍騎將軍。因屢奉使至魏，北魏馮太后遂私幸之。

〔3〕朐：原作"煦"，今據《魏書》正。戍主：古代駐守一地的長官。

16.4.7 陳嶠[1]

陳嶠字景山，暮年獲一第還鄉，已耳順矣。鄉里以儒家女妻之，至新昏近八十矣。合巹之夕，文士競集，悉賦催妝詩，咸有生稊之諷。[2]嶠自成一章，云："彭祖尚聞年八百，陳郎猶是小孩兒。"客皆絕倒。嶠嘗有《閑居詩》曰："小橋風月年年事，爭奈潘安老去何。"[3]《南部新書》

校注：

〔1〕本條本自《南部新書》卷五。陳嶠乃閩人。

〔2〕稊：原作"梯"，今據《周易》正。今本《南部新書》作"荑"，

《類說》作"美",爲"羮"形近訛字。生稊:喻指老而婚娶,詳見16.4.1"大過"條注〔2〕。

〔3〕安:《類說》同,《南部新書》作"郎"。

16.4.8　無名君

康節先生作《無名君傳》曰:"年四十未有室,有願爲妻者不拒也。"[1]

〔1〕康節先生:即邵雍。邵雍所作《無名君傳》見吕祖謙《皇朝文鑒》卷一百四十九,又見清乾隆年間修訂之《涿州志》(題爲《無名公傳》),後者較前傳多有增補。《無名君傳》是以第三人稱爲邵雍所作的傳記,内容多取材于《伊川擊壤集》和《漁樵對問》。今查《無名君傳》無"年四十未有室,有願爲妻者不拒也"句,恐爲佚文。

16.4.9　盧校書[1]

盧家有子弟,暮年猶爲校書郎。晚娶崔氏,崔有詞翰,結縭之後,微有嫌色。盧因請詩以述懷爲戲,崔立成詩曰:[2]"不怨檀郎年紀大,[3]不怨檀郎官職卑。自恨妾身生較晚,[4]不見檀郎年少時。"[5]《南部新書》

校注:

〔1〕本條本自《南部新書》卷四。《古今事文類聚後集》卷十三、《詩話總龜》卷三十九、《唐詩紀事》卷七十八、《全唐詩》卷七百九十九、《山堂肆考》卷九十四、《氏族大全》卷四十二等亦予轉引。

〔2〕詩:原脱,據《南部新書》補。

〔3〕紀：原訛作"幾"，據《南部新書》正。檀郎：典出《世說新語·容止篇》。晉潘岳小字檀奴，美姿容，婦女慕之。後因以"檀郎"爲婦女對夫婿或所愛慕的男子的美稱。唐溫庭筠《蘇小小歌》："吴宫女兒腰似束，家在錢唐小江曲，一自檀郎逐便風，門前春水年年綠。"《南部新書》詩句三處"檀郎"均作"盧郎"，《唐詩紀事》同。《古今事文類聚後集》《詩話總龜》作"檀郎"。

〔4〕較：《氏族大全》作"大"。

〔5〕見：《唐詩紀事》《全唐詩》《山堂肆考》均作"及"，《氏族大全》作"遇"。

16.4.10 何點[1]

齊何點隱居不仕，絶昏[2]，何尚之强爲娶王氏。禮畢，將親迎，點涕泣，求執本志，遂罷。既老，又娶魯國隱者孔嗣女。雖昏，亦不與妻相見，築別室以處之，[3]人莫諭其意。張融爲詩嘲之曰：[4]"惜哉何居士，[5]薄暮邁荒淫。"[6]《南史》

校注：

〔1〕本條本自《南史》卷三十《何尚之子點傳》。何點（437—504），字子晳，南朝廬江灊（今安徽霍山）人。尚隱逸，慕玄風，善談論，頗具傳統玄學名士風采，並以此享譽齊梁士林。《梁書》卷五十一、《南齊書》卷五十四均有傳。

〔2〕絶昏：《南史》作"欲絶昏宦"，即想拒絶結婚與作官。

〔3〕築：原脱，據《南史》補。

〔4〕張融：字思光，南朝齊文學家、書法家。據《何點傳》記載，張融少時免官，而爲詩有高言，何點答詩曰："昔聞東都日，不在簡書前。"雖戲而融就病之，故融借機爲詩嘲之。

〔5〕居：原作"處"，《南史》《梁書》均作"居"，據二書正。《通志》卷一百七十八、《古今事文類聚》後集卷十三作"處"。席紅《隱士、居士、名士和處士》認爲"大隱隱於朝，中隱隱於市，小隱隱於野。隱士、居士、名士和處士，其實都可以籠統地稱爲隱士。只是隱士更強調'隱'，居士更強調'道'，名士更看重'名聲'，處士更注重'德行'。"

〔6〕淫：《南史》同，《梁書》作"婬"。"婬"爲"淫"分化字。

16.4.11　陳貺[1]

《江南野史》：處士陳貺，閩人，有詩名。五十方娶，有慶之者曰："處士新郎燕爾安乎？"[2]答曰："呵呵，僕少處山谷，莫預世事，不知衣裾之下有此珍美。"嗣主徵之，[3]或問："細君置之何所？"[4]對曰："暫寄師叔寺中。"或曰："婦人年少，爲德不一，何不防閑？"答曰："鎖之矣。"或曰："其如水火何？"貺曰："鑰匙亦付之矣。"

校注：

〔1〕本條本自《江南野史》卷六。《江南野史》，詳見12.1.8"曾崇範"條注〔1〕。陳貺，南唐閩中人，宋馬令《南唐書》卷十五有傳。

〔2〕郎：原作"即"，今據《江南野史》正。燕爾：新婚夫婦歡樂親昵。

〔3〕嗣主：繼位的君王。《戰國策·秦策一》："今之嗣主，忽於至道，皆惛於教，亂於治。"

〔4〕細君：古稱諸侯之妻，後爲妻的通稱。《漢書·東方朔傳》："歸遺細君，又何仁也！"顏師古注："細君，朔妻之名。"

16.4.12　錢氏[1]

錢氏衣冠之後,放曠不羈,年餘四十,終無室家。一日有婚姻,成親有期,乃作《于飛樂》曰[2]:"年少疏狂,[3]醉眼北里平康。[4]十年占斷風光,[5]似一場春夢,飲散高陽。[6]如今休也,伏惟獨自悽惶。[7]古人言:無錢斷酒,[8]臨老剃度何妨？散花紅,頂花帽,做個新郎。低頭失笑,幾曾見,浪子從良。"《詩話》

校注:

〔1〕本條本自《詩話》,出處原殘泐,今補。清褚人穫《堅瓠集》己集卷一"于飛樂"條亦引此事,曰:"錢某者,衣冠之後。年四十餘,無室。後成婚有期,作《于飛樂》詞云:'年少疎狂,北里平康。十年占斷風光,似一場春夢,飲散高陽。如今休也,醉眼獨自悽惶。但古人有無錢斷酒,臨老剃度何妨？散花紅,頂花帽,作個新郎。低頭失笑,幾回浪子從良。'"與本書所引不同。

〔2〕于飛樂：詞牌名。一名鴛鴦怨曲。康熙《欽定詞譜》"于飛樂"有雙調七十二字、雙調七十三字和雙調七十六字三體,此引僅六十九字,尚缺少三字。按其平仄格式標示如下:

●●○○年少疎狂　●○○●○○醉眼北里平康　○○●●○○十年占斷風光　●○○似一場　○●●春夢⊖　◎●○○飲散高陽　⊙○○●如今休也　◎○⊙伏惟⊖　◎●○○獨自悽惶　●●○○⊜古人言　○○○●無錢斷酒　○○●○○臨老剃度何妨　●○○散花紅　○●●頂花帽　⊙●○○做個新郎　⊙○○●低頭失笑　⊙○○幾曾見　◎●○○浪子從良

〔3〕疏狂：豪放,不受拘束。

〔4〕北里、平康：唐代長安丹鳳街有平康坊(位於城北),亦稱

平康里或北里，爲妓女聚居之地。後用以泛稱娼妓聚居之地。唐孫榮《北里志·海論三曲中事》："平康入北門，東迴三曲，即諸妓所居。"

〔5〕占斷：全部佔有。唐吴融《杏花》詩："粉薄紅輕掩斂羞，花中占斷得風流。"

〔6〕高陽：本爲晉山簡置酒遊賞的園池名，取酈食其高陽酒徒之意。唐李白《襄陽曲》之二："山公醉酒時，酩酊高陽下。"後亦代指酒徒。

〔7〕恓（qī）惶：悲傷貌。《舊唐書·李重福傳》："況陛下慈念，豈不潸臣恓惶？"

〔8〕斷酒：戒酒。唐白居易《答蘇庶子》詩："病來從斷酒，老去可禁愁。"

16.5　詩婚

16.5.1　謝生[1]

越漁者楊父一女絶色，有謝生求娶焉。父曰："吾女宜配公卿。"謝曰："少女少郎，相樂不忘；少女老翁，苦樂不同。且安有少年公卿耶？"翁曰："吾女詞多兩句，子能續之，稱其意，則妻矣。"示其篇，曰："珠簾半牀月，青竹滿林風。"謝曰："何事今宵景，[2]無人解與同。"女曰："天生吾夫。"遂偶之。後七年春，楊忽題曰："春盡花隨盡，其如自是花。"[3]謝曰："何故爲不祥句？"楊曰："吾不久於人間矣。"瞑目而逝。後一年，見楊立江中，曰："吾本水仙，[4]謫居人間耳。"

校注：

〔1〕本條本自宋張君房《麗情集》。張君房，生卒年不詳，宋岳州安陸（今屬湖北）人。真宗朝進士，官尚書度支員外郎，充集賢校理。真宗尚道教，命戚綸、陳堯臣等校正《道藏》，君房主其事，編次得四千五百六十五卷。復撮其精要，成《雲笈七籤》一百二十二卷。《麗情集》專收人間男女風月情愛故事，且多涉詩歌，頗具文心與詩情，曾盛傳一時，但明代以後原書似已不復可見，《類說》《紺珠集》等書有所節存。

〔2〕何：原作"可"，《類說》卷二十九、《氏族大全》卷八、《會稽志》卷十九引作"何"，據《類說》等書正。

〔3〕自是：猶只是。唐崔塗《春夕旅懷》詩："自是不歸歸便得，五湖煙景有誰爭？"

〔4〕水：《類說》無，《氏族大全》《會稽志》均有。

16.5.2　王氏[1]

《王直方詩話》："白藕作花風已秋，[2]不堪殘睡更回頭。晚雲帶雨歸飛急，去作西窗一夜愁。"[3]此趙德麟妻王氏作也。[4]德麟鰥居，見此詩，遂與之爲親。人以爲二十八字媒也。

校注：

〔1〕本條本自《王直方詩話》。王直方（1069—1109），字立之，號歸叟，汴京（今河南開封）人。與蘇軾、黄庭堅、陳師道等友善，爲江西詩社中人。曾監懷州酒税，當過冀州耀官，不久辭官歸里。著有《歸叟集》《歸叟詩話》。詩話原爲六卷，早佚，今存節本及輯佚本，以郭紹虞《宋詩話輯佚》本最爲詳備。又見《宋詩話全編》第

二册。

〔2〕秋：《說郛》卷八十引作"愁"。

〔3〕愁：《說郛》卷八十引作"秋"。

〔4〕趙德麟(1061—1134)：即趙令畤，初字景貺，後改字德麟，自號聊復翁。涿郡（今河北薊縣）人。宋太祖次子趙德昭玄孫。元祐中官潁州簽書判官，與蘇軾情誼甚篤。後坐元祐黨籍被廢。紹興初，襲封安定郡王。卒贈開府儀同三司。有《侯鯖錄》八卷。

16.5.3　李清臣[1]

韓魏公知中山，[2]李清臣謁見其姪，吏報曰："太祝方寢。"[3]清臣爲絶句曰："公子乘閑卧絳廚，[4]白衣老吏慢寒儒。不知夢見周公否，曾説當年吐哺無？"魏公見其詩，曰："吾知此人久矣。"竟有東牀之選。[5]

〔1〕本條未言出處。宋阮閱《詩話總龜》卷一亦引此事，謂出自《青瑣集》。《青瑣集》，北宋劉斧編撰，大致成書於元祐年間。劉斧，生平事跡不詳，人稱劉秀才。著有《青瑣詩話》《青瑣高議》《翰府名談》《青瑣摭遺》等。《漢書·元后傳》："曲陽侯根驕奢僭上，赤墀青瑣。"顏師古注："青瑣者，刻爲連環文，而青塗之也。"可見，青瑣本指宮門上鏤刻爲連環圖紋而以青色塗飾，劉斧用"青瑣"作爲書名，蓋因其作品多爲春葩麗藻之故。李清臣（1032—1102），字邦直，北宋魏（今河北大名西北）人。七歲知讀書，日誦數千言。韓琦聞其名，妻以姪女。神宗熙寧間進士，歷官翰林學士、尚書左丞。徽宗立，爲門下侍郎。後爲曾布所陷，出知大名府，卒。

〔2〕韓魏公：即北宋政治家、軍事家韓琦，英宗拜爲右僕射，封

魏國公。《宋史》卷三百一十二有傳。

〔3〕太祝：官名。《周禮》春官宗伯之屬有太祝，掌祭祀祈禱之事。秦漢有太祝令丞，屬太常卿。宋代太常寺有太祝，亦主管祭祀。韓琦於仁宗景祐二年（1035）十二月，遷度支判官，授太常博士，門吏因稱"太祝"。

〔4〕㡢：通"幬"，形狀像櫥的帳子。

〔5〕東牀之選：謂佳婿的人選。

16.5.4　山谷[1]

山谷云：謝師厚方其為女擇對，[2] 見庭堅詩，[3] 曰："吾得婿如是，足矣。"庭堅往求之。然庭堅之詩卒從謝公得句法，[4] 故有詩曰："自從見謝公，論詩得濠梁。"[5]

校注：

〔1〕本條未明言出處。宋阮閱《詩話總龜》卷八、宋胡仔《漁隱叢話》前集卷二十八均載此事，言出自《王直方詩話》。《氏族大全》卷十八、《江西通志》卷一百六十《雜記》亦錄之。

〔2〕謝師厚：名景初。博學能文，尤長於詩，時與梅堯臣等相唱和。又與當時王安石、韓玉如、謝景平齊名于吳越，被譽為"四賢"。

〔3〕庭堅：原作"廷堅"，今正。下兩處同。

〔4〕句法：《氏族大全》《江西通志》引作"詩法"。

〔5〕論詩：《山谷集》同，《氏族大全》《江西通志》引作"論對"。濠梁：猶濠上，典出《莊子·秋水》。莊子與惠子游於濠梁之上，見鯈魚出游從容，因辯魚知樂否。後多用"濠上""濠梁"比喻別有會心、自得其樂之地。清毛序《偕同人散步》詩："物我兩俱忘，不減濠梁興。"

16.5.5　崔護[1]

博陵崔護,清明日遊都城南,得居人莊。扣門久之,有女子問誰。即以姓字對,曰:"尋春獨行,酒渴求飲。"女以杯水至,獨倚小桃,意屬殊厚。[2]崔辭去。來歲清明忽思之,逕往尋之,[3]題詩門扉曰:"去年今日此門中,人面桃花相映紅。人面祇今何處去,桃花依舊笑春風。"數日,復往,聞其中哭聲,問之,有老父曰:"君非崔護耶?吾女自去年恍惚若有所失,及見左扉字,遂病而死。"崔請入哭之。尚儼然在牀。崔舉其首,枕其股,[4]曰:"某在斯,某在斯。"須臾開目,半日復活。父大喜,以女歸之。

校注:

〔1〕本條未明言出處。《太平廣記》卷二百七十四《情感》"崔護"條謂出自《本事詩》。崔護,字殷功,唐博陵(今河北安平)人。貞元年間登第,歷任京兆尹、御史大夫,終嶺南節度使。其詩《題都城南莊》膾炙人口。

〔2〕意屬:猶屬意,傾心,指男女相愛悦。

〔3〕逕往尋之:原作"往徑",今據《太平廣記》正。

〔4〕枕:名詞使動,讓枕在……上。

16.5.6　李頻[1]

唐給事中姚合有詩名,[2]士多歸重。李頻走千里丐其品題,[3]合大加獎挹,[4]以女妻之。

〔1〕本條本自《新唐書》卷二百三《李頻傳》。李頻(818—

876），字德新，唐睦州壽昌（今浙江建德）人。少穎悟，擅爲詩。大中年間進士，初任校書郎、南陵主簿、武功令。升侍御史，累遷都官員外郎。上表自薦，請任建州刺史，頗有政績。病死任内，建州百姓建梨岳廟以祀之。有《梨岳集》傳世。

〔2〕姚合：生卒年均不詳，約唐文宗太和中前後在世。以詩名，與賈島齊名，世稱"姚賈"。

〔3〕題：《新唐書》無。宋計敏夫《唐詩紀事》卷六十"李頻"條作"品藻"。品題：品評。

〔4〕獎挹：讚賞。挹，通"揖"，推崇。《北史·裴文舉傳》："爲州里所推挹。"

16.5.7 兵士[1]

開元中，賜邊軍纊衣，[2]製於宮中。有兵士袍中得詩曰："沙場征戍客，寒苦若爲眠。戰袍經手作，知落阿誰邊？[3]畜意多添綫，含情更著綿。今生已過也，重結後身緣。"[4]兵士以詩白帥，帥進之明皇。以作詩者嫁得詩人，曰："我爲汝結今身緣。"

校注：

〔1〕本條未言出處。《太平廣記》卷二百七十四《情感·開元製衣女》及《紺珠集》卷九、《類說》卷五十一、《說郛》卷八十等所引均明言出自《本事詩》。

〔2〕纊衣：充以綿絮之衣。唐蘇鶚《杜陽雜編》卷中："冬不纊衣，夏不汗體。"

〔3〕阿誰：猶言誰，何人。《樂府詩集·橫吹曲辭五·紫騮馬歌辭》："十五從軍征，八十始得歸。道逢鄉里人：'家中有阿誰？'"

〔4〕重結後身緣：《類說》《說郛》同。《太平廣記》《玉芝堂談薈》卷六作"結取後身緣"，《紺珠集》《古今事文類聚續集》卷五、《山堂肆考》卷四十、《詩話總龜》卷二十三作"重結後生緣"。

16.6　武勇

16.6.1　劉秀之[1]

劉秀之十歲時，與諸兒戲，[2]忽見大蛇來，勢甚猛，莫不顛沛驚呼，秀之獨不動，眾並異之。東海何承天雅相知器，[3]以女妻之。

校注：

〔1〕本條本自《宋書》卷八十一《劉秀之傳》。劉秀之（396—464），字道寶，南朝宋東莞莒（今山東莒縣）人。少孤貧，有志操。初任駙馬都尉，升任建康令，尚書中兵郎。政績卓著。調任撫軍錄事參軍、襄陽令。平劉義宣叛亂，封康樂縣侯，後升尚書右僕射。官終雍州刺史。諡忠成。

〔2〕戲：原殘泐，據《宋書》補。

〔3〕何承天（370—447）：南朝宋東海郯（今山東郯城）人，著名天文學家、無神論思想家。歷官衡陽內史、御史中丞等，世稱何衡陽。曾上表奏請改曆，稱《元嘉曆》。元嘉時為著作佐郎，奉命撰修《宋書》，未成而卒。《宋書》卷六十四、《南史》卷三十三均有傳。知器：賞識，器重。

16.6.2　郭默[1]

前趙郭默字彥雄，[2]河內懷人，世以屠沽為業。[3]默壯勇拳捷,[4]能貫甲跳三丈塹,時人咸異之,曰:"此兒必興郭氏。"河內陸允,世之豪民,望見,以女妻之。

校注:

〔1〕本條本自《太平御覽》卷三百八十六《人事部》二七《健》所引《前趙錄》。《十六國春秋輯補・前趙錄・劉聰》亦錄。郭默(? —330),河內懷(今河南武陟西)人。少微賤,以勇壯事太守裴整,爲督將。永嘉之亂,率衆自爲塢主。後投劉琨,爲河內太守。晉明帝拜爲征虜將軍、右軍將軍、西中郎將、江州刺史。旋爲陶侃、庾亮所殺。
〔2〕彥:《太平御覽》作"元"。
〔3〕屠沽:宰牲和賣酒,泛指職業微賤的人。
〔4〕拳捷:會輕功,身手矯捷,善於騰躍跳遠。

16.6.3　劉遐[1]

劉遐,廣平人,性果毅勇壯。天下大亂,遐爲塢主。鄉人冀州刺史邵續深器之,[2]以女妻焉。

校注:

〔1〕本條本自《晉書》卷八十一《劉遐傳》。劉遐(? —326),字正長,廣平易陽(今河北永年東南)人。曾任晉朝龍驤將軍、平原内史,累封北中郎將,兗州刺史。以功封泉陵公,遷徐州刺史。卒贈安北將軍。
〔2〕深:原訛作"涼",據《晉書》正。邵續:《晉書》卷六十三有傳。

16.6.4　英布[1]

英布少時,客相之:"當刑而王。"及壯,坐法黥。布欣然笑曰:"人相我當刑而王,[2]幾是乎?"後爲群盜。陳勝起,布乃見番君,其衆數千人。番君以女妻之。

校注:

〔1〕本條本自《史記·黥布列傳》。英布(?—前196),秦末漢初名將,六縣(今安徽六安)人。因受秦律被黥,又稱黥布。初屬項梁,復爲項羽帳下五大將之一,封九江王。後叛楚歸漢,漢朝建立後封淮南王,與韓信、彭越並稱漢初三大名將。起兵反漢,被殺。

〔2〕我:原脱,據《史記》補。

16.6.5　廳頭甲[1]

梁葛侍中周鎮兖之日,[2]有廳頭甲者,年壯未婚,善騎射,膽力出人。偶因白事,[3]葛公召入。時諸姬妾並侍左右。內一愛姬,乃國色,專寵得意,常在公側。甲窺見愛姬,目之不已。葛公有所顧問,至於再三,甲方流眄於殊色,[4]竟忘其對答。[5]公但俛首而已。既罷,公微哂之。或有告甲者,[6]甲慮有不測之罪。[7]未幾,有詔命公出征,拒唐師於河上。時與敵決戰。交鋒數日,[8]敵軍堅陣不動。日暮,軍士飢渴,殆無人色。公乃召甲謂之曰:"汝能陷此陣否?"甲曰:"諾。"即攬轡超乘,[9]與數十騎馳赴敵軍,斬首數十級。唐師大敗。及葛公凱旋,乃謂愛姬曰:"甲立戰功,宜有酬賞,以汝妻之。"愛姬泣辭。公曰:"爲人之妻,可不愈於爲人之妾耶?"[10]令具飾資裝。[11]召甲告之曰:"汝立功於河上,吾知汝未婚,今以某妻汝,兼署列職,[12]此即汝所目者

也。"甲固稱死罪,不敢承命。公堅與之,乃受。葛公後爲梁名將。諺曰:"山東一條葛,無事莫撩撥。"[13]《玉堂閒話》

校注:

〔1〕本條本自《玉堂閒話》。該書情況可參 12.1.3"滑臺園女"條。亦見《太平廣記》卷一百七十七《器量二·葛從周》。廳頭:藩鎮守廳軍士的頭目,負責藩帥聲衛,爲勁旅精鋭。馮夢龍將此事改編成三言兩拍的"喻世明言"故事《葛令公生遣弄珠兒》。

〔2〕葛侍中周:即侍中葛從周。葛從周,字通美,五代梁濮州鄄城(今山東鄄城北)人。少豁達,有智略。初爲黄巢軍軍校,後投朱温,深受器重。歷拜檢校太保並兼徐州兩使留後、兗州節度使、檢校太傅、左金吾上將軍、太子太師等。梁末帝繼位,授潞州節度使,加授檢校太師、兼侍中,進封爲陳留郡王。卒贈太尉。《舊五代史》卷十六、《新五代史》卷二十一均有傳。

〔3〕白事:稟告公務,陳説事情。

〔4〕流眄(miǎn):斜眼觀看。

〔5〕竟:原訛作"意",今據《太平廣記》正。

〔6〕者:原脱,今據《太平廣記》補。

〔7〕不測之罪:指大罪,死罪。

〔8〕曰:原訛作"十",今據《太平廣記》正。

〔9〕超乘:跳躍上車。

〔10〕可:原作"亦",今據《太平廣記》正。

〔11〕裝:《太平廣記》作"粧"。資裝即嫁妝。

〔12〕列職:即列校。唐五代時地方軍隊所設,負責帥帳四周的防衛。

〔13〕撩撥:招惹。

16.6.6　雍氏[1]

崔涯妻雍氏,[2]揚州總教之女。[3]雍族以崔有詩名,資贍甚厚。崔略無恭敬,呼妻父但"雍老"而已。雍仗劍呼女,謂崔曰:"某河朔之人,惟習弓馬。養女合嫁軍門,徒慕士流之德,不情乃爾。[4]小女不可別醮,便令出家。"立令剃髮爲尼。涯悲泣悔過,慟別留詩,[5]曰:"隴上流泉隴下分,斷腸嗚咽不堪聞。姮娥一入宫中去,[6]巫峽千山空白雲。"[7]

校注:

〔1〕本條本自唐范攄《雲溪友議》卷中《辭雍氏》。宋計敏夫《唐詩紀事》卷五十二《崔涯》、宋曾慥《類説》卷四十一《雍女剃髮爲尼》均有記載,前者較略,後者詞句與本書小異。

〔2〕崔涯:唐吳楚間人,與張祜齊名。其詩風清麗雅秀,語言超逸。存詩八首,尤以《別妻》最善。

〔3〕教:原訛作"效",今正。總教,未詳何種官職。

〔4〕不情乃爾:原脱,今據《雲溪友議》補。不情,不通人情,無情。乃爾,猶言如此。

〔5〕《全唐詩》卷二百七十五《崔膺》載此詩,題爲《別佳人》,小字注曰:"一作崔涯詩。"卷五百五《崔涯》亦載此詩,題爲《別妻》。此詩寫夫妻之别,連用兩個比喻,構思巧妙,藝術感染力極強。

〔6〕姮娥一入宫中去:《雲溪友議》作"姮娥一入月中去",《唐詩紀事》作"嫦娥一入月中去",《類説》作"嫦娥一入月宫去"。姮,本作"恒",俗作"姮"。漢代因避文帝劉恒諱,改稱常娥,通作嫦娥。

〔7〕巫峽千山空白雲:《雲溪友議》《唐詩紀事》《類説》均

作"巫峽千秋空白雲"。

16.6.7　李光顔[1]

李光顔愛女求聘,[2]幕僚盛譽一鄭秀才詞學門閥,公曰:"某,一健兒也。偶立微功,豈可妄求名族?已選得一佳婿。"乃召客司小將出,曰:"此即某女匹也。"超三五階軍職,厚與金帛而已。或曰:"李太師與侯景求婚王謝,[3]何其遠哉!"《北夢瑣言》

校注:

〔1〕本條本自《北夢瑣言》卷三"李光顔太師選佳婿"條。李光顔(761—826),字光遠,本姓阿跌,賜姓李氏,河曲(今屬山西)人。初從河東軍爲偏將,憲宗時歷任代、洺二州刺史,兼御史大夫。後任忠武軍節度使,因戰功進位檢校尚書左僕射,加檢校司空,同中書門下平章事,封武威郡開國公。敬宗時拜司徒,依前同平章事。後爲河東節度使。卒贈太尉,謚忠。

〔2〕求:今本《北夢瑣言》作"未",恐誤。

〔3〕太師:原訛作"帝師",今正。《南史·侯景傳》:"又請娶於王、謝,帝曰:'王、謝門高非偶,可于朱、張以下訪之。'景恚曰:'會將吳兒女以配奴。'"後侯景叛亂,大肆屠殺王、謝,兩家幾乎亡族。

16.6.8　胡貴嬪[1]

西晉胡貴嬪名芳,奮之女。[2]帝與摴蒲,[3]爭矢,遂傷上指。帝怒曰:"此固將種也!"芳對曰:"北伐公孫,西拒諸葛,非將種而何?"[4]帝有慚色。《晉書》

校注：

〔1〕本條本自《晉書·后妃上·胡貴嬪傳》。

〔2〕胡奮（？—288）：字玄威，西晉安定臨涇（今甘肅鎮原東南）人。性開朗，有籌略，少好武事。從司馬懿征遼東，後拜官校尉、徐州刺史。以軍功升征南將軍，散騎常侍。及其女選爲貴人，又遷左僕射，加鎮軍大將軍、開府儀同三司。卒贈車騎將軍，諡壯。《晉書》卷五十七有傳。

〔3〕摴（chū）蒲：亦作"摴蒱"。古代博戲名。源於漢，盛於晉。以擲骰決勝負，得采有盧、雉、犢、白等稱，視擲出的骰色而定。後泛指擲骰。

〔4〕拒：今本《晉書》作"距"。胡芳這裏說的是司馬炎的祖父司馬懿。"北伐公孫"者，魏明帝景初元年（237），原遼東太守公孫淵叛魏，自立爲燕王，定都襄平（今遼寧遼陽）。次年，司馬懿率步騎四萬征公孫淵，破襄平，屠戮七千多人築京觀。"西拒諸葛"者，明帝太和五年（231）及青龍二年（234），諸葛亮兩次北伐，司馬懿領兵拒之，並取得最終勝利。

婚禮新編　卷之十七

17.1　姑舅

17.1.1　宋鄭[1]

《左傳・哀九年》曰："宋、鄭，舅甥。"[2]注："宋、鄭，婚姻舅甥之國也。"

校注：

〔1〕本條本自《左傳・哀公九年》。哀：原訛作"襄"，今據《左傳》正。

〔2〕舅甥：今本作"甥舅"。下同。由於"同姓不婚"和"諸侯不内娶"等婚姻禁忌，春秋諸侯只能採取與異姓諸侯聯姻的方式來解決婚姻問題。宋鄭爲"婚姻舅甥之國"者，《左傳・桓公十一年》："宋雍氏女于鄭莊公，曰雍姑，生厲公。"宋爲舅，鄭爲甥。

17.1.2　季平子[1]

季公若之姊爲小邾夫人，[2]生宋元夫人，生子，以妻季平子。昭子如宋聘，且逆之。公若從。注："平子庶姑，與公若同母，故曰公若姊。"[3]"宋元夫人，平子之外姊。"[4]

校注：

〔1〕本條本自《左傳·昭公二十五年》。季平子（？—前505），即季孫意如。季武子季孫宿之孫，季悼子季孫紇之子。春秋時魯國正卿，姬姓，季氏，諡平，史稱"季平子"。在魯專權多年，治國亦較有作爲。

〔2〕季公若：名亥，字若，季武子的幼子。平子之叔父。姊：原訛作"妹"，今據《左傳》正。季公若的姐姐是小邾君夫人，是宋元公夫人的母親。宋元公夫人的女兒，將嫁給季平子。

〔3〕此句爲"季公若之姊爲小邾夫人"句杜預注。

〔4〕此句爲"生宋元夫人"句杜預注。外：原訛作"後"，今據《左傳》正。外姊：此處指姑之女。

17.1.3 顧協[1]

顧協少聘舅息女，[2]未成昏而協母亡，免喪後不復娶。[3]年六十餘，此女猶未他適，[4]協義而迎之。晚雖判合，卒無嗣續。[5]

校注：

〔1〕本條本自《南史·顧協傳》，《梁書》卷三十所記同。顧協（470—542），字正禮，南朝梁吳郡吳縣（今江蘇蘇州）人。官通直散騎侍郎兼中書通事舍人、員外散騎舍人等職。以能恪守志操、清廉率直著稱於世。

〔2〕息女：親生女兒。

〔3〕免喪：謂守孝期滿，除去喪服。

〔4〕他適：指女子另嫁他人，改嫁。

〔5〕嗣續：《南史》及《梁書》均作"胤嗣"。謂後嗣、子孫。

17.1.4　費觀[1]

蜀費觀字賓伯，江夏人。劉璋母乃觀之族姑，璋又以女妻觀。[2]

校注：

[1] 本條本自《三國志・蜀書・鄧張宗楊傳》。費觀字賓伯，生卒年不詳，三國蜀江夏鄳縣（今河南羅山西）人。歷任裨將軍、巴郡太守、江州都督，鎮守益州東南。後加封都亭侯，升振威將軍。

[2] 劉璋（？—220）：字季玉，江夏竟陵（今湖北天門）人。東漢末年割據軍閥之一。繼父親劉焉擔任益州牧，後投降劉備。費劉二氏均爲江夏大族，費觀家族與劉璋家族世代交好，互通婚姻。費觀族姑嫁給劉焉，爲正妻，生劉璋等四子。

17.1.5　陸稠[1]

《南史》：沈鸞字建光，[2]少有高名，州舉茂才，[3]公府辟州別駕從事史。時廣陵太守陸稠，鸞之舅也，[4]以義烈政績顯名漢朝，復以女妻鸞。

校注：

[1] 本條言本自《南史・沈約傳》，實源自《宋書・自序》。陸稠字伯贏，生卒年不詳，東漢會稽吳（今蘇州吳縣）人，陸續子。歷任廣陵太守、荆州刺史，有政名。

[2] 光：原訛作"元"，今據《宋書》正。沈鸞字建光，生卒不詳，東漢烏程（今浙江德清）人。沈潛子，早卒。

[3] 茂才：即秀才。因避漢光武帝名諱，改秀爲茂。

〔4〕鸞之舅也：沈澣娶陸稠之妹爲妻，故謂稠爲鸞之舅。

17.1.6　王氏[1]

本朝王沂公曾孫王氏，[2]贊善大夫億之女，[3]少有淑質，舉族賢之，遂擇其所歸。祖母呂氏，正獻公之女兄也，[4]以謂無若適公宗爲宜，[5]遂以妻好問，[6]蓋正獻公嫡孫，侍講滎陽公之長子也。[7]夫人生貴族，歸德門，以古義相其夫。[8]始夫人在父母家就養，[9]未嘗須臾去側。[10]間有疾，藥必親嘗而後進，至廢寢食。其後以其所以事父者事其舅，以其所以事母者事其姑，其孝誠蓋天性也。[11]故滎陽公與其姑相顧謂夫人曰："汝報吾二人足矣，願汝子孫皆如汝孝也。"呂氏之族黨咸相謂曰："爲子取婦，如夫人可也。"了翁

校注：

〔1〕本條出處未詳。末言"了翁"，乃陳瓘（1057—1124）號。瓘字瑩中，號了翁，又號了齋、了堂，宋南劍州沙縣（今福建三明）人。神宗元豐二年（1079）進士。授官湖州掌書記，後爲太學博士，遷校書郎，出判滄州，復擢左司諫。後以黨籍除名。諡忠肅。著《日錄辨》《國用須知》等。《宋史》卷三百四十五有傳。

〔2〕王沂公：即王曾（978—1038）。曾字孝先，宋青州益都（今屬山東）人，祖籍泉州。真宗朝聯捷"三元"之狀元，歷任濟州通判、著作郎、翰林學士、尚書禮部侍。仁宗時，任同中書門下平章事、樞密使。拜右僕射兼門下侍郎、平章事、集賢殿大學士，封沂國公。後罷相，判鄆州。諡文正。《宋史》卷三百一十有傳。王曾有四子三女，未詳孰娶呂氏。

〔3〕贊善大夫僖：王曾之孫，其他事跡未詳。

〔4〕正獻公：即呂公著（1018—1089）。公著字晦叔，宋壽州（今安徽鳳台）人，呂夷簡第三子。恩補奉禮郎。登進士第，通判潁州。累官御史中丞。元祐初拜尚書右僕射兼中書侍郎，與司馬光同心輔政，封申國公。謚正獻。呂氏爲公著姊，王僖之母。《宋史》卷三百三十六有傳。

〔5〕無：原訛作"尤"，今據文意正。無若：不如。

〔6〕好問：即呂好問（1064—1131）。好問字舜徒，呂公著孫，呂希哲子。以蔭補官。欽宗時任御史中丞，旋改兵部尚書，後知宣州。與楊時並列道學家。《宋史》卷三百六十二有傳。

〔7〕滎：原殘泐，今據上下文補。滎陽公，即呂希哲（1036—1114）。希哲字原明，世稱滎陽先生，呂公著子。始爲兵部員外郎，後爲崇政殿説書，教導皇帝以"正心誠意"爲本。擢右司諫，以秘閣校理知懷州，復召爲光禄寺少卿，以直秘閣知曹州。後因崇寧黨禍徙邢州。有《侍講日記》傳世。《宋史》卷三百三十六有傳。

〔8〕古：原訛作"占"，今據文意正。古義，古人立身行事的道理，這裏指婦道。

〔9〕就養：侍奉父母。《禮記·檀弓上》："事親有隱而無犯，左右就養無方。"孫希旦集解："就養者，近就而奉養之也。"

〔10〕去側：離開身邊。

〔11〕舅、姑：公婆。

17.1.7　老蘇[1]

老蘇先生女幼而好學，[2]慷慨能文，適其母之兄程濬之子之才。[3]詩曰："汝母之兄汝伯舅，[4]求以厥子來結姻。鄉人嫁取重母族，[5]雖我不肯將安云。"

校注：

〔1〕本條未言出處，據袁枚《隨園詩話》卷十五第四五條所引，蓋出自宋崔與之《菊坡叢話》。該書今已佚。老蘇：對北宋文學家蘇洵的尊稱。蘇洵（1009—1066），字明允，宋眉州眉山（今屬四川）人。舉進士、茂才異等，皆不中，乃閉户讀書，遂通六經百家之說。宰相韓琦奏於朝，除秘書省校書郎。與其子蘇軾、蘇轍合稱"三蘇"，有《嘉祐集》傳世。

〔2〕老蘇先生女：即蘇軾的姐姐八娘（1035—1052），亦稱蘇小妹。蘇洵有三子三女，八娘排行第四，長蘇軾一歲。嫁於程之才，婚後常受程家虐待，死時僅十八歲。蘇洵作《自尤（并序）》詩紀之。

〔3〕程濬：生卒年不詳，大理寺丞程文應之子，蘇洵妻程夫人（追封成國夫人）長兄，蘇軾之舅。因兒媳蘇八娘之死，和蘇洵結仇。程之才（1035？—？），字正輔，宋眉州眉山（今屬四川）人。程濬長子，嘉祐進士，曾任夔州路判官、梓州路轉運判官。蘇軾表兄兼姐夫。初與蘇軾交惡，並曾誣陷蘇軾販私鹽蘇木。後在任廣南東路提刑期間，二人重修舊好。

〔4〕伯舅：母親的哥哥。

〔5〕族：袁枚《隨園詩話》所引《菊坡叢話》、明曹學佺《蜀中廣記》卷一百三《詩話記》第三"蘇小妹"條同。《古今事文類聚》後集卷十三《人倫部》婚姻"母黨爲重"條、《氏族大全·虞·蘇》"重母黨"條均作"黨"。

17.2 舅甥

17.2.1 李君房[1]

韓文公《贈李君房序》：李生者，南陽公之甥也。[2]人不知者將曰："李生託婚於富貴之家，將以充其所求而止耳。"[3]故吾樂爲天下道其爲人焉。

校注：

〔1〕本條本自《昌黎先生集》卷十三《愛直贈李君房別》。直：正直。李君房，生卒年不詳。張建封之婿，貞元六年(790)進士，以德行操守誠實正直爲韓愈所讚。

〔2〕南陽公：即張建封(735—800)。建封字本立，唐鄧州南陽（今屬河南）人，人稱南陽公。代宗時任大理評事，後進侍御史。德宗時拜御史大夫、徐泗濠節度使。《舊唐書》卷一百四十、《新唐書》卷一百五十八均有傳。甥：此處指女婿。《孟子·萬章下》："舜尚見帝，帝館甥於貳室。"趙岐注："《禮》，謂妻父曰外舅，謂我舅者，吾謂之甥。堯以女妻舜，故謂舜甥。"

〔3〕充其所求而止耳：滿足自己的欲求罷了。

17.2.2　老杜[1]

老杜《送崔二十三舅録事之攝郴州》：[2]"賢良歸盛族，吾舅盡知名。徐庶尚交友，[3]劉牢出外甥。"[4]注："《周語》曰：'謂吾舅者吾謂之甥。'"[5]老杜《近聞》詩："舅甥和好應難棄。"[6]

校注：

〔1〕此二條均爲杜甫詩。

〔2〕三：原訛作"二"，今據杜詩正。此處標題當作"奉送二十三舅録事之攝郴州"。大曆五年(770)，杜甫往郴州投靠舅父崔偉，因江水大漲而未果。

〔3〕尚交：通行本作"高交"，當作"交高"。徐庶字元直，東漢

穎川陽翟(今河南禹州)人。與司馬徽、諸葛亮、龐統等人爲友。初仕劉備，後仕曹魏，官至右中郎將、御史中丞。

〔4〕劉牢：即劉牢之(？—402)，字道堅，東晉彭城(今江蘇徐州)人。出身將門，初任參軍，官至征西將軍，都督兗、青、冀、幽、并、徐、揚州和晉陵諸軍事。《晉書》卷八十四有傳。出：姐妹出嫁所生者，即外甥。此指何無忌(？—410)，無忌乃東海郡郯縣(今山東郯城)人。酷似其舅。官至江州刺史。

〔5〕此注乃《國語・周語中》"夫亦皆天子之父兄甥舅也"句韋昭注。又《詩・小雅・頍弁》："豈伊異人？兄弟甥舅。"鄭箋："謂吾舅者，吾謂之甥。"

〔6〕本句中"舅甥"謂唐蕃之間的聯姻關係。文成公主、金城公主分別嫁給吐蕃第一代贊普松贊干布和第五代贊普赤德祖贊。

17.2.3　李靖[1]

唐李靖字藥師，嘗謂所親曰："丈夫遭遇，要當以功名取富貴，何至作章句儒！"[2]其舅韓擒虎每與論兵，[3]輒歎曰："可與語孫、吳者，[4]非斯人尚誰哉！"

校注：

〔1〕本條本自《唐書・李靖傳》。李靖(571—649)，字藥師，唐雍州三原(今屬陝西)人。隋末唐初著名軍事家。唐高祖時拜行軍總管，招降嶺南四十九州。太宗授刑部尚書兼檢校中書令，轉兵部尚書。因破突厥，封代國公，遷尚書右僕射。又改衛國公，世稱李衛公。謚景武。《舊唐書》卷六十七、《新唐書》卷九十三有傳。

〔2〕章句儒：拘泥於辨析章句的儒生。

〔3〕韓擒虎(538—592)：字子通，隋河南東垣(今河南新安縣東)人。仕北周，襲爵新義郡公，以軍功遷和州刺史。入隋，拜廬州

總管,率軍滅陳。進位上柱國,封壽光縣公,終涼州總管。《隋書》卷五十二有傳。

〔4〕孫吳:軍事家孫子、吳起的合稱,這裏指軍事。

17.2.4 潘安仁[1]

潘安仁《送中外詩》:[2]"微微髮膚,受之父母。峩峩王侯,中外之首。[3]子親伊姑,我父唯舅。"[4]

校注:

〔1〕本條爲潘安仁《北芒送別王世胄詩五章》之一。潘安仁,即西晉文學家潘岳(247—300)。岳乃滎陽中牟(今屬河南)人,美姿儀。初爲河陽縣令,後爲太傅主簿,因事除名,遇害夷三族。王世胄名堪,生卒年不詳,西晉東平壽張(山東壽張)人。潘岳的表兄弟。官成都王軍司馬、尚書左丞,爲石勒所害。

〔2〕中外:見12.1.2"李仁鈞"條注〔2〕。

〔3〕峩峩:或作"峨峨",端莊盛美貌。王侯:指王世胄。

〔4〕子:亦指王世胄。王世胄母爲潘岳姑,潘岳父爲王世胄舅。伊:同"唯",句中語氣詞,無義。

17.2.5 魏舒[1]

晉魏舒少孤,爲外家甯氏所養。[2]甯氏起宅,相者曰:[3]"當出貴甥。"舒曰:"當爲外氏成此宅相。"[4]

校注:

〔1〕本條本自《晉書·魏舒傳》。魏舒(209—290),字陽元,西

晉任城樊(今山東兗州西南)人。年四十餘方除瀰池長,遷浚儀令,入爲尚書郎。累遷後將軍長史、相國參軍,封劇陽子。入晉,歷官拜散騎常侍、冀州刺史、尚書、右僕射、左僕射,後代山濤領司徒。以災異遜位。謚康。

〔2〕外家:此處指母親的娘家。

〔3〕相者:《晉書》作"相宅者"。此處《晉書》另有"外祖母以魏氏甥小而慧,意謂應之"句。

〔4〕宅相:住宅風水之相。

17.2.6　李繪[1]

李繪儀貌端偉,神情朗儁。[2]河間邢晏每與之言,[3]歎其高遠,稱之曰:"若披烟霧,[4]如對珠玉。[5]宅相之寄,[6]良在此甥。"

校注:

〔1〕本條本自《北史·李繪傳》,《北齊書·李繪傳》文辭小異。李繪字敬文,生卒年不詳,北齊趙郡柏人(今河北邢台)人。初爲主簿記室、司徒從事中郎。東魏高澄用爲丞相司馬,拜平南將軍、高陽內史,有聲譽。後爲司徒右長史。

〔2〕端偉:端正魁偉。朗儁:亦作"朗俊",高雅俊秀。

〔3〕邢晏:字幼平,北魏河間鄭(今河北任丘北)人。初爲太學博士,司徒東閣祭酒,遷輔國將軍、司空長史兼吏部郎中。後除滄州刺史。謚文貞。

〔4〕烟:《太平御覽》同,《北齊書》作"雲"。《册府元龜》卷八百四十三作"雲",卷八百八十三作"烟"。披:撥開。

〔5〕對:逢、遇。珠玉:此處喻指俊傑、英才。對珠玉,碰到俊傑英才。

〔6〕寄：原作"奇"，今據《北史》正。

17.2.7 衛玠[1]

晉衛玠，王武子之甥也。[2]常乘白羊車入市，舉市皆曰："誰家璧人？"[3]武子嘗與同遊，語人曰："昨與外生同出，[4]烱然若明珠之在側，朗然映人。"[5]《世說》

校注：

〔1〕本條本自《世説新語・容止篇》。係意合正文及劉孝標注而成。衛玠（286—312），字叔寶，西晉河東安邑（今山西夏縣）人。晉朝第一美男子，魏晉之際繼何晏、王弼之後著名的清談名士和玄理學家。曾任太傅西閣祭酒、太子洗馬。

〔2〕王武子：即王濟（字武子），生卒年不詳，西晉太原晉陰（今山西太原）人。晉武帝婿。官拜中書郎，驍騎將軍、侍中，遷國子祭酒，卒贈驃騎將軍。

〔3〕璧人：猶玉人，稱讚儀容美好的人。

〔4〕外生：即外甥。《世説新語・排調篇》："桓豹奴是王丹陽外生，形似其舅，桓甚諱之。"

〔5〕映：原作"照"，今據《世説新語》正。烱然、朗然：光明清亮貌。

17.2.8 王忱[1]

晉王忱與王恭、王珣俱流譽一時。[2]嘗造其舅范甯，[3]與張玄相遇，[4]甯使與玄語。玄正坐，待其有發，忱竟不與語，玄失望便去。甯讓忱曰：[5]"張玄，吳中之秀，何不與語?"忱笑曰:"張祖希欲相識,自可見詣。"甯謂曰:"卿風流雋望,[6]真後來之秀。"忱曰:"不有此舅,焉有此甥!"既而甯使報玄,玄束帶造之,始爲賓主。

校注:

〔1〕本條本自《晉書・王忱傳》。王忱(?—392),字元達,東晉太原晉陽(今山西太原)人。中書令王坦之第四子,弱冠知名,歷官驃騎長史、荆州刺史,都督荆益寧三州軍事。謚穆。

〔2〕王恭(?—398):字孝伯,東晉太原晉陽(今山西太原)人。少有美譽,清操過人。與王忱齊名。初爲著作郎,累遷吏部郎、建威將軍、前將軍,官充青二州刺史。謚忠簡。《晉書》卷八十四有傳。王珣(349—400):字元琳,東晉琅琊臨沂(今屬山東)人。王羲之之侄。弱冠時爲桓溫掾,轉爲主簿,累官左僕射,加征虜將軍,並領太子詹事,遷尚書令,加散騎常侍。謚獻穆。《晉書》卷六十五有傳。流譽:傳播聲譽。

〔3〕范甯(339—401):字武子,東晉南陽順陽(今河南淅川南)人。起家餘杭令,遷臨淮太守,封陽遂鄉侯,出爲豫章太守。有《春秋穀梁傳集解》傳世。

〔4〕張玄:三國吳廣陵人。官至南郡太守、尚書。清介有高行。

〔5〕讓:責備。《南史・劉劭傳》:"多有過失,屢爲上所讓,憂懼,乃與劭共爲巫蠱。"

〔6〕雋望:美好的聲望。謂才智出衆,使人敬仰。"雋"或作"儁"。

17.2.9 荀勗[1]

晉荀勗少孤貧,依於舅氏。[2]幼而岐嶷,[3]十歲能文。

鍾繇曰：[4]"此兒當及曾祖爽耳。"[5]

校注：

〔1〕本條本自《晉書·荀勖傳》。荀勖（？—289），字公曾，晉潁川潁陰（今河南許昌）人。東漢司空荀爽的曾孫。初爲曹爽掾，遷安陽令、驃騎從事中郎、廷尉正。仕晉，封濟北郡公，拜中書監，加侍中，領著作。累遷光禄大夫、儀同三司，守尚書令。謚成。

〔2〕荀勖父荀肸娶鍾繇姪女鍾氏爲妻。

〔3〕岐：原作"歧"，今據《晉書》正。岐嶷，《詩·大雅·生民》："克岐克嶷，以就口食。"毛傳："岐，知意也。嶷，識也。"後謂幼年聰慧爲"岐嶷"。

〔4〕鍾繇：見 16.4.5 "鍾繇"條。鍾繇爲荀勖從外祖。

〔5〕爽：即荀爽（128—190）。爽字慈明，東漢潁陰（今河南許昌）人。自幼聰敏好學，潛心經籍，刻苦勤奮。初拜郎中，後棄官隱於漢水之濱，專事著述，號爲碩儒。《後漢書》卷六十二有傳。

17.2.10　謝絢[1]

晉謝絢嘗於公坐戲調，無禮於其舅袁湛。[2]湛甚不堪之，謂曰："汝父昔已輕舅，[3]汝今復來加我，可謂世無《渭陽》情也。"[4]絢父重，即王胡之外孫，[5]與舅亦有不協之論，故湛有及於此。[6]

校注：

〔1〕本條本自《晉書·謝絢傳》。謝絢字宣映，生卒年不詳，南朝宋陳郡陽夏（今河南太康）人，宋武帝時任鎮軍長史。

〔2〕公坐：謂公衆場合。戲調：戲弄調侃。袁湛（379—418），字

士深，陳郡陽夏（今河南太康）人。晉曆陽太守袁耽孫，琅邪內史袁質子。謝玄女婿。歷官衛軍行參軍、員外散騎、中書黃門侍郎、鎮軍諮議參軍、尚書吏部郎、司徒左長史、侍中，升左民尚書、尚書右僕射、本州大中正。卒贈左光禄大夫，加授散騎常侍。謚敬公。女爲宋文帝劉義隆皇后。《宋書》卷五十二、《南史》卷二十六均有傳。

〔3〕汝父：即謝重，曾任琅邪王驃騎長史。

〔4〕加：凌辱。《渭陽》情：即甥舅之情。《詩·秦風·渭陽》："我送舅氏，曰至渭陽。何以贈之，路車乘黃。我送舅氏，悠悠我思。何以贈之，瓊瑰玉佩。"本詩描寫外甥爲舅父送行，贈送禮物表達自己的情意，後因以"渭陽"爲表示甥舅情誼之典。

〔5〕王胡之（？—348）：字修齡，東晉琅邪臨沂（今屬山東）人。歷任吳興太守、侍中、丹陽尹，頗有作爲。

〔6〕故湛有及於此：《晉書》作"湛故有此及云"。

17.2.11　和嶠[1]

晉和嶠少有風格，[2]慕舅夏侯玄之爲人，[3]厚自崇重。[4]有盛名於世。

校注：

〔1〕本條本自《晉書·和嶠傳》。和嶠（？—292），字長輿，西晉汝南西平（今屬河南）人。初爲太子舍人，累遷潁川太守，後任給事黃門侍郎，遷中書令，拜太子少傅，加散騎常侍、光禄大夫。卒贈金紫光禄大夫，謚簡。

〔2〕風格：風度，氣魄。

〔3〕夏侯玄（209—254）：字太初，三國沛國譙（今安徽亳州）人。少時博學，才華出衆，尤精玄學，被譽爲"四聰"之一。初任散騎黃門侍郎，升中護軍，又任征西將軍，掌管雍州、涼州軍事。後任

大鴻臚，徙太常。因謀殺司馬師之謀洩而被殺。

〔4〕崇重：尊重。

17.2.12　家舅[1]

晉習鑿齒二舅羅崇、羅友相繼爲襄陽都督。[2]習與桓秘書云：[3]"每定省家舅。"[4]

校注：

〔1〕本條本自《晉書・習鑿齒傳》。習鑿齒（317？—383），字彥威，著名文學家、史學家，東晉襄陽（今屬湖北）人，撰有《漢晉春秋》《襄陽耆舊記》等。初爲荆州刺史桓溫別駕，因忤桓溫，遷滎陽太守。不久辭職歸鄉。

〔2〕羅崇：生卒年不詳，東晉襄陽（今屬湖北）人。出身寒門，後曾任竟陵太守、襄陽都督。羅友：字宅仁，入征西大將軍府，任幕僚，得桓溫任賞識，後出任襄陽都督，累遷廣州、益州刺史。

〔3〕桓秘：字穆子，生卒年不詳，東晉譙國龍亢（今安徽懷遠）人。桓溫弟，桓沖兄。少有才氣，初拜秘書郎，後歷任輔國將軍、宣城内史、散騎常侍、中領軍。與桓溫及桓沖不和，被免官。《晉書》卷七十四有傳。

〔4〕定省：《禮記・曲禮上》："凡爲人子之禮，冬溫而夏清，昏定而晨省。"鄭玄注："定，安其牀衽也；省，問其安否何如。"後因稱子女早晚向親長問安爲"定省"。也泛指探望問候父母或親長。

17.2.13　酷似[1]

晉何無忌，劉牢之之甥，[2]酷似其舅。

校注：

〔1〕本條本自《晉書·何無忌傳》。何無忌(？—410)，東晉東海郯(今山東郯城)人。州辟從事，轉太學博士。與劉裕等起兵討伐桓玄，封安成郡開國公，官至江州刺史、鎮南將軍。後戰死，謚忠肅。

〔2〕劉牢之(？—402)：字道堅，東晉彭城(今江蘇徐州)人，出身將門，驍勇善戰。初任參軍，升鷹揚將軍、廣陵相，因在淝水之戰中立功而晉龍驤將軍、彭城内史，官至征西將軍。後兵權爲桓玄所奪，被迫自縊。《晉書》卷八十四有傳。

17.2.14　徐湛之[1]

《南史》：丹陽尹徐湛之素爲彭城王義康所愛，[2]雖爲舅甥，恩過子弟。[3]

校注：

〔1〕本條本自《南史·范曄傳》，《宋書·范曄傳》所記同。

〔2〕徐湛之(410—453)：字孝源，南朝宋東海郯(今山東郯城)人。宋武帝劉裕外孫，爲武帝寵愛。累官秘書監，加散騎侍郎、太子洗馬、太子詹事。後官至尚書僕射。謚忠烈。劉義康(409—451)，小字車子，南北朝宋武帝劉裕第四子，封彭城王。歷南豫、南徐二州刺史，並加都督，入朝與王弘共同執政。以范曄謀迎立事，廢爲庶人，徙安成郡。後被逼自殺。《宋書》卷六十八有傳。

〔3〕子弟：子與弟，對父兄而言。

17.2.15　阮韜[1]

《南史》：王延之、阮韜俱劉湛外甥，[2]並有早譽，[3]湛甚愛之，曰："韜後當爲第一，延之爲次也。"延之甚不平。

每致餉下都，[4]韜與朝士同例，高武聞之，[5]與延之書曰："韜云卿未嘗有別意，當由劉家月旦故邪。"[6]

校注：

〔1〕本條本自《南史·王延之傳》，《南齊書·王延之傳》所記同。阮韜（？—484），字長明，南朝宋、齊大臣，陳留（今河南開封）人。歷任南兗州別駕、侍中、江南江州長史，官至散騎常侍、金紫光祿大夫。《南齊書》卷三十二、《南史》卷二十四均有傳。王延之（421—484），字希季，南朝齊琅邪臨沂人。少靜默，不交人事。仕宋官至尚書左僕射，江州刺史。入齊，進號鎮南將軍，後爲尚書左僕射，諡簡子。

〔2〕劉湛（？—440）：字弘仁，南朝宋南陽涅陽（今河南鄧縣）人。少有大志，不尚浮華，常以管仲、諸葛亮自比。初爲劉裕太尉行參軍。入宋，爲彭城王劉義康長史，領歷陽太守。因爲劉義康心腹，宋文帝誅之。

〔3〕早譽：謂早著聲名。

〔4〕致餉：贈送物品。下都：即陪都。於京都之外，擇地別建的另一都城。

〔5〕高帝：原作"高武"，《南齊書》作"太祖"，《南史》本亦作"高武"，齊太祖乃高帝，故中華書局本改作"高帝"。

〔6〕月旦：即月旦評，謂品評人物。詳見2.5.9"張參政全真"條注〔2〕。劉湛評論二人高低，故齊太祖言此。

17.2.16　樂藹[1]

《南史》：樂藹舉措醞藉。[2]其舅宗慤嘗陳器物，[3]試諸甥姪。藹尚幼，而無所取。[4]又取史傳各一卷授藹等，使讀畢言所記。藹略讀具舉，慤由此奇之。[5]

校注：

〔1〕本條本自《南史·樂藹傳》，《梁書·樂藹傳》所記文字小異。樂藹字蔚遠，生卒年不詳，南朝梁南陽淯陽（今河南南陽）人。仕齊爲荆州主簿、大司馬記室、荆州中從事。仕梁，累遷御史中丞，終廣州刺史。

〔2〕舉措：《南史》作"舉動"。醖藉：寬和有涵容。《漢書·薛廣德傳》："廣德爲人溫雅有醖藉。"顔師古注引服虔曰："寬博有餘也。"

〔3〕宗慤（？—465）：字元幹，南朝宋南陽涅陽（今河南鄧縣）人，少有大志，自稱"願乘長風破萬里浪"。宋初爲振武將軍，後拜左衛將軍，封洮陽侯。累遷豫州刺史、寧蠻校尉、雍州刺史。卒謚肅。《南史》卷三十七有傳。

〔4〕《南史》《梁書》此處有"慤由此奇之"句。

〔5〕《南史》《梁書》此句作"慤益善之"。

17.2.17　劉孝綽[1]

《南史》：劉孝綽七歲能文。舅中書郎王融深賞異之，[2]與同載以適親友，號曰神童。融每曰："天下文章若無我，當歸阿士。"阿士，孝綽小名。

校注：

〔1〕本條本自《南史·劉孝綽傳》，《梁書·劉孝綽傳》所記小異。劉孝綽（481—539），本名冉，字孝綽，小字阿士，南朝齊梁彭城（今江蘇徐州）人。七歲能屬文，號"神童"。初爲著作佐郎，後官諮議參軍、秘書丞。遷廷尉卿，被劾免職。後遷秘書監。

〔2〕王融（467—493）：字元長，南朝齊琅邪臨沂（今屬山東）人。王導七世孫，王僧達之孫，王道琰之子，王儉從侄。著名文學家，"竟陵八友"之一，和沈約等創製永明體詩。少年聰慧，舉秀才，

齊武帝時官秘書丞、中書郎，兼任主客郎。因矯詔擁立蕭子良即位未成，被賜死。賞異：讚賞稱異。

17.2.18　渭陽凡人有母在堂不應用此[1]

《渭陽》，康公念母也。[2]康公之母，晉獻公之女。文公遭驪姬之難，[3]未反，而秦姬卒。穆公納文公，康公時爲太子，贈送文公於渭之陽，念母之不見也。我見舅氏，如母存焉。

校注：

〔1〕本條本自《詩·秦風·渭陽》毛亨序。《渭陽》詩曰："我送舅氏，曰至渭陽。何以贈之？路車乘黃。我送舅氏，悠悠我思。何以贈之？瓊瑰玉佩。"這首詩是秦穆公之子秦康公送舅舅晉文公重耳回國時所作，清方玉潤評爲"後世送別之祖"。"凡人有母在堂不應用此"者，《渭陽》"念母之不見"故也。

〔2〕康公（？—前609）：嬴姓，名罃，秦穆公之子，前620年至前609年在位。其母穆姬（秦姬）是晉獻公之女。晉獻公將她嫁給秦穆公，結成"秦晉之好"。

〔3〕驪姬（？—前650）：本爲驪戎首領之女，晉獻公虜以爲妃。爲讓親生兒子奚齊繼承君位，她離間獻公與太子申生、重耳（晉文公）、夷吾（晉惠公）父子兄弟間的感情，並設計殺死太子申生，重耳及夷吾被迫流亡，史稱"驪姬傾晉"。後誣害太子罪跡暴露，被殺。

17.2.19　李白[1]

李白《別從甥高五》詩："賢甥即明月，聲價動天門。[2]能成吾宅相，不減魏陽元。"[3]明月，珠也。

校注：

〔1〕本條本自《李太白文集》，原詩題爲"贈別從甥高五"。李白(701—762)，唐代著名浪漫主義詩人，被後人譽爲"詩仙"。字太白，號青蓮居士。祖籍隴西成紀(今甘肅靜寧西南)，隋末其先人曾流寓碎葉(唐屬安西都護府，在今吉爾吉斯斯坦背部托克馬克附近)；幼時隨父遷居綿州昌隆(今四川江油)青蓮鄉。長期漫遊各地，對社會生活多有體驗。存世詩文千餘篇，有《李太白集》傳世。其詩以抒情爲主，善於描繪自然景色。詩風雄奇豪放，想像豐富，語言流轉自然，音律和諧多變，色彩瑰瑋絢爛，達到了盛唐詩歌藝術的巔峰。從甥，堂姐妹的兒子。高五，生平事跡不詳。

〔2〕明月：後注"珠也"，即明珠。《楚辭·九章·涉江》："被明月兮珮寶璐。"王逸注："言己背被明月之珠。"李商隱《利州江潭作》詩："自攜明月移燈疾，欲就行雲散錦遥。"馮浩箋注："明月，珠也。"一說此處明月就指光明的月亮。聲價：名譽身價。天門：天宮之門。《楚辭·九歌·大司命》："廣開兮天門，紛吾乘兮玄雲。"韓愈《孟東野失子》詩："乃呼大靈龜，騎雲款天門。"

〔3〕魏陽元：即魏舒。見本卷 17.2.5 "魏舒"條。

17.2.20 羊曇[1]

晉謝安與姪謝玄賭墅，[2]顧謂甥羊曇曰："以墅乞爾。"[3]

校注：

〔1〕本條本自《晉書·謝安傳》。羊曇，東晉太山(今山東泰山)人。謝安外甥，才華出衆，擅長唱樂，爲謝安所愛重。謝安(320—385)，字安石，東晉陳郡陽夏(今河南太康)人，謝裒之子，謝奕之兄，著名政治家、軍事家，年四十始出仕，爲桓温司馬。後歷任中書監兼錄尚書事、都督十五州軍事等職，卒贈太傅，追封廬陵郡

公,謚文靖。曾指揮淝水之戰,大敗前秦軍。

〔2〕謝玄(343—388):字幼度,東晉陳郡陽夏(今河南太康)人,謝裒之孫,謝奕之子,謝安之姪。著名文學家、軍事家。初爲桓溫部將,官至都督徐、兖等七州諸軍事,封康樂縣公。後調任會稽内史。謚獻武。

〔3〕乞:音 qì,給,給與。《漢書·朱買臣傳》:"妻自經死,買臣乞其夫錢,令葬。"

17.2.21　江總[1]

《陳書》:江總七歲而孤,依於外氏。[2]聰敏,[3]爲舅吴平光侯蕭勵鍾愛,[4]謂曰:"爾神采英拔,後之知名,當出吾右。"杜詩:"江總外家養。"

校注:

〔1〕本條前一則本自《陳書·江總傳》,《南史·江總傳》文辭小異。後一則本自杜甫《入衡州》詩。江總(519—594),字總持,南朝陳濟陽考城(今河南蘭考)人。初爲宣惠武陵王府法曹參軍,遷尚書殿中郎、太常卿。侯景之亂後,避難會稽,流寓嶺南,入陳爲中書侍郎,官至尚書令,世稱"江令"。入隋爲上開府。善爲宫體艷詩。

〔2〕外氏:指外祖父母家。

〔3〕聰敏:《陳書》《南史》均作"幼聰敏,有至性"。

〔4〕舅:《南史》作"元舅"。元舅即長舅。《詩·大雅·崧高》:"不顯申伯,王之元舅,文武是憲。"吴平光侯:《陳書》同,《南史》作"吴平侯",《南史·吴平侯景傳》亦無"光"字。"光"乃蕭勵謚號,蓋爲誤衍。勵:《陳書》《南史》均作"勔",《梁書·蕭景傳》《南史·吴平侯景傳》並作"勵"。蕭勵字文約,生卒年不詳,南朝梁樊城(今湖北襄樊)人。初官至太子洗馬,以母憂去職。後襲封吴平侯,官至

廣州刺史。卒諡光。鍾：原作"鐘"，今據《陳書》正。

17.2.22　秦晉[1]

晉侯曰："康公，我之自出。"[2] 注："秦康公，晉外甥也。"《左傳》

校注：

〔1〕本條本自《左傳·成公十三年》。

〔2〕晉侯：晉文公重耳。自出：甥之代稱。唐王勃《上從舅侍郎啓》："虛霑自出之榮，無愧諸甥之列。"康公乃晉文公外甥。

17.2.23　王褒[1]

《三國典略》：周獲梁俘王褒、王克等至長安。[2] 太祖喜，[3] 謂褒、克曰："吾即王氏甥也，[4] 卿等並吾之舅氏，當以親戚爲情，勿以去鄉分意。"[5]

校注：

〔1〕本條本自《太平御覽》卷四百五《人事部》四六《賓客》所引《三國典略》。《三國典略》，凡三十卷。唐丘悦撰。丘悦，字號及生卒年不詳，唐河南陸渾（今河南嵩縣）人。曾任汾州司户參軍、弘文館直學士、後在李旦相王府任職，又升太子左諭德、昭王館學士，授銀青光禄大夫、上柱國，官至岐王傅，善論撰，有才學。該書以編年體制，叙述了南北朝中晚期關中、鄴都、江南等"後三國"的重要史事，内容涉及西魏、東魏、北齊、北周、梁、陳諸朝，反映了各王國間遣使、交戰等外交、軍事活動及内部政治、經濟、文化多方面内容。

後散佚。元陶宗儀有輯本(《說郛》),今人杜德橋、趙超亦有輯本,凡二百九十四條。王褒(513?—576),字子淵,北周琅琊臨沂(今屬山東)人,在北周與庾信才名相並。妻爲梁武帝弟鄱陽王蕭恢之女。仕梁爲秘書郎、侍中、吏部尚書、左僕射。入西魏,授車騎大將軍,儀同三司。入北周,爲内史中大夫、小司空,官至宜州刺史。

〔2〕王克:生卒年不詳,南朝陳琅琊臨沂(今山東臨沂)人,美容貌,善容止。仕梁,歷司徒右長史、尚書僕射。仕侯景,位太宰、侍中、録尚書事。仕陳,爲尚書右僕射。

〔3〕太祖:即北周太祖文帝宇文泰(507—556)。泰字黑獺,北朝西魏代郡武川(今内蒙武川)人,西魏權臣,北周政權奠基者。西魏恭帝三年(556),宇文泰病死。次年,侄宇文護迫西魏恭帝禪讓,由宇文泰之子宇文覺即位,建立北周。後追尊宇文泰爲文王,廟號太祖。宇文泰在思想文化上推崇儒學,故俘虜王褒、王克等南朝儒者均受到禮遇。

〔4〕王氏甥:宇文泰之父宇文肱(?—526)娶王氏爲妻,生泰,因謂爲"王氏甥"。

〔5〕以去鄉分意:因爲離開家鄉而分散精神。

17.2.24 《詩·頍弁》[1]

豈伊異人?兄弟甥舅。[2]

校注:

〔1〕本條本自《詩·小雅·頍弁》第三章。該詩描寫周王宴請兄弟親戚的場景。原詩作:"有頍者弁,實維在首。爾酒既旨,爾殽既阜。豈伊異人?兄弟甥舅。如彼雨雪,先集維霰。死喪無日,無幾相見。樂酒今夕,君子維宴。"

〔2〕甥舅:原倒作"舅甥",原詩首、阜、舅(均幽部)三字押韻。

今乙正。本句是赴宴者對同主人親密關係的陳述。伊：是。異人：別人，外人。甥舅：這裏泛指異姓親戚。

17.2.25　韓充[1]

唐韓充依舅李元。[2]元爲河陽節度使，署充爲牙將。[3]元曰："我知君舊矣，吾兒不才，不足累卿者，[4]二女方幼，以爲託。"[5]後元没，充爲嫁二女，周其家。

校注：

〔1〕本條本自《新唐書·韓充傳》。韓充（770—824），本名璀，唐滑州匡城（今河南長垣西南）人，許國公韓弘弟。始爲河陽節度使牙將，弘召主親兵。因請入宿衛，擢右金吾衛大將軍，歷少府監、鄜坊等州節度使。後拜義成軍節度使、宣武節度使，領兵討平汴州叛軍。卒贈司徒，謚肅。

〔2〕唐韓充依舅李元：此處丁昇之誤解《新唐書》文義，認爲李元與韓充乃舅甥關係，非。《新唐書·韓充傳》曰："充本名璀，少亦依舅家。"並未說李元乃韓充舅。"李元"恐爲"李元淳"之誤脱。元淳（739—804），本名長榮，唐河陽（今河南孟州西）人。德宗時累遷鎮海節度使，封祁連郡王，除河陽懷州團練使，後擢檢校工部尚書、河陽懷州節度使、昭義節度使。

〔3〕牙將：軍中的中下級軍官。

〔4〕不足累卿者：《新唐書》作"無足累君者"。

〔5〕託：原訛作"記"，今據《新唐書》正。

17.2.26　韓伯[1]

晉韓伯，殷浩之甥也，[2]浩素愛賞之。[3]浩徙東陽，伯隨至徙所。經歲還都，浩送至渚側，詠曹顏遠詩云："富貴他人合，貧賤親戚離。"[4]因而泣下。

校注：

[1] 本條本自《晉書・殷浩傳》。韓伯（332—380），字康伯，東晉潁川長社（今河南長葛西）人，著名玄學思想家。歷官中書郎、散騎常侍、豫章太守、吏部尚書、領軍將軍等。著有《易繫辭傳注》，入《十三經注疏》。《晉書》卷七十五有傳。

[2] 殷浩（？—356）：字深源，東晉陳郡長平（今河南西華東北）人。善談玄學理論。初爲庾亮記室參軍，遷司徒左長史。後辭官隱居，會稽王司馬昱勸其出仕，拜建武將軍、揚州刺史，與桓溫於朝中抗衡。復任中軍將軍、都督揚豫徐兗青五州軍事，統兵北伐，屢戰屢敗，被廢爲庶人，徙于東陽信安縣（今浙江衢州）。

[3] 愛賞：《晉書》作"賞愛"。賞識喜愛。

[4] 曹顏遠：即曹攄（？—308）。攄乃魏曹休之後，曹肇之孫，西晉譙國譙（今安徽亳州）人。文學家，初爲臨淄令，後任尚書郎、洛陽令、中書侍郎，官至襄城太守、征南司馬。《晉書》卷九十有傳。此詩名《感舊詩》，見昭明《文選》卷二十九。

17.2.27 劉璵[1]

劉璵字慶孫，弟琨字越石，並爲尚書郎郭奕之甥，[2]名著當時。京師爲之語曰："洛中弈弈，慶孫越石。"[3]

校注：

[1] 本條本自《晉書・劉輿傳》及《劉琨傳》。劉輿：《婚禮新編》作"劉璵"，恐涉其弟名"琨"而加玉旁，《太平御覽》卷四百九十五《人事部》作"劉輿"，卷五百二十一《宗親部》"劉璵"，《山堂肆考》

卷一百《親屬》及《古今事文類聚》後集卷十同。《天中記》卷十八條作"劉嶼"。劉與,字慶孫,生卒年不詳,西晉中山魏昌(今河北無極)人,初辟宰府尚書郎,歷官散騎侍郎、中書侍郎、潁川太守、征虜將軍、魏郡太守、左長史等,封定襄侯,諡貞。劉琨(271—318),字越石,與祖逖交好,二人曾共被同寢,夜間聞雞起舞。後爲并州刺史、司空,都督并、冀、幽三州諸軍事。

〔2〕奕:原作"弈",今據《晉書》正。郭奕(?—287),字大業,西晉太原陽曲(今山西太原)人。少有重名。初仕魏野王令,入晉爲中庶子,封平陵男。遷雍州刺史,太康中徵爲尚書。諡簡。

〔3〕弈弈:美盛貌,《晉書》作"奕奕","弈"通"奕"。

17.2.28 孫甥[1]

韓文《城南聯句》:"綴戚觴孫甥,考鐘饋肴核。"[2]

校注:

〔1〕本條本自韓愈、孟郊《城南聯句一百五十韻》。前後句分別爲"館儒養經史(孟郊),綴戚觴孫甥。考鐘饋肴核(韓愈),戞鼓侑牢牲(孟郊)。"

〔2〕綴戚:即叨綴戚姻。饋:一本作"饙",爲本字,"餽"乃音借字。肴核:肉類和果類食品。

17.2.29 彌甥[1]

季康子曰:"以肥之得備彌甥也。"[2]注:"季康子名肥。彌,遠也。康子父之舅氏,故稱彌甥。"

校注：

〔1〕本條本自《左傳·哀公二十三年》。彌甥：遠甥，外甥之子。

〔2〕季康子(？—前468)：即季孫肥，季桓子子，魯國正卿。"以肥之得備彌甥也"是季康子派家臣冉有爲宋元公夫人景曹送葬時所説得話。備：充任，充當。此處甥指女兒之子。《詩·齊風·猗嗟》："不出正兮。展我甥兮！"毛傳："外孫曰甥。"宋元公女兒乃季桓子母，季康子祖母，因謂"彌甥"。諸人關係如下：

季文子行父→季武子宿→季悼子紇→季平子意如→季桓子斯→季康子肥
↕
小邾夫人→景曹嫁宋元公→某女嫁季平子

17.2.30　祖舅[1]

晉鎮南大將軍劉弘，[2]應詹之祖舅，[3]請詹爲長史，謂之曰："君器識弘深，後當代老子於荆南矣。"[4]仍委以軍政。[5]

校注：

〔1〕本條本自《晉書·應詹傳》。應詹(279—331)，字思遠，東晉汝南南頓(今河南項城)人。魏侍中應璩孫。幼孤，爲祖母所養。初爲太子舍人，後爲劉弘長史，督三郡軍事，遷益州刺史，因功封觀陽縣侯、江州刺史。謚烈。

〔2〕劉弘(236—306)：字和季，西晉沛國相(今安徽濉溪)人。有幹略政治之才。起家太子門大夫，累官荆州都督、鎮南大將軍、侍中、開府儀同三司、車騎將軍。謚元。

〔3〕祖舅：父親的舅父。

〔4〕器識：器局與見識。老子：老年人自稱，猶老夫。《後漢

書·逸民傳·韓康》:"康曰:'此自老子與之,亭長何罪!'"劉弘爲荆州都督,因有此語。

〔5〕仍:原訛作"乃",今據《晉書》正。

17.2.31 從孫甥[1]

《哀公二十五年》曰:"從孫甥。"注:"姊妹之孫爲從孫甥。"[2]

校注:

〔1〕本條本自《左傳·哀公二十五年》。全文作:"彌子飲公酒,納夏戊之女,嬖,以爲夫人。其弟期,大叔疾之從孫甥也。"從甥:指姐妹的孫子。本句孔穎達疏曰:"男子謂兄弟之孫爲從孫,故謂姊妹之孫爲從孫甥。"

〔2〕從:原脱,今據《左傳》補。

17.2.32 鍾瑾[1]

後漢李膺之姑爲鍾皓兄之妻,[2]生子瑾。好學慕古,有退讓風,與膺同年,俱有令名。[3]膺祖太尉脩,[4]常言:"瑾似我家性,[5]邦有道不廢,邦無道免於刑戮者也。"[6]以膺妹妻之。乃趙國相益之女。[7]

校注:

〔1〕本條本自《後漢書·鍾皓傳》。鍾皓(87—155),字季明,東漢潁川長社(今河南長葛)人。少以篤行稱,公府連辟而不仕,避隱密山,以詩律教授門徒千餘人。與同郡荀淑、韓韶、陳寔合稱爲

"潁川四長"。鍾瑾,生卒年不詳,辟州府,未嘗屈志。李膺與鍾瑾既是表兄弟,鍾瑾又是李膺的妹夫。

〔2〕李膺(110—169):字元禮,東漢潁川襄城人(今屬河南)。舉孝廉,歷任青州、漁陽、蜀郡太守,轉烏桓校尉,征度遼將軍。後爲司隸校尉,與太學生郭泰等交遊,反對宦官專權,聲名甚高。後被宦官誣爲結黨,下獄,釋後復遭禁錮。大將軍竇武引爲長樂少府。武與陳蕃謀誅宦官,事敗,李膺以黨錮之禍下獄死。《後漢書》卷六十七有傳。

〔3〕令名:《後漢書》作"聲名"。

〔4〕脩:本作"修",據《後漢書·黨錮傳·李膺》正。李脩,生卒年不詳,李膺祖父。安帝時爲太尉。

〔5〕家性:家族秉性。

〔6〕"邦有道"二句見《論語·公冶長篇》。

〔7〕此句《鍾皓傳》無,本自《李膺傳》。李膺父親李益爲趙國相。

17.2.33 袁彖[1]

《南史》:蔡興宗妻劉氏早卒,一女甚幼,外甥袁覬始生一子彖,[2]而甥婦劉氏亦死,袁覬之母即興宗之姊也。[3]一孫一姪,躬自撫養,年齒相比,欲爲昏姻,每見興宗,輒言此意。大明初,詔興宗女與南平王敬猷昏。[4]興宗以姊生平之懷,屢經陳啓。帝曰:"卿諸人欲各行己意,[5]則國家何由得昏?且姊言豈是不可違之處耶?"舊意既乖,彖亦他取。其後彖家好不終,[6]顗又禍敗,[7]彖等淪廢當時,孤微理盡。[8]敬猷遇害,興宗女無子嫠居,[9]名門高胄,多欲結姻。明帝亦敕適謝氏,興宗並不許,以女適彖。[10]

校注：

〔1〕本條本自《南史·蔡興宗傳》，《宋書·蔡興宗傳》同。蔡興宗（415—472），南朝宋濟陽考城（今河南蘭考）人。少好學，初爲太子舍人，遷侍中，敢直諫。後歷官東陽太守、吏部尚書，出爲新昌太守，復任尚書右僕射。以左光禄大夫終於任。袁彖（447—494），字偉才，南朝宋齊間陳郡陽夏（今河南太康）人，袁顗弟袁覬之子。少有風氣，好屬文及玄言。仕宋，爲蕭道成主簿。入齊，累官太子庶子。出爲冠軍將軍，監吳興郡事，後爲侍中，謚靖。《南齊書》卷四十八及《南史》卷二十六均有傳。

〔2〕覬：此處及下文均原誤作"顗"，今並據《南史》正。袁彖父爲袁覬，袁顗是袁覬兄。袁顗（420—466），字景章，初爲豫州主簿，後拜侍中，領前軍將軍。再拜吏部尚書，出爲雍州刺史。因擁晉安王子勛稱帝，明帝遣軍征之，顗軍敗被殺。《宋書》卷八十四有傳。袁覬，好學美才，有清譽，仕宋，官武陵内史。早卒。

〔3〕興宗之姊蔡氏嫁於吳郡太守袁洵，生袁顗、袁覬二人，袁彖爲其孫，蔡興宗女爲其姪，故下文曰"一孫一姪"。

〔4〕大明：南朝宋孝武帝年號。南平懷王：即劉敬猷（？—458），宋文帝劉義隆第四子，南平王劉鑠長子。襲王位，官至黄門郎，爲前廢帝所殺。明帝追贈侍中，謚懷。《南史》卷十四、《宋書》卷七十二有傳。

〔5〕欲各：原倒作"各欲"，今據《南史》正。

〔6〕好：原脱，今據《南史》補。彖家好不終，謂袁彖與妻子不和而離婚。

〔7〕顗又禍敗：謂袁顗因擁晉安王子勛稱帝而被宋明帝所殺之事。

〔8〕孤微理盡：謂家門低微貧賤，家運衰落敗壞。

〔9〕嫠居：寡居。

〔10〕以女適象：興宗之女是袁象的表姑，蓋當時婚姻並不計行輩。

17.2.34　崔休[1]

崔休少謙退，事母孝謹。及爲尚書，爲子仲文取丞相高陽王雍女。[2]休母房氏始欲以休女妻其外孫邢氏，休乃違母情，以女適領軍元叉庶長子舒，[3]議者非之。

校注：

〔1〕本條本自《北史・崔休傳》，《魏書・崔休傳》所記同。崔休（472—523），字惠盛，北魏清河（今山東武城西北）人。少好學，舉秀才。初爲尚書主客郎，遷給事黃門侍郎，歷官渤海太守、吏部郎中、洛州、幽州、青州刺史，官至殿中尚書。爲政頗有清譽。諡文貞侯。

〔2〕仲文：崔休次子，官散騎常侍。丞相高陽王雍，即元雍（？—528）。雍字思穆，北魏獻文帝子，孝文帝弟。先封潁川王，改封高陽王。屢遷司空，議定律令，後進位丞相，與侍中元叉同決庶政。後在大都督爾朱榮發動河陰之變時被殺。其次女嫁於崔休次子仲文。

〔3〕叉：原訛作"夕"，今據《北史》正。一本或作"义"，乃"叉"俗字。元叉（？—525），字伯儁，又名元义，小字夜叉。初拜員外郎。胡太后臨朝，以叉爲其妹夫，遷散騎常侍，轉光禄卿，尋遷侍中，總禁兵。後幽禁胡太后，擅權專決。孝明帝與胡太后謀殺之。其庶長子名元舒，官拜秘書郎。元叉死後，亡奔梁，官至征北大將軍、青冀二州刺史。庶長子，名分低於正室的嬪妃所生之子稱爲庶子，其中年齡最大的稱爲庶長子。

17.2.35　袁湛[1]

《南史》：袁湛與弟豹並爲從外祖謝安所知，[2]安以兄子玄女妻湛。[3]

校注：

〔1〕本條本自《南史·袁湛傳》，《宋書·袁湛傳》所記同。袁湛，詳見 17.2.10"謝絢"條注。

〔2〕袁豹（373—413）：字士蔚，晉陳郡陽夏（今河南太康）人，袁質次子。好學博聞，喜談雅俗。初拜著作佐郎，累遷太尉長史、御史中丞。出爲丹陽尹，卒於官。《宋書》卷五十二、《南史》卷二十六均有傳。從外祖：外祖父的親兄弟。謝安，詳見 17.2.20"羊曇"條注。袁湛父袁質，官歷琅邪内史、東陽太守。其妻乃謝安侄女。

〔3〕兄子玄：即謝奕之子謝玄。

17.2.36　孫權[1]

吴主孫堅與徐真相親，[2]以妹妻真，生琨。[3]琨女徐夫人初適同郡陸尚。[4]尚卒，堅子權聘以爲妃。

校注：

〔1〕本條本自《三國志·吴書·吴主權徐夫人傳》。孫權（182—252），字仲謀，吴郡富春（今浙江富陽）人，三國時代東吴的建立者。廟號太祖。

〔2〕孫堅（155—191）：字文台，東漢末期地方軍閥，吴國奠基人。因官至破虜將軍，又稱"孫破虜"。追諡武烈皇帝。徐真：生平事跡不詳。娶孫堅之妹爲妻。

〔3〕琨：即徐琨，孫堅外甥。追隨孫堅及孫策，屢立戰功，封廣德侯，官至平虜將軍。征討黃祖時中流矢死。

〔4〕陸尚：生卒年不詳。東漢郎中、廬江太守陸康孫，陸績之侄。因陸康功拜郎中。

17.3　遊子

17.3.1　李白[1]

李白《上裴長史書》曰："士生則桑弧蓬矢，射乎四方，故知大丈夫必有四方之志。"[2]乃杖劍去國，辭親遠遊。[3]南窮蒼梧，東涉溟海。[4]見鄉人相如大誇雲夢之事，云楚有七澤，遂來觀焉。[5]而許相公家見招，妻以孫女，便憩跡於此，至移三霜焉。"[6]白有詩《送內尋廬山》云：[7]"多君相門女，學道愛神仙。"

校注：

〔1〕本條本自李白《上安州裴長史書》及《送內尋廬山女道士李騰空二首》之二。裴長史即裴寬，詳見15.1.3"裴寬"條。李騰空，宰相李林甫之女，入廬山隱跡修道。

〔2〕知：原脫，今據李白文補。《禮記・射義》："故男子生，桑弧蓬矢六，以射天地四方。天地四方者，男子之所有事也。故必先有志於其所有事，然後敢用穀也，飯食之謂也。"鄭玄注："男子生則設弧於門左，三日負之，人爲之射，乃卜食子也。"陸德明音義："桑弧音胡，以桑木爲弓。"

〔3〕杖：或作"仗"，二字通用，執持。杖劍，持劍。《史記・淮陰侯列傳》："項梁渡淮，信杖劍從之。"去國：離鄉。

〔4〕蒼梧：即九嶷山，位於今湖南永州寧遠縣境內，得名於舜

帝之南巡。溟海：大海。

〔5〕見鄉人相如大誇雲夢之事：謂司馬相如作《子虛賦》，文中的子虛先生向烏有先生介紹楚國雲夢的盛況。李白因此出蜀遠遊。

〔6〕許相公家見招，妻以孫女：謂公元727年許圉師將孫女許紫烟（一名許萱）嫁於李白。許相公：即許圉師（？—679），唐安州安陸（今屬湖北）人，舉進士。累遷黄門侍郎、同中書門下三品，兼修國史，封平恩縣男，後遷爲左相。俄遷虔州刺史，轉相州刺史。復遷户部尚書。謚簡。《舊唐書》卷五十九有傳。三霜：三年。

〔7〕尋：原訛作"遊"，今據李白文正。這首詩描寫的是李白送妻子上廬山訪道的情景。

17.3.2　王陟[1]

太原王陟，貞元二年應進士舉。[2]時京師宣陽里有善筮生，[3]居南垣之下，號"垣下生"，陟從筮焉。卦成，生曰："郎君後二十三年及第。是歲狀頭更兩年方生，[4]郎君待此人應舉，然後同年及第。"陟密識之。後累舉皆爲所紲，遂爲五嶺之遊。[5]至廬陵郡，謁太守馬謸，[6]深爲謸所知遇，仍妻以幼女。至元和至京時，張弘靖知舉。[7]陟及第，[8]榜出，後於禮部南院候參主司，見首立者富有春秋，即韋瓘也。[9]陟忽記垣下之言，試問其年。韋公答曰："某貞元四年生，今二十一歲矣。"陟乃取垣下生所記示衆人，皆大驚。《續定命錄》

校注：

〔1〕本條本自《續定命錄》。《續定命錄》，唐温畬撰。約成書於806—820年間，今已亡佚，部分内容保存在《太平廣記》等書中。本條在《古今合璧事類備要》前集、《錦繡萬花谷》後集、《山堂肆考》

中均有記載。《太平廣記會校》卷一百五十一據朝鮮成任輯《太平廣記詳節》卷十補入此篇,字句略異。王陟,生平事跡不詳。

〔2〕貞元:唐德宗李适年號,貞元二年,即公元786年。應舉:參加科舉考試。

〔3〕生:原脱,今據《太平廣記會校》補。

〔4〕歲:原脱,今據《太平廣記會校》補。狀頭:狀元。

〔5〕五嶺:是大庾嶺、越城嶺、騎田嶺、萌渚嶺、都龐嶺的總稱,或稱南嶺,位於江西、湖南、廣東、廣西、福建五省區交界處,是長江與珠江流域的分水嶺。

〔6〕廬:原訛作"盧",今據《太平廣記會校》正。廬陵郡:治在今江西吉安。馬該:生平事跡不詳。

〔7〕元和:唐憲宗李純年號。張弘靖(760—824),字元理,唐蒲州猗氏(今山西臨猗)人。以蔭爲河南參軍,後拜刑部尚書、同中書門下平章事,封高平縣侯,出爲河東盧龍節度使,遷太子少師。《舊唐書》卷一百三十三有傳。知舉:又稱知貢舉,特命主持進士考試。

〔8〕陟:原脱,今據《太平廣記會校》補。

〔9〕主司:科舉的主試官。富有春秋:指年紀小。春秋指年齡。春秋尚多,故稱富。韋瓘(786—852),字茂弘,唐京兆萬年(今陝西西安)人。憲宗元和四年(809)及第。初授左拾遺、右補闕,充史館修撰,遷司勳郎中、中書舍人。因捲入"牛李黨争"被貶康州,移明州長史、楚州刺史、桂林觀察使,後授太子賓客,分司東都,旋病故。《新唐書》卷一百六十二有傳。

17.4　患難

17.4.1　慶封[1]

《史記·吴世家》:"齊相慶封有罪,自齊來奔吴。吴予慶封朱方之縣,以爲奉邑,[2]以女妻之。"

校注:

[1] 本條本自《史記·吳太伯世家》。慶封(？—前538),字子家,又字季。春秋時齊國大夫。崔杼立齊景公,慶封任左相。後乘崔氏內亂,滅崔氏而當國。耽於酒色,將國政交與其子慶舍。景公聯合諸族殺慶舍,慶封奔魯,又奔吳,聚族居於朱方(今江蘇鎮江東南)。楚伐吳,楚令屈申破朱方,殺慶封,滅其族。

[2] 奉邑:以收取賦税作爲俸禄的封地。奉,通"俸"。

17.4.2　公冶長[1]

子謂公冶長:"可妻也,雖在縲絏之中,非其罪也。"[2]以其子妻之。

校注:

[1] 本條本自《論語·公冶長篇》。公冶長(前519—前470),公冶氏,名長,字子長、子芝。春秋時齊國人(一說魯國人)。孔子女婿,孔門弟子七十二賢之一。德才兼備,終生治學不仕禄,深受孔子賞識。相傳通鳥語,並因此無辜獲罪。

[2] 縲絏:亦作"縲紲",本指捆綁犯人的繩索,引申爲牢獄。

17.4.3　李爕[1]

後漢李文姬,李固之女,趙伯英之妻,賢而有智,見父固策罷,知不免禍。[2]時弟爕年十三,文姬乃告父門生王成曰:"君有古人之節。今委君以六尺之孤,[3]李氏存滅,其在君矣。"成乃將爕乘江東下，入徐州界內，變姓名爲酒家傭，酒家異之，以女妻爕。十餘年間，梁冀既誅，[4]大赦天下，存錄固後。[5]乃以本末告酒家，酒家厚遣之，皆不受。

校注：

〔1〕本條本自《後漢書·李固傳》。李固(94—147)，字子堅，東漢漢中南鄭(今陝西城固)人。始爲議郎，後歷任荆州刺史、太山太守、將作大匠、大司農等職，復官太尉，與大將軍梁冀參錄尚書事。因與梁冀不和，被免職，又被治罪，冤死獄中。李爕(134—?)，字德公，李固少子。固被免職後，姊文姬托父門生王成帶爕至徐州，變姓名爲酒家傭。梁冀既誅，征拜議郎，拜安平相，擢河南尹，以忠正聞名。

〔2〕策罷：猶策免，帝王以策書免官。

〔3〕六尺：東漢時一尺約等於今 23.1 釐米，六尺尚不足 1.4 米。形容個子未長高，這裏指年十五以下。

〔4〕梁冀(?—159)：字伯卓，東漢安定(今寧夏固原)人，中國歷史上十大奸臣之一，外戚出身之權臣。其姑是漢順帝皇后。初爲河南尹，拜大將軍。毒殺質帝後另立桓帝，專擅朝政。後桓帝借宦官之力誅殺梁冀，並滅其族。

〔5〕存錄：存恤錄用。

17.4.4 劉禪[1]

劉備在小沛，[2]不意曹公卒至，遑遽棄家屬，奔荆州。[3]禪時年數歲，隨人入漢中，爲人所賣。[4]扶風人劉括買得禪，問知其良家子，遂養爲子，爲取婦，生一子。

校注：

〔1〕本條本自《三國志·蜀書·後主劉禪傳》裴松之注引《魏

略》。但《魏略》所記與史實不合。劉禪(207—271)，字公嗣，小名阿斗，劉備之子，蜀漢後主，劉備妾室甘夫人所生。幼時多遭難，幸得趙雲相救。蜀漢建立後被封爲太子，繼位爲皇帝，在位四十二年。後降魏，被送往洛陽，封安樂公。諡思。

〔2〕在：原訛作"坐"，今據《三國志》正。小沛：漢時徐州沛縣(今屬江蘇)的別稱。

〔3〕奔荆州：建安十三年(208)九月，曹操派高陵亭侯曹純在長阪坡(今湖北當陽西南)大敗劉備，劉備率領張飛、趙雲等數十騎盡棄妻子而逃奔荆州。曹純因"獲其二女輜重，收其散卒"。

〔4〕劉禪生于東漢建安十二年(207)，荆州長阪坡之戰時方一歲，而非數歲。且趙雲將其從亂軍中救出，並未入漢中，爲人所賣。

17.4.5　裴伷先[1]

唐裴炎以請武后歸政賜死，[2]從子伷先坐流北庭，[3]無復名檢，專居貨賄，[4]五年至數千萬。遂娶降胡女爲妻。有黄金、駿馬、牛羊，以財自雄。中宗即位，召爲太子詹事丞。[5]

校注：

〔1〕本條本自《新唐書·裴伷先傳》。標題及正文原均脱"先"字，今據《新唐書》補。裴伷先(667—753)，唐絳州聞喜(今屬山西)人，宰相裴炎之姪。未冠，已任太僕丞。炎死，坐流嶺南。因面斥武后，長流襄州(今廣西上思西南)。後逃回，復流北庭。中宗繼位，爲裴炎平反，裴伷先被授太子詹事丞。玄宗時任幽州節度使等職，官至工部尚書，封翼城縣公。

〔2〕唐裴：原殘泐，今據《新唐書》補。裴炎(？—684)，字子

隆，舉明經及第，初仕濮州司倉參軍，歷官御史、起居舍人、黄門侍郎。高宗調露二年（680）入相，遷侍中、中書令。徐敬業起兵反武。武后問策，裴炎因主張歸政李氏而被斬。睿宗時昭雪，贈太尉、益州大都督，謚忠。

〔3〕庭：原作"廷"，今據《新唐書》正。

〔4〕名檢：亦作"名儉"，名譽與禮法。無復名檢，謂不再顧及名聲操行。貨：《新唐書》無。

〔5〕太子詹事丞：官名。主要管理太子東宫日常公務，掌文書，正六品上。

17.4.6　杜祁公[1]

《東軒筆録》曰：杜祁公衍，[2]越州人，父早卒，遺腹生公。[3]前母有二子，不孝，[4]其母改適河陽錢氏。[5]公年十五六，其二兄以爲其母匿私財以適人，[6]就公索之，[7]不得，引劍斫之，傷腦。走投其姑，姑匿其重橑上，[8]出血數升，僅而得免。乃詣河陽，[9]歸其母。繼父不之容，往來孟、洛間，貧甚，傭書以自資。[10]嘗至濟源，富民相里氏奇之，妻以女，[11]由是資用稍給。後舉進士，殿試第四。[12]及貴，[13]其長兄猶存，待遇甚有恩禮，二兄及錢氏、姑氏子孫受公蔭補官者數人，仍皆爲之姻昏。[14]

校注：

〔1〕本條言出自《東軒筆録》。該書傳世本並無此條，中華書局版李裕民點校本據宋江少虞《類苑》卷十、明王瑩《群書類編故事》卷六及卷十七補爲佚文。《東軒筆録》十五卷，宋魏泰撰，是一部記載北宋太祖至神宗六朝舊事的具有較高史料價值的筆記。

又，司馬光《涑水記聞》卷十亦錄此條，末注"崔甥云"三字。《涑水記聞》成書早於《東軒筆錄》，此條當最早載於《涑水記聞》中。

〔2〕杜祁公衍：即祁國公杜衍(978—1057)。衍字世昌，北宋越州山陰(今浙江紹興)人。尚書度支員外郎杜遂良子。中進士後，歷仕州郡，以善辨獄聞。仁宗召爲御史中丞，兼判吏部流内銓，改知審官院。後任樞密使，復拜同平章事，爲相百日而罷，出知兗州。以太子少師致仕。謚正獻。《宋史》卷三百一十有傳。

〔3〕《涑水記聞》及李校本《東軒筆錄》此處尚有"其祖愛之。幼時，祖父脱帽，使公執之，會山水暴至，家人散走。其姑投一竿與之，使挾以自泛，公一手挾竿，一手執帽，漂流久之，救得免，而帽竟不濡"云云。

〔4〕不孝：《涑水記聞》及李校本《東軒筆錄》作"不孝悌"。前母：謂杜遂良前妻。杜衍與其二兄同父異母。

〔5〕《涑水記聞》及李校本此處尚有"祖父卒"三字。

〔6〕匿私財：《涑水記聞》及李校本均同，《群書類編故事》卷十七引作"攜財利"。

〔7〕索：《涑水記聞》及《群書類編故事》卷六同，《類苑》作"案"。

〔8〕其：他本作"之"。重橑(láo)：亦作"重轑"，大屋套小屋，即具有雙重橑、棟、軒版、垂簷等建築結構的屋宇。又叫"複屋"。

〔9〕陽：原訛作"南"，今據《涑水記聞》正。

〔10〕傭書：受人雇傭以抄書爲業。魏晉南北朝時稱經生，唐代稱抄書人。

〔11〕女：此字後原有"弟"字。諸書均無。又，宋張方平《樂全集》卷三十九《秦國太夫人相里氏墓誌銘(并序)》："邑有長者相里君好士，有鑒識，察祁公大器，欲以其女妻之。"今據刪"弟"字。女弟即妹妹。

〔12〕後：諸書均無。"舉進士，殿試第四"者，事在大中祥符元年(1008)。

〔13〕貴：原訛作"第"，今據《涑水記聞》正。
〔14〕姻昏：諸本均作"婚嫁"。

17.5　寒素

17.5.1　王育[1]

晉王育字伯春，少孤貧，爲人牧羊，每過小學，[2]必歔欷流涕。[3]時有暇，即折蒲學書，忘而失羊，爲羊主所責，育將鬻己以償之。同郡許子章，[4]敏達之士也，聞而嘉之，[5]代育償羊，給其衣食，使與子同學。以兄之女妻之，爲立別宅，分之資業，育受之無愧色。

校注：
〔1〕本條本自《晉書・王育傳》。王育，字伯春，京兆（今陝西西安）人，少孤貧而好學，嘗折蒲學書。初爲太守杜宣主簿，司徒王渾辟爲掾，除南武陽令，遷并州督護。成都王穎拜振武將軍、破虜將軍。後被劉淵（匈奴漢國開國皇帝）所俘，拜太傅。
〔2〕過：原作"遇"，據《晉書》正。
〔3〕歔欷：悲泣，歎息。
〔4〕許子章：事跡無考。
〔5〕嘉：原作"喜"，據《晉書》正。

17.5.2　崔休[1]

崔休少孤貧，矯然自立。[2]舉秀才，入京師，尚書王嶷欽其人望，[3]爲長子聘休姊，贍以貨財，[4]由是少振。

校注：

〔1〕本條本自《魏書·崔休傳》，《北史·崔休傳》所載同。崔休，詳見17.2.34"崔休"條。

〔2〕矯然：堅勁貌。矯然自立，謂能發奮自立。

〔3〕王嶷：字道長，生卒年不詳，北魏北海劇（今山東昌樂西）人。魏孝文帝時由南部大夫遷南部尚書，後拜安東將軍、鎮西將軍、秦州刺史、内都大官等職。人望：聲望，威望。

〔4〕貨：原作"資"，今據《魏書》正。

17.5.3　吕諲[1]

唐吕諲，河東人。少修整，[2] 勵志於學。早孤貧，[3] 不能自振。鄉人有程楚賓者，[4] 家富於財，遂娶其女。楚賓與子震重其才，厚分資贍濟其所欲，故稱譽日廣。[5] 至天寶初舉進士，調寧陵尉。

校注：

〔1〕本條本自《册府元龜》卷八百五十三《總録部·姻好》。《舊唐書·吕諲傳》及《新唐書·吕諲傳》文辭小異。吕諲（712—762），唐蒲州河東（今山西永濟）人。天寶初進士，累歷虞部員外郎、侍御史。肅宗時拜御史中丞、武部侍郎。後以本官同中書門下平章事，遷黃門侍郎，升同中書門下三品，累加銀青光禄大夫，封東平男。貶太子賓客，拜江陵府尹。卒贈吏部尚書，謚肅。

〔2〕修整：言行端正謹慎，不違禮法。少修整：《册府元龜》同，《舊唐書》作"志行修整"，《新唐書·吕諲傳》作"志行整飭"。

〔3〕早孤貧：《册府元龜》作"早孤，家貧"，《舊唐書》作"少孤貧"，《新唐書·吕諲傳》作"孤貧"。

〔4〕程楚賓、程震：吕諲爲相後分别用爲衛尉少卿、郎官，其他事跡不詳。

〔5〕厚分資贍濟其所欲，故稱譽日廣：《册府元龜》作"給其所欲"。《舊唐書》作"厚與資給"，《新唐書·吕諲傳》作"厚分貲贍濟所欲，故稱譽日廣"。資贍：資給，供養。

17.5.4 酈氏[1]

酈仲隱女幼敏惠，[2]父母奇之，欲以歸士大夫，而地寒不能自致。[3]西京作坊使宋君始喪其室，[4]聞酈氏之風，以幣迎之入。宋氏族姻皆稱其懿行。[5]山谷文[6]

校注：

〔1〕本條乃山谷文，本自黄庭堅《山谷外集》卷八《哀詞》之《酈氏墓誌銘》。

〔2〕惠：四庫本《山谷外集》作"慧"。酈仲隱：宋亳州衛真（今河南鹿邑）人，生平事跡不詳。

〔3〕地寒：指人的出身微賤，地位低下。

〔4〕西京作坊使：宋西班（武臣階官）二十使之一，主管器械製造。宋君：名仲，曾任西京作坊使，贈金紫光禄大夫。

〔5〕族姻(yīn)：家族和姻親。王安石《泰興令周孝先哀辭》："吁嗟於思兮孝於父母，施於族姻兮亦及朋友。"懿行：善行。

〔6〕文：原訛作"又"，今據《山谷外集》正。

17.6 有疾

17.6.1 鉤弋夫人[1]

漢孝武鉤弋夫人趙婕妤，[2]家在河間。望氣者言此室有奇女,[3]天子亟使使召之。[4]既至,兩手皆拳,上自披之,[5]手即時伸。由是得幸,號"拳夫人"。居鉤弋宫,生昭帝。

校注:

〔1〕本條本自《漢書·外戚列傳》。鉤:標題及正文原均訛作"釣",今據《漢書》正。鉤弋夫人趙氏(?—前88),西漢齊國河間武垣(今河北滄州肅寧縣)人。生而雙手握拳,不能伸展。武帝掰之即開,故又稱"拳夫人"。武帝東巡時被選入宫,被封爲婕妤。昭帝劉弗陵生母。後被武帝囚禁,憂困而死。

〔2〕婕妤:《漢書》作"倢伃"。此爲宫中女官名。漢武帝時始置,自魏晉至明多沿設。《漢書·昭帝紀》:"孝昭皇帝,武帝少子也。母曰趙倢伃。"顏師古注:"倢,接幸也。伃,美稱也。故以名宫中婦官……字或並從女。"

〔3〕望氣者:古時觀察雲氣以預測吉凶的方士。

〔4〕亟:原訛作"氣",今據《漢書》正。

〔5〕披:撥動,打開。

17.6.2 杜后[1]

晉成恭杜皇后,預之曾孫也。[2]成帝以后奕世名德,[3]備禮拜爲后。后有姿色,然長猶無齒,有來求昏者輒中止。及納采之日,[4]一夜齒盡生。

校注:

〔1〕本條本自《晉書·成恭杜皇后傳》。成恭杜皇后(321—341),名陵陽,東晉成帝司馬衍皇后。出生名門望族,不幸早逝。

〔2〕預:即鎮南將軍杜預(222—285)。預字元凱,西晉京兆杜

陵(今陝西西安東南)人,著名的政治家、軍事家和學者。歷官曹魏尚書郎、河南尹、度支尚書、鎮南大將軍、當陽縣侯,官至司隸校尉。著《春秋左氏經傳集解》及《春秋釋例》等。

〔3〕奕世:累世,世代。杜皇后父親杜乂曾任丹陽丞,祖父杜錫官至尚書左丞,曾祖杜預官至司隸校尉,高祖杜恕官至幽州刺史,天祖杜畿官至尚書僕射,因謂"奕世名德"。

〔4〕采:原訛作"宋",今據《晉書》正。曰:原脱,今據《晉書》補。

17.6.3 宿瘤[1]

齊東郭採桑之女,其項有大瘤,故號"宿瘤"。初,閔王出遊,至東郭,百姓盡觀,宿瘤道傍採桑如故。王怪之,召而問曰:"寡人出遊,車騎甚衆,人無少長皆棄事來觀,汝曾不一視,何也?"對曰:"妾受父母之教採桑,不教窺大王。"王曰:"此賢女也!"命後乘載之,女曰:"父母在内,妾不受教,而隨大王,是奔女也,[2]大王又安用之?"王大慚,曰:"寡人失之。"於是遣歸,使使者奉禮加金百鎰,往聘迎之。閔王歸,見諸夫人,告曰:"今日出遊,得一聖女,今至斥汝屬矣。"[3]諸夫人皆怪之,盛服而待。及其至宮中,諸夫人皆掩口而笑,不能自止。王大慚曰:"且無笑不飾耳。夫飾與不飾,固相去十百也。"[4]女曰:"夫飾與不飾,相去千萬,[5]尚不足言,何獨十百也!"王曰:"何以言之?"對曰:"性相近也,習相遠也。昔者堯、舜、桀、紂,俱天子也。堯、舜自飾以仁義,雖爲天子,安於節儉,茅茨不翦,采椽不斲,[6]後宮衣不重采,食不重味。[7]至今數千歲,天下歸善焉。桀、紂不自飾以仁義,習爲苛文,造爲高臺深池,後宮蹈綺縠,[8]弄珠玉,意非有厭時也。身死國亡,爲天下笑,至今千餘歲,天下歸惡焉。由是觀之,飾與不飾,相去千萬,尚不足言,何獨十百也。"於是諸夫人皆大慚,閔王大感,瘤女以爲后。出令卑宮室,填池澤,損膳減樂,後宮不重采。[9]期月之間,化行鄰國,諸侯朝之,侵三晉,懼秦楚,一立帝號。閔王至於此也,宿瘤女有力焉。

校注:

〔1〕本條本自《古列女傳》卷六《辯通傳·齊宿瘤女》。《太平御覽》卷三百八十二《人事部》二十三《醜婦人》條亦載之。宿瘤,戰國齊國東郭(今山東淄博區)人,嫁於齊閔王(前301—前284在位)爲后。

〔2〕奔女:私奔之女。

〔3〕聖:原作"全",今據《古列女傳》正。聖女,有聖德的女子。

〔4〕固:原作"故",今據《古列女傳》正。

〔5〕夫飾與不飾,相去千萬:原作"夫飾相千萬",今據《古列女傳》補完。

〔6〕茅茨不翦,采椽不斲:語出《韓非子·五蠹》,謂居所崇尚儉樸,不事修飾。茅茨,茅屋。采,柞木。

〔7〕衣:原脫,今據《古列女傳》補。衣不重采,食不重味:語出《史記·越王句踐世家》,謂衣着飲食樸素節儉。重,重疊。

〔8〕綺:原脫,今據《古列女傳》補。綺縠:綾綢縐紗之類,亦爲絲織品的總稱。

〔9〕後:原脫,今據《古列女傳》補。

17.6.4　丁儀[1]

魏太祖以丁儀令士,[2]未見,欲妻之。問五官將,[3]五官將不可。及辟儀,到,⁽⁴⁾嘉其才,曰:"丁掾即兩目盲,亦當與,況但眇乎?⁽⁵⁾吾兒誤我。"五官將即文帝也。

校注:

〔1〕本條本自《魏志·陳思王植傳》裴松之注引《魏略》。《太平御覽》卷七百四十《疾病部》"三盲"條亦記此事。丁儀(?—220),字正禮,三國魏沛國(今安徽濉溪)人。曾任西曹掾、右刺奸掾。因擁立曹植,被曹丕滿門抄斬。

〔2〕魏太祖:即曹操。令士:才學美盛之士。

〔3〕五官將:"五官中郎將"的省稱。曹丕曾任此職。

〔4〕及辟儀,到:《魏略》作"辟儀爲掾,到與論議"。

〔5〕眇:一目失明。胡三省注《資治通鑑·漢孝獻建安二十八年》"丕以儀目眇,諫止之"句曰:"眇者,一目小。"實誤。詳參周勤《論詞之義項的例證解析及其語義關係》一文。

17.6.5 崔氏⁽¹⁾

《北史》:崔巨倫有姊,明惠有才行,⁽²⁾因患眇一目,內外親族,莫有求者。其家議欲下嫁之。巨倫姑,趙國李叔胤之妻,⁽³⁾聞而悲感曰:⁽⁴⁾"吾兄盛德,不幸早世,⁽⁵⁾豈令此女,⁽⁶⁾屈事卑族!"乃爲子翼納之。⁽⁷⁾時人歎其義識。

校注:

〔1〕本條本自《北史·崔巨倫傳》,亦見《魏書·崔巨倫傳》及《古今事文類聚》後集卷十三《人倫部》婚姻"雖盲亦娶"條。崔巨倫(487—530),字孝宗,北魏博陵安平(今屬河北)人。初除冀州鎮北府墨曹參軍、太尉記室參軍。孝明帝時爲殷州長史。莊帝時任中

堅將軍、東濮陽太守,封漁陽縣開國男,除光祿大夫。

〔2〕惠:《魏書》《古今事文類聚》並同,《北史》作"慧"。

〔3〕李叔胤:北魏晚期趙郡太守。其他事跡無考。

〔4〕悲:原作"慚",《古今事文類聚》同,今據《魏書》《北史》正。

〔5〕吾兄:謂崔巨倫父崔辯。崔辯字神通,學涉經史。北魏獻文帝徵拜中書博士、散騎侍郎、平遠將軍、武邑太守。卒贈安南將軍、定州刺史,謚恭。早世:過早死去。據《魏書》本傳,崔辯壽終六十二歲。

〔6〕豈:原作"肯",《古今事文類聚》同,今據《魏書》《北史》正。

〔7〕李翼:事跡無考。

17.6.6　孫泰[1]

唐孫泰姨老以二女為托,曰:"長女損一目,汝可妻其女弟。"姨卒,取其姊。或詰之,答曰:"其人有廢疾,非泰何適?"[2]

校注:

〔1〕本條本自《唐摭言》卷四"節操"。《太平廣記》卷一百十七《報應》十六"孫泰"條、《古今事文類聚》後集卷十三《人倫部》婚姻"雖盲亦娶"條均錄之。孫泰,唐山陽(今陝西商洛,一說河南焦作東北)人,師事皇甫穎(乾符進士,不仕而終),以誠實高義見稱。

〔2〕其:原脫,今據《唐摭言》補。《古今事文類聚》作"彼有廢疾"。

17.6.7　盧柔[1]

盧柔字子剛,性聰敏好學,能屬文,[2]但口吃不能持論。[3]頗使酒誕節，[4]爲世所譏。司徒、臨淮王或見而器之，[5]以女妻焉。

校注：

〔1〕本條本自《周書·盧柔傳》，《北史·盧柔傳》亦載之。盧柔字子剛，西魏范陽涿（今河北涿州）人。生卒年不詳。少孤，聰敏好學。初爲賀拔勝大行台郎中，宇文泰引爲行台郎中，遷黃門侍郎。孝閔帝時，拜内史大夫，進位開府，卒於位。

〔2〕能：《周書》《北史》均作"解"。

〔3〕持論：立論，提出主張。

〔4〕使酒誕節：因酒使性，放縱不拘。

〔5〕司徒、臨淮王或：即元或（？—531）。或字文若，北魏宗室，臨淮王拓跋譚曾孫，襲封。累遷侍中、衛將軍、左光禄大夫兼尚書左僕射。"河陰之變"後逃奔梁朝，以母老請還北魏。歷位尚書令、大司馬，兼録尚書，後遷司徒公。爾朱兆叛攻京城，元或逃亡時被俘殺。追諡文穆。

17.6.8 劉庭式[1]

劉庭式本田家，[2]鄰舍翁有女，約與爲昏。契闊數年，[3]庭式登第，歸鄉訪鄰翁，而翁已死，女因病雙瞽，家極困餓。庭式使人申前好，而女之家辭以疾，仍以傭耕，[4]不敢姻士大夫。庭式曰："與翁有約，豈可以翁死女疾而背之乎？"卒與成昏。閨門極睦，其妻相攜而後行，凡生數子。庭式嘗坐小譴，[5]監司欲以逐之，嘉其美行，遂爲之闊略。[6]其後，妻死，哭之極哀。東坡高其行，爲文以美之。[7]《夢溪筆談》

校注：

〔1〕本條出自《夢溪筆談》，見該書卷九《人事一》。庭：原標題及正文均作"廷"，《宋史》卷四百五十九本傳、《東坡全集》卷九十三《書事四首》均作"庭"。今據正劉庭式字得之，生卒年不詳，宋齊州（今山東濟南）人。舉進士。蘇軾守密州，庭式以殿中丞爲通判。後監太平觀，以高壽終。

〔2〕今本《夢溪筆談》段首有"朝士"二字。朝士：朝廷之士，泛指中央官員。

〔3〕契闊：久別。《後漢書·獨行傳·范冉》："行路倉卒，非陳契闊之所，可共到前亭宿息，以叙分隔。"

〔4〕傭耕：謂受雇爲田主耕種。

〔5〕坐小譴：其事未詳。

〔6〕闊略：寬恕，寬容。《漢書·王嘉傳》："人情不能不有過差，宜可闊略，令盡力者有所勸。"顏師古注："當寬恕其小罪也。"

〔7〕爲文以美之：謂蘇軾作《書劉庭式事》一文褒揚劉庭式忠於愛情的高尚品格。

17.6.9　周恭叔[1]

周恭叔自太學早年登科，[2]幼議母黨之女。登科後，其女雙瞽，遂娶焉，愛過常人。伊川曰："某未三十，亦做不得此事。"《伊氏言行錄》

校注：

〔1〕本條本自《伊氏言行錄》。該書今佚。伊氏即程頤。《二程外書》卷十二、《古今事文類聚》後集卷十三《人倫部·婚姻·幼議竟娶》亦錄此事。周行已（1067—1124），字恭叔，號浮沚。

宋温州瑞安（今屬浙江）人。哲宗朝進士，師事程頤，撰《程伊川語錄》一卷。曾官原武知縣、太學博士、齊州州學教授，後罷歸鄉里，築浮沚書院講學。復除秘書省正字。《宋史翼·儒林》有傳。

〔2〕周恭叔自太學早年登科：周恭叔十七歲入太學，哲宗元祐六年（1091）中進士，因謂"早年登科"。

17.6.10 姚顗[1]

五代姚顗字伯真，[2]少戆，不脩容止，[3]任其自然，時人莫之知。唯中條山處士司空圖一見以爲奇士，以女妻之。[4]舉進士，爲梁翰林學士。

校注：

〔1〕本條本自《舊五代史·姚顗傳》和《新五代史·姚顗傳》。姚顗（866—940），字伯真，京兆萬年（今陝西西安）人。舉進士，仕後梁爲校書郎、登封令、右補闕、禮部員外郎，累遷至中書舍人。後唐莊宗平梁，歷復州司馬、左散騎常侍、兵吏部侍郎、尚書左丞。唐末帝拜中書侍郎、平章事。後晉高祖罷爲刑部尚書，遷戶部尚書。卒贈左僕射。

〔2〕伯真：《新五代史》作"百真"。

〔3〕戆：愚蠢。脩：《新五代史》作"修"。

〔4〕中條山：位於山西省西南部，黃河、涑水河間。司空圖（837—908）：字表聖，自號知非子、耐辱居士，唐河中虞鄉（今山西永濟）人。懿宗朝進士，曾官光禄寺主薄、禮部員外郎、郎中、知制誥、中書舍人。後回鄉隱居於中條山王官谷。朱全忠召爲禮部尚書，未就。哀帝被弒後，他絕食而卒。

17.6.11　呂君[1]

華陰呂君舉進士，聘里中女，後既中第，婦家言曰："吾女故無疾，既聘而後盲，敢辭。"呂君曰："既聘而後盲，君不爲欺，又何辭！"遂娶之。生五男子，皆中進士第，其一丞相汲公是也。[2] 陳無己《談叢》

校注：

〔1〕本條本自宋陳師道《後山談叢》卷四。《後山談叢》，凡六卷，宋陳師道所撰史料筆記，此書於北宋政事、君臣言行、宋遼關係以及異聞傳説、節令物候、書法繪圖等，均多所涉及，可補史書之缺。呂君：即呂蕡(一作賁)，呂大防父，曾任比部郎中。

〔2〕丞相汲公：即呂大防(1027—1097)。大防字微仲，宋京兆藍田(今屬陝西)人。皇佑元年(1049)舉進士第，調馮翊主簿。歷監察御史裏行、知永興軍，封汲郡公，拜尚書左僕射，兼門下侍郎，與范純仁同心輔政。後爲人所構，貶死。追諡正湣。據《宋史·呂大鈞傳》記載，呂蕡共育六子，一子夭折，其餘五子均登科。有史可考者，僅呂大防與其兄呂大忠(皇佑五年[1053]進士)、弟呂大鈞(嘉祐二年[1057]進士)、弟呂大臨四人。此四人並稱"藍田呂氏四賢"。

婚禮新編　卷之十八

18.1　報婚[1]

校注：

〔1〕報婚：因報恩而結婚。

18.1.1　季芈[1]

《左傳·定公四年》：吳師入郢。[2]楚子取其妹季芈以出。楚昭王之奔鄖，[3]楚大夫鍾建負季芈以從。王將嫁季芈，季芈辭曰："所以爲女子，遠丈夫也。鍾建負我矣。"以妻鍾建，以爲樂尹。[4]

校注：

〔1〕本條本自《左傳·定公四年》。本條"芈"皆訛作"芊"，今並正。季芈，即季芈畀我，楚平王之女，楚昭王之妹，嫁於樂官鍾建。吳鬱芳《曾侯乙與隨國考》認爲曾侯乙即鍾建與季芈之子。

〔2〕吳師入郢：魯定公四年（前506）冬，吳王闔閭聯合蔡、唐伐楚。雙方戰於柏舉，吳師大敗楚軍，並乘勝攻佔楚郢都，楚昭王亡命於雲夢、鄖等地，又逃至隨國。後來，楚大臣申包胥到秦國乞師求救，秦出兵大敗吳師於稷、沂、麇等地，迫使吳王闔閭撤兵，楚

昭王才得以返郢復國。

〔3〕鄖：原訛作"鄭"，今據《左傳》正。

〔4〕嫁季羋事發生在定公五年(前505)。樂尹：掌管樂的官。

18.1.2　長孫承業[1]

《北史》：長孫承業少輕俠，殺人，亡抵龍門將陳興德家。會赦，乃免。[2]因以後妻羅氏前夫之女呂氏妻興德兄興恩以報之。[3]羅氏年大承業十餘歲，酷妒忌。承業雅相敬愛。

校注：

〔1〕本條本自《北史・長孫承業傳》。《魏書・長孫道生傳》亦載此事。長孫承業，即長孫稚(？—535)，原名冀歸，北魏孝文帝賜名稚，《北史》為避唐高祖李治諱改稱長孫幼，字承業。長孫道生曾孫。孝文帝南征蕭齊時任前將軍。宣武帝時任撫軍大將軍，揚州刺史、假鎮南大將軍、都督淮南諸軍事，後歷任尚書右僕射、司徒公、太尉公、太傅等職。隨出帝投宇文泰，封太師、錄尚書事，卒贈大丞相、雍州刺史，諡文宣。

〔2〕乃：原訛作"及"，今據《北史》正。

〔3〕長孫承業先娶張氏，生二子。後與羅氏私通，承業殺羅氏夫呂氏，休張氏而娶羅氏。羅氏後生三子。羅氏與呂氏有女，承業將其嫁於陳興恩。

18.1.3　段氏[1]

南燕慕容超乃北海王納之子，慕容德之姪。[2]苻堅破鄴,以納爲廣武太守。[3]後苻昌收納及德諸子,[4]皆誅之。納母公孫氏以耄獲免,納妻段氏方娠,未決,囚之於郡獄。獄掾呼延平,[5]德之故吏也,嘗有死罪,德免之。至是,將公孫氏及段氏逃於羌中,[6]而生超焉。其後,超母謂超曰:"吾母子全濟,呼延氏之力。平今雖死,[7]吾欲爲汝娶其女以答厚德。"於是取之。

校注:

〔1〕本條本自《晉書·慕容超傳》。慕容超(384—410),字祖明,鮮卑人,南燕獻武帝慕容德之侄,北海王慕容納之子,十六國時期南燕末代皇帝。生於西羌,出身慕容氏破落貴族,曾在長安裝瘋行乞。東歸南燕後封北海王,後被封爲太子。即位後寵信公孫五樓,大殺功臣,又喜好游獵,人心離散。後向後秦稱藩,並襲擾東晉。東晉劉裕率軍進攻南燕,慕容超被俘斬首。

〔2〕侄:原訛作"兄",今據《晉書》正。前燕開國皇帝文明帝慕容皝(297—348)娶公孫氏,生慕容儁(319—360,前燕景昭帝)、慕容垂(326—396,後燕成武帝)、慕容納(前燕時封北海王)、慕容德(336—405,南燕開國皇帝)諸子。慕容納娶段氏,生慕容超。

〔3〕歷史上鄴城先後爲曹魏、後趙、冉魏、前燕、東魏、北齊六朝都城。東晉海西公太和五年(前秦建元六年,370),前秦苻堅攻破鄴城,前燕滅亡。

〔4〕納:原脱,今據《晉書》補。

〔5〕獄掾(yuàn):主管刑獄之官的屬吏。呼延平,生卒年無考,十六國時期前秦人。

〔6〕公孫氏:原殘泐,今據《晉書》補。

〔7〕平:原訛作"乎",今據《晉書》正。

18.1.4 太宗[1]

魏鄭公病亟,太宗領幼女曰:"無以報卿功德,卿强開眼,認取新婦。"[2]公曰:"大事去矣![3]終不能望顧主。"[4]後數年,公主下嫁叔玉。[5]

校注:

[1] 本條本自《新唐書·魏徵傳》。魏徵(580—643),字玄成,唐巨鹿曲陽人(今河北晉縣西)。初爲太子洗馬,太宗即位,拜諫議大夫、秘書監,進檢校侍中,封鄭國公,因稱"魏鄭公"。以疾辭職,拜特進,知門下省事。諡文貞,爲凌烟閣二十四功之一,中國歷史上最負盛名的諫臣。《類説》卷十一引丁用晦《芝田録》、《説郛》卷三十八下引《芝田録》均收此條。

[2] 認取:看取,猶且看。

[3] 去:《説郛》同,《類説》作"盡"。

[4] 望顧主:原作"主領",據《新唐書》正。望顧,猶照顧。"望"漏刻字形上部作"王",涉下文"主"而作"主"。"顧"俗作"顧",與"領"形近可訛。

[5] 叔:《類説》卷十一《開眼認取新婦》作"伯"。據《魏徵傳》,徵有四子:叔玉、叔琬、叔璘、叔瑜。故當作"叔"。

18.1.5 張孝忠[1]

唐張孝忠爲成德軍節度使,[2]朱滔悉兵攻之。[3]帝詔李晟率師援孝忠,[4]滔解去。孝忠因與晟結婚。[5]

校注:

[1] 本條本自《舊唐書》卷一百四十一《張孝忠傳》,《新唐書》

卷一百四十八《張孝忠傳》亦録之。張孝忠(730—791),本名張阿勞,奚族。安史之亂中爲叛軍前鋒,後入成德節度使李寶臣帳下,任左領軍郎將等職,改名孝忠。寶臣死,子惟岳叛唐,張孝忠被朱滔説降,封檢校工部尚書、成德軍節度使,其子張茂和因娶朱滔之女。德宗授同中書門下平章事、檢校司空。卒封上谷郡王,贈太傅、太師,謚貞武。

〔2〕成:原作"威",今據《舊唐書》正。

〔3〕朱滔(746—785):唐幽州昌平(今北京昌平西南)人,朱泚弟。初二人均爲幽州盧龍節度使李懷仙部將,與朱希彩等共殺懷仙。希彩爲部下所殺,泚爲領節度。滔勸泚入朝。後奉朝命攻李惟岳,大勝之,遂權知留後兼御史大夫,進檢校司徒,領節度,封通義郡王。建中三年(782)謀反,自號冀王,爲武俊所敗,走還幽州,上書待罪,詔免之。卒贈司徒。

〔4〕李晟(727—793):字良器,唐洮州臨潭(今屬甘肅)人。初補列將,因功累遷至開府儀同三司,封合川郡王。朱泚反,晟舉兵收復京師,以功拜司徒兼中書令,改封西平郡王。好善嫉惡,達禮敦教。謚忠武。

〔5〕朱泚反,李晟欲救援德宗,但張孝忠因爲强敵環伺,屢次阻止李晟。爲取信張孝忠,李晟留下兒子李憑作張孝忠的女婿,才得以離開。此處記載失實。

18.1.6 賀瓌[1]

《五代史》:和凝,字成績。舉進士,梁義成軍節度使賀瓌辟爲從事。[2]瓌與唐莊宗戰於胡柳,[3]瓌敗,脱身走,獨凝隨之,反顧見凝,麾之使去。凝曰:"丈夫當爲知己死,吾恨未得死所爾,豈可去也!"已而一騎追瓌幾及,凝叱之不止,即引弓射殺之,瓌由此得免。瓌歸,戒其諸子曰:"和生,志義之士也,後必富貴。爾其謹事之!"因妻以女。後官至太子太傅,封魯國公。

校注:

〔1〕本條本自《新五代史》卷五十六《和凝傳》。和凝(898—955),字成績,五代時鄆州須昌(今山東東平東)人。後梁末帝時進士。後唐時官至中書舍人,工部侍郎。後晉時拜端明殿學士、中書侍郎、同中書門下平章事。入後漢,授太子太傅,封魯國公。後周時,贈侍中。善作詩詞。

〔2〕賀瓌(858—919):字光遠,五代時濮州(今山東鄄城北)人。初爲濮州刺史朱瑄馬步軍都指揮使,後降朱溫,授檢校左僕射、湘州刺史、宣義軍節度使。後晉攻梁,梁末帝以瓌爲招討使,與晉軍戰於胡柳陂(在濮州境内),先勝後敗,不久病卒。贈侍中。

〔3〕唐莊宗:即李存勗(885—926),沙陀人,本姓朱邪氏,晉陽(今山西太原)人,五代時期後唐開國皇帝。唐末河東節度使、晉王李克用長子,以勇猛聞名。繼晉國王位後,四處征戰,開疆擴土,後在魏州(河北大名府)稱帝,國號"唐",史稱後唐。同年滅後梁,統一了北方大部。因不思進取,寵信伶人,終死於兵變。

18.1.7 盧度世[1]

《北史》:盧度世以崔浩事,[2]棄官逃於高陽鄭羆家,羆匿之。使者囚羆長子,將加捶楚。羆誡之曰:"君子殺身以成仁,[3]汝雖死勿言。"子奉父命,遂被拷掠,[4]乃至火爇其體,[5]因以物故,[6]卒無所言。度世後令弟娶羆妹,以報其恩。

校注：

〔1〕本條本自《北史》卷三十《盧度世傳》，《魏書》卷四十七《盧度世傳》亦載。盧度世（419—471），字子遷，北魏范陽涿（今河北涿州）人。幼而聰達。爲中書學生，應選東宫。坐崔浩事，棄官匿於高陽，遇赦乃出。拜中書侍郎，加鎮遠將軍，除散騎侍郎。出使南朝宋孝武帝，應對失衷，因被禁劾經年。後除假節、鎮遠將軍、齊州刺史。諡惠侯。

〔2〕以崔浩事：詳見13.5.10"崔恬"條注〔2〕。

〔3〕仁：原作"人"，今據《北史》正。

〔4〕考掠：亦作"拷掠"。拷打。

〔5〕蒻（ruò）：燒灼，焚燒。

〔6〕物故：死亡。《漢書・蘇武傳》："前以降及物故，凡隨武還者九人。"顔師古注："物故謂死也，言其同於鬼物而故也。"王先謙補注引宋祁曰："物，當從南本作殁，音没。"

18.2　財婚

18.2.1　陽雍伯[1]

干寶《搜神記》：陽公雍伯，洛陽縣人。[2]性篤孝。父母亡，葬無終山，[3]遂家焉。山高無水，公汲水，作義漿於坂頭，[4]行者皆飲之。居三年，有一人就飲，出一升石子與之，[5]云："便向平好地有石處種之，玉當生其中。後當得好婦。"言訖不見。公乃種其石。數年往視，玉子生焉。北平徐氏有女，多求不許。公試求焉。徐氏以爲狂，乃戲媒人曰："得白璧一雙來，當與爲婚。"公至所種石田中，[6]得白璧五雙，以聘。徐氏大驚，[7]遂以女妻之。天子異之，拜爲大夫。於種玉之處，名爲"玉田"。生十男，皆俊異，位至卿相。今右北平諸陽，其後也。[8]

校注：

〔1〕本條本自干寶《搜神記》卷十一，《水經注》卷十四、《藝文類聚》卷八十三、《太平廣記》卷二百九十二、《類説》卷七《搜神記》"設義漿"條、《紺珠集》卷七《搜神記》"種玉得婦"條、《氏族大全》卷八"十陽"婚姻"種璧"條等均録之。後以"種玉"比喻締結良姻。陽：或作"揚""楊""羊"，均非。雍伯：今本作"伯雍"，又或無"伯"字。

〔2〕縣：原脱，今據《搜神記》補。洛：今本作"雒"。雒本爲鵂鳥名，可通"洛"。

〔3〕無終山：在今河北玉田縣城西北。

〔4〕義漿：舊時施捨行人的漿水。

〔5〕升：今本作"斗"。《類説》《紺珠集》《氏族大全》作"升"。

〔6〕田：原脱，今據《搜神記》補。

〔7〕大：原訛作"未"，今據《搜神記》正。

〔8〕"生十男"至"其後也"今本《搜神記》無，《太平廣記》有。右北平：郡名，戰國時燕國置。治所屢次改易，西晉改爲北平郡。

18.2.2　張公[1]

《神仙傳》：張老者，六合縣園叟。[2]鄰有韋恕，女既笄，召媒訪良婿。張老曰："幸爲我求之。"媒罵曰："何不自度，豈有衣冠之女肯嫁園叟耶？"[3]老曰："但一言之，不從則已。"媒入言之。韋怒曰："爲吾報之：今日内得五百緡則可。"老曰："諾。"不移時而錢至。[4]韋大驚，曰："吾度其必無而言之，今如之何？"潛候其女。女曰："此固命也。"不得已,遂許焉。張老既娶韋氏,園業不廢,[5]負穢钁地,鬻蔬不輟。其妻躬執爨濯,了無怍色。[6]親戚咸惡之。老曰:"今既相厭,去亦何難?王屋山下有小莊,[7]明旦且歸。他日相思,可令大兄來天壇山南相訪。"既去,杳然無耗。[8]後數年,恕令男義方至天壇山訪之。遇其奴,曰:"大郎子何久不來?"[9]引至一甲第。[10]青衣引一衣冠人,引韋前拜,乃張老也。言曰:"賢妹略梳頭即奉見。"引入堂內,略敘寒溫而已。留經日而別,奉金二十鎰,[11]並一故席帽,曰:"兄若無錢,可於揚州賣藥王老家取一千萬,[12]持此爲信。"韋歸,持帽往王老家,果得錢。後再尋之,不復有路。

校注:

〔1〕本條本自《神仙傳》,《太平廣記》卷十六《神仙》十六"張老"條謂出自《續玄怪錄》,《類說》卷十一《幽怪錄》"韋女嫁張老"條亦錄之。《太平廣記》所載最詳。

〔2〕六合縣:原屬揚州,今屬南京市六合區。

〔3〕衣冠:本指衣和冠,這裏代稱士大夫。

〔4〕移時:經過一段時間。

〔5〕園:原脱,今據《太平廣記》補。

〔6〕爨濯:做飯和洗刷,這裏泛指家務。怍(zuò)色:羞慚的神色。

〔7〕王屋山:位於今河南濟源市,中國古代九大名山之一。下文天壇山爲其主峰。

〔8〕耗:消息,音信。

〔9〕子:原脱,今據《太平廣記》補。

〔10〕甲第:舊時豪門貴族的宅第。

〔11〕鎰(yì):古代重量單位。合二十兩,一説二十四兩。

〔12〕揚州賣藥王老家：是以憑證來存取錢的店鋪。既言"賣藥"，則存取錢爲其兼營業務，而且存取雙方相當熟稔。詳參陳磊《從〈太平廣記〉的記載看唐後期五代的商人》。

18.2.3　屠牛吐[1]

齊王厚送女，欲妻屠牛吐，屠牛吐辭以疾。其友曰："子終死腥臭之肆而已乎！[2]何爲辭之？"吐應之曰："其女醜。"其友曰："子何以知之？"吐曰："以吾屠知之。"其友曰："何謂也？"吐曰："吾肉善，如量而去苦少耳。[3]吾肉不善，雖以他附益之，[4]尚猶賣不售。[5]今厚送子，子醜故耳。"其友後見之，果醜。《傳》曰：[6]"目如擗杏，[7]齒如編蠐。"[8]《韓詩外傳》

校注：

〔1〕本條本自《韓詩外傳》，見該書卷九。《韓詩外傳》，西漢燕人韓嬰編著。韓嬰，生卒年不詳。漢文帝時爲博士，景帝時爲常山王太傅，武帝時曾與董仲舒辯論於朝廷。該書是一部由三百六十條軼事、道德説教、倫理規範以及實際忠告等不同内容組成的雜編，一般每條都引《詩經》句子作結論，以支持政事或論辯中的觀點。多述孔子軼聞、諸子雜説和春秋故事。今人許維遹有《韓詩外傳集釋》，可參。

〔2〕終：原訛作"孫"，今據《韓詩外傳》正。

〔3〕苦：原訛作"若"，今據《韓詩外傳》正。如量而去：謂如數全賣出去。

〔4〕他：原作"吾"，據許維遹《韓詩外傳集釋》改。

〔5〕賣：今本作"賈"。

〔6〕傳曰：原作"其傳"，今據《韓詩外傳》正。

〔7〕如：原脱，今據《韓詩外傳》補。擗(pǐ)：裂開。

〔8〕蠁：原作"貝"，據《韓詩外傳》改。蠁（xiǎng），蟲名，即土蛹，又名地蛹、知聲蟲，如蠶而大，出土中。二句均用來形容女子貌醜。

18.2.4　秦伯[1]

韓子曰："昔秦伯嫁女於晉公子，爲之飾裝，[2]從文衣之媵七十人。[3]至晉，晉人愛其妾而不愛公女。[4]此可謂善嫁妾矣，未可謂善嫁女也。"

校注：

〔1〕本條本自《韓非子·外儲說左上》。《太平御覽》卷五百四十一《禮儀部》"婚姻下"所引與《婚禮新編》全同。

〔2〕今本句首尚有"令晉"二字。

〔3〕文衣：華美的服裝。

〔4〕不愛：《太平御覽》同，今本《韓非子》作"賤"。

18.2.5　鄒駱駝[1]

唐西京富商鄒鳳熾，肩高背曲，有似駱駝，時人號爲"鄒駱駝"。嘗因嫁女，邀諸朝士賓客數千，夜擬供帳，備極華麗。及女郎將出，侍婢圍繞，綺羅珠翠，垂釵曳履，[2]尤艷麗者數百人。衆皆愕然，不知誰是新婦。《兩京記》

校注：

〔1〕本條原謂本自《西京雜記》，但今本《西京雜記》不載此事。唐馮翊《桂苑叢談》"史遺"："鄒鳳熾，高宗時人，眉高背曲，住長安懷德坊。富於財，市南山木，每樹估一疋，自云：'山木可盡，我絹有

餘'乃鄒駱駝也。"《太平廣記》卷四百"鄒駱駞"條謂出自唐張鷟《朝野僉載》,卷四百九十五"鄒鳳熾"條謂出自《西京記》,《陝西通志》卷九十八《拾遺一·閒適》謂出自《獨異志》,《天中記》卷三十九《富·鄒駱駝》分爲兩條,前條謂出自《僉載》,後條謂出自唐韋述《兩京記》。鄒鳳熾爲唐人,故必不出《西京雜記》,《婚禮新編》之"《西京雜記》"當爲"《兩京記》"。今據正。韋述(697?—757),唐京兆萬年(今陝西西安)人。中宗景龍三年(709)進士。先後任櫟陽縣尉、起居舍人、集賢院直舍人、尚書工部侍郎,因在安史之亂中接受僞職而被流放至渝州,絕食而死,《舊唐書》卷一百二有傳。《兩京記》,一名《兩京新記》,凡五卷,成書於開元年間,全書已佚,日本金澤文庫藏有該書卷三殘本。兩都:指西安與洛陽。該書主要記載兩都的地理沿革、城市建制的興廢變遷,也記述了當時的政治、人物、風俗、中西文化交流以及掌故傳聞,具有較高的歷史和文學價值。

〔2〕曳履:拖着鞋子。形容閒暇、從容。

18.2.6 饒利用[1]

饒利用,其父故人柳氏薦往姚道古學,[2]數年而道古擢第,授德州從事。利用往謁之,大獲儲資。乃憑怙公人,賤糴貴貨,不數年,獲資息迨至十數倍。時有友人官於臨晉,貸於利用。及子本將伴,[3]遂往督之,時僅千緡。會劉孟堅新第,[4]授臨晉簿,頗窘,京負又繁,[5]因見利用能自矜飾,壯於資鏹,[6]乃以妹配焉。《野史》

校注:

〔1〕本條言出自《野史》,未詳何書。《氏族大全》卷六"饒":"饒利用家於臨晉,富於財。劉孟堅新第,授臨晉簿,見利用富於資

鋘,以妹嫁之。"臨晉：位於今山西臨猗。饒利用,撫州汝川（今屬江西）人。生平事跡不詳。

〔2〕姚道古：生卒年不詳,江西袁州人,端拱二年（989）進士,授德州從事,大中祥符間曾任南劍州知事。

〔3〕子本：利息和本金。侔（móu）：齊等,相當。

〔4〕劉孟堅（962—1022）：字良史,正史無傳。其先徐州沛縣人,後遷蜀。五世祖劉知俊爲唐末五代著名武將。孟堅博學有大志,蘇易簡曾稱賞其文。端拱元年（988）進士及第,歷官永濟縣尉、臨晉簿、汀州上杭縣尉、樂蟠主簿、陝縣知事等,在軍用物資轉運上頗有經驗。詳參楊瑋燕《宋〈劉孟堅墓誌〉若干問題淺析》。

〔5〕京負：未詳。

〔6〕資鋘：資財。鋘,成串等錢,後泛指錢財。

18.2.7　封述吝嗇[1]

封述前妻河内司馬氏。[2]一息,[3]爲取隴西李士元女,大輸財聘,及將成禮,猶競懸違。[4]忽取所供養像對士元打像爲誓,[5]士元笑曰："封公何處常得應急像,須誓便用？"[6]一息取范陽盧莊之女。述又逕府訴云：[7]"送騾乃嫌腳跛,[8]評田則云鹹薄,[9]銅器又嫌古廢。"皆爲吝嗇所及,每致紛紜。

校注：

〔1〕本條本自《北齊書》卷四十三《封述傳》。封述,字君義,北齊渤海蓨（今河北景縣）人。初爲魏濟州征東府鎧曹參軍,後遷尚書三公郎中。東魏時歷彭城太守、行東徐州刺史、廷尉少卿、兼給事黃門侍郎。仕北齊,官至殿中尚書。

〔2〕司：原脱,今據《北齊書》補。

〔3〕一息：一個兒子。
〔4〕競：爭辯。懸違：（地位等）相差懸殊。
〔5〕打像：對着畫像。爲：今本《北齊書》作"作"。作誓：立誓詞。
〔6〕便：原作"使"，今據《北齊書》正。
〔7〕迳：原作"經"，今據《北齊書》正。迳府，登門。
〔8〕騾：原作"騍"（kè，母馬），今據《北齊書》正。
〔9〕評田：送給田地。

18.2.8　蕭惠開[1]

蕭惠開妹當適桂陽王休範，女又適孝武子，[2]發遣之資，應須二千萬。[3]乃以爲豫章内史，[4]肆意聚納，由是在郡著貪暴之名。[5]

校注：
〔1〕本條本自《宋書》卷八十七《蕭惠開傳》。蕭惠開（423—471），南朝宋南蘭陵（今江蘇常州）人。初爲秘書郎，襲封封陽縣侯。爲豫章内史，有貪暴之名。拜益州刺史，用刑麗酷，蜀人怨稱卧虎。明帝即位，惠開響應晉安王蕭子勛反，事敗而赦不問。尋除少府，加給事中，終不得志。
〔2〕孝武：宋世祖劉駿諡號。
〔3〕二：原訛作"一"，今據《宋書》正。
〔4〕内：原訛作"長"，今據《宋書》正。
〔5〕名：今本《宋書》作"聲"。

18.2.9　衛人[1]

韓子曰：衛人嫁其子而教之曰："必私積聚，[2]爲人婦而出,常也;其成居,[3]幸也。"其子因私積聚,其姑以爲多私而出之,其子所以反者倍其所以嫁。[4]其父不自罪於教子非也,而自知其益富。[5]

校注:

〔1〕本條本自《韓非子·説林上》。
〔2〕私積聚:攢私房錢。
〔3〕成居:白頭到老。王先慎《韓非子集解》本句引《尚書·益稷》鄭注云:"成,猶終也。"
〔4〕以:介詞,拿。
〔5〕知:通"智",聰明。

18.3　棄華尚素

18.3.1　袁隗[1]

汝南袁隗妻,扶風馬融之女,[2]字倫。少有才辨,家世豐豪,裝遣甚盛。及初成禮,隗問之曰:"婦奉箕箒而已,何乃過珍麗乎?"對曰:"慈親垂愛,[3]不敢違命。[4]君若慕鮑宣、梁鴻之高,妾亦請從少君、孟光之事。"[5]又曰:"弟先兄舉,世以爲笑。今處姊未適,[6]先行可乎?"答曰:"妾姊高行殊邈,未遭良匹,不似鄙薄,苟然而已。"隗不能屈,帳外聽者爲慚。《後漢》

校注:

〔1〕本條本自《後漢書·列女傳·袁隗妻》。袁隗(?—190),字次陽,東漢豫州汝南汝陽(今河南商水)人。袁紹、袁術之叔,官

至太尉、太傅。後因袁紹反董卓而被牽連,遭董卓殺害。

〔2〕馬融:見16.1.2"馬融"條。

〔3〕垂:原訛作"重",今據《後漢書》正。

〔4〕違:今本《後漢書》作"逆"。

〔5〕鮑宣、梁鴻:見16.1.3"鮑宣"條及14.2.2"孟光"條。

〔6〕今:原脱,今據《後漢書》補。處姊:未出嫁的姐姐。

18.3.2　孔淳之[1]

孔淳之與王敬弘等共爲人外之遊,[2]申以婚姻。敬弘女妻淳之子尚,以烏羊繫所乘車轅,[3]提壺爲禮。至則盡歡,迄暮而歸。妻怪之,答曰:"固亦農夫田父之禮也。"

校注:

〔1〕本條本自《南史》卷七十五《孔淳之傳》,《宋書》卷九十三《孔淳之傳》亦錄之。孔淳之,字彥深,南朝宋魯郡魯(今山東曲阜)人,孔子後。性好山水,與友共爲世外之遊。會稽太守苦邀之,終不肯往。宋文帝元嘉初,征爲散騎常侍,乃逃於上虞縣界,莫知所在。

〔2〕共:原訛作"世",今據《宋書》正。人外:猶世外。王敬弘(360—447),本名王裕之,南朝宋琅邪臨沂(今屬山東)人。因與宋武帝劉裕同名,避諱而以字行。東晉末,起家左常侍、衛軍參軍。劉宋初,爲度支尚書,累遷吏部尚書。宋文帝時歷尚書僕射、尚書令。晚年辭官歸會稽,屢征不就,謚文貞。性恬靜,樂山水,所居舍亭山,景色優美,時人謂之"王東山"。《宋書》卷六十六有傳。

〔3〕烏羊:黑羊。因非上品,古人常以爲禮物之微薄者。

18.3.3　裴坦[1]

《僖宗實錄》:裴坦爲相,性儉素。子取楊收女,[2]資給

豐厚，器用多犀玉。坦見之，盛怒，命壞之。曰："殃我家矣。"而收終以賄敗。坦居太平里，號"太平裴相"。《北夢瑣言》

校注：

〔1〕本條本自《北夢瑣言》所引《僖宗實錄》，見該書卷九《裴楊操尚》。《僖宗實錄》三十卷，宋龍圖閣直學士宋敏求（1019—1079）撰。今已佚。敏求又撰《唐宣宗實錄》三十卷、《唐懿宗實錄》三十卷（一作二十五卷）、《唐昭宗實錄》三十卷、《唐哀帝實錄》八卷，通百二十八卷，世服其博聞。裴坦（？—874），字知進，唐絳州聞喜（今屬山西）人。文宗朝進士。累拜左拾遺、史館修撰，出爲楚州刺史。後入爲職方郎中，進禮部侍郎，以中書侍郎同中書門下平章事。

〔2〕楊收（816—868）：字藏之，唐同州馮翊（今陝西大荔）人，少以神童著稱，武宗朝進士，歷任校書郎、監察御史、吏部員外郎、翰林學士、中書舍人、兵部侍郎等職。後加同中書門下平章事，遷刑部尚書。稍務華靡，罷相，出爲宣歙觀察使。又貶爲端州司馬，長流驩州。後賜死。

18.3.4　劉凝之[1]

劉凝之妻，梁州刺史郭銓女，[2]遣送豐麗，凝之悉散之屬親。[3]妻亦能不慕榮華，與凝之共居儉苦。《南史》

校注：

〔1〕本條本自《南史》卷七十五《劉凝之傳》，《宋書》卷九十三亦錄之。劉凝之（390—448），字志安，南朝宋南郡枝江（今湖北宜昌枝江東北）人，慕老萊、嚴子陵爲人，非其力不食。屢征不就。性

好山水,攜家人隱居衡山,采藥服食。

〔2〕郭銓(?—406):東晉益州刺史、鷹揚將軍、前將軍、梁州刺史,曾投降桓玄,以數千人守溢口。犍爲太守勸郭銓以蜀反,殷仲堪斬之。

〔3〕屬親:猶親屬。

18.3.5　范文正公[1]

范文正之子純仁娶婦歸,[2]或傳婦以羅爲帳幔者。公聞之,不悦,曰:"羅綺豈帷幔之物耶?吾家素清儉,安得亂吾家法?敢持至吾家,[3]當火於庭!"《遺事》

校注:

〔1〕本條本自《遺事》,即范仲淹次子范純仁所撰《范文正公言行拾遺事錄》。該書凡四卷,記載了一些范仲淹的言行遺事,間有荒誕不經者。范仲淹(989—1052),字希文,宋蘇州吳縣(今屬江蘇)人。真宗朝進士,歷秘閣校理、右司諫、權知開封府。忤吕夷簡,出知饒、潤、越三州。復任陝西經略安撫副使、緣邊招討使等職,防御西夏數年。入爲樞密副使,進參知政事。因推行新政而罷政,出知邠州。官終户部侍郎、知青州,諡文正。《宋史》卷三百一十四有傳。

〔2〕范純仁(1027—1101):字堯夫,宋蘇州吳縣(今屬江蘇)人,范仲淹次子。仁宗朝進士。嘗從胡瑗、孫復學。初知襄城縣,累官侍御史、同知諫院,出知河中府,徙成都路轉運使。哲宗立,除給事中、同知樞密院事,後兩度拜相,人稱"布衣宰相",累貶永州安置。徽宗立,復任觀文殿大學士,以目疾乞歸。諡忠宣。《宋史》卷三百一十四有傳。

〔3〕至:今本《遺事》作"歸"。

18.4　謙遜

18.4.1　敝無存[1]

　　齊侯伐晉夷儀。敝無存之父將室之,[2]辭,以與其弟,曰:"此役也,不死,反,必娶於高、國。"注:"無存,齊人也。室之,謂取婦也。[3]高氏、國氏,齊貴族也。無存欲必有功,[4]還娶卿相之女也。"定公九年

校注:
〔1〕本條本自《左傳·定公九年》。
〔2〕室:娶妻,成家。《韓非子·外儲説右下》:"丈夫二十而室,婦人十五而嫁。"
〔3〕謂:今本作"爲"。
〔4〕有:原脱,今據《左傳》補。

18.4.2　黄公[1]

　　《尹文子》曰:齊有黄公者,好謙卑。有二女,皆國色。常謙辭毁之,以爲醜惡,醜惡之名遂遠布。年過而一國無敢聘者。衛有鰥夫失時,[2]冒娶之,果國色。

校注:
〔1〕本條本自《尹文子·大道上》。
〔2〕失:今本《尹文子》無,恐涉"夫"而脱。

18.4.3 蒼吾繞[1]

《淮南子》曰："蒼吾繞取妻而美，以讓其兄，此所謂忠愛而不可行者也。"[2]注："蒼吾繞，孔子時人，以妻美好，推與其兄。於兄則愛矣，[3]而違親迎曲顧之義，[4]故曰'不可行也'。"[5]《家語》曰："蒼梧嬈取妻而美，讓與其兄。讓則讓矣，非禮之讓也。"《六本篇》

校注：

〔1〕本條本自《淮南子·氾論訓》及《孔子家語·六本篇》。
〔2〕所：原脱，今據《淮南子》補。
〔3〕於：今本《淮南子》無。
〔4〕迎：原訛作"近"，今正。義：今本《淮南子》作"誼"。曲顧，古代迎親禮儀之一。婿至女家迎女，出門登車，授女以綏，自御輪三周，然後下車先女而歸。此時須回頭顧視，謂之曲顧禮。
〔5〕曰：原脱，今據《淮南子》補。

18.4.4 韋孝寬[1]

韋孝寬長子諶年十歲，[2]文帝欲以女妻之。孝寬辭以兄子世康年長。帝嘉之，遂妻世康。《北史》

校注：

〔1〕本條本自《北史》卷六十四《韋孝寬傳》，《周書》卷三十一亦錄之。其人介紹詳見15.5.2"韋孝寬"條。
〔2〕諶：原訛作"湛"，今據《北史》正。

18.4.5 劉芳[1]

宋文帝太子恂之在東宮,[2]帝欲爲納劉芳女,芳辭以年貌非宜,帝嘆其謙謹。

校注:

〔1〕本條本自《魏書》卷五十五《劉芳傳》。劉芳(453—513),字伯文,北魏彭城(今江蘇徐州)人。篤志經典,人稱爲"劉石經"。初兼主客郎,遷國子祭酒。後爲散騎常侍、徐州大中正、行徐州事。累遷中書令,出除青州刺史。還朝,轉太常卿,定律令及朝儀。諡文貞。

〔2〕宋文帝:即劉義隆(407—453),宋武帝劉裕第三子。文帝有二十八子,無名恂者。

18.5 連襟[1]

校注:

〔1〕連襟:姊妹丈夫之互稱或合稱。

18.5.1 叔隗季隗[1]

晉公子重耳奔狄。狄人伐廧咎如,[2]獲其二女叔隗、季隗,納諸公子。公子取季隗,以叔隗妻趙衰。_{僖公二十三年}

校注:

〔1〕本條本自《左傳·僖公二十三年》。

〔2〕廧咎(qiánggāo)如:春秋時夷國名,隗姓,赤狄別種,在今山西太原一帶。

18.5.2 蔡哀侯息侯[1]

《左傳》：蔡哀侯取於陳，息侯亦娶焉。息嬀將歸，過蔡。蔡侯曰："吾姨也。"止而見之，弗賓。息侯聞之，怒，使謂楚文王曰："伐我！吾求救於蔡而伐之。"楚子從之。莊十年[2]

校注：

[1] 本條本自《左傳·莊公十年》。蔡哀侯（？—前675），姬姓，名獻舞，又稱蔡季，春秋時期蔡國君主，在位二十年。爲人好色輕浮。與息侯爲連襟，而非禮息嬀。息侯慫恿楚文王攻打蔡國，並俘哀侯。哀侯復慫恿楚文王滅息國。爲討好息嬀，文王又興兵攻伐蔡國，哀侯投降。

[2] 十年：原作"十一年"，今據《左傳》删"一"字。

18.5.3 彌子子路[1]

子路在弟子中號爲好勇，[2]天下之至剛強人也；[3]而衛彌子者，至以色悦人，天下之至柔弱人也，然同爲友婿。[4]故《孟子》曰："彌子之妻，與子路之妻，兄弟也。彌子謂子路曰：'夫子主我，衛卿可得也。'"[5]夷考其時，正衛靈公之時也，[6]何二人賦性之殊也？[7]

校注：

[1] 本條本自宋馬永卿《懶真子》卷二。馬永卿（1085？—1147後），字大年，北宋合肥（今屬安徽）人。徽宗朝進士。歷任永城主簿、浙川縣令、江都承、夏縣令，後拜左朝散郎，終官侍讀學士。晚年退居鉛山（今屬江西）。《懶真子》，凡五卷，考證筆記，亦有一

部分瑣聞軼事和神異内容，均爲馬永卿讀書遊學及與師友談論隨手所記。彌子：即彌子瑕，衛靈公寵臣。

〔2〕中：原脱，今據《懶真子》補。

〔3〕至、人：二字原脱，今據《懶真子》補。

〔4〕友婿：即連襟。《漢書·嚴助傳》："助侍燕從容，上問助居鄉里時，助對曰：'家貧，爲友婿富人所辱。'"顔師古注："友婿，同門之婿。"

〔5〕此句本自《孟子·萬章上》。兄弟：這裏指姐妹。古代姐妹亦可稱兄弟。主：寓居。《史記·孔子世家》："孔子至陳，主於司城貞子家。"

〔6〕夷考其時：原作"彌子老其"，不辭，今據《懶真子》正。夷考：考察。正：原脱，今據《懶真子》補。

〔7〕段末馬永卿注曰："《爾雅》曰：'兩婿相謂爲亞。'注云：'今江東人呼同門爲僚婿，《嚴助傳》呼友婿，江北人呼連袂，又呼連襟。'"《婚禮新編》未録。

18.5.4　大橋小橋[1]

周瑜字公瑾，爲中護軍，從孫策攻皖，拔之。[2]時得橋公兩女，皆國色。策自納大橋，瑜納小橋。策從容戲瑜曰："橋公二女雖流離，得吾二人作婿，亦足爲歡。"瑜時年二十四，[3]吴中皆呼爲"周郎"。《吴志》

校注：

〔1〕本條本自《三國志·吴書·周瑜傳》。大橋小橋：亦分別作"大喬""小喬"，分别爲孫策、周瑜之妻。周瑜（175—210），字公瑾，三國吴廬江舒（今安徽廬江西）人。少從孫策征伐，爲建成中郎將，助策在江東建立孫氏政權。策死，輔孫權，任前部大都督。赤

壁之戰中,聯合劉備,大破曹軍。拜偏將軍,領南郡太守。後病卒。

〔2〕之:原脱,今據《三國志》補。

〔3〕時:原脱,今據《三國志》補。

18.5.5　王庾[1]

宋武帝使王華爲桓修訪素門,[2]嫁其二女。華爲從父弟取大女,以小女適潁川庾敬度,[3]亦是舊族。[4]《南史》

校注:

〔1〕本條本自《南史》卷二十三《王琨傳》。王琨乃王華從父弟。王華(385—427),字子陵,南朝宋琅邪臨沂(今屬山東)人。東晉末,劉裕辟爲主簿。入宋,隨劉義隆鎮江陵,爲諮議參軍。義隆即位(文帝)後任侍中、右衛將軍,遷護軍將軍。

〔2〕桓修(?—404):字承祖,東晉譙國龍亢(今安徽懷遠)人。晉簡文帝婿,任吏部郎、左衛將軍、荆州刺史等職,後免官。復任中護軍、征虜將軍、江州刺史。桓玄執政,命桓修都督六州軍事,任右將軍、徐兗二州刺史。玄篡位,拜撫軍大將軍、安成王。劉裕起兵伐玄,修被誅。

〔3〕爲從父弟:原殘泐,今據《南史》補。敬:原訛作"叔",今據《南史》正。庾敬度,生平事跡不詳。

〔4〕舊族:指舊時曾有一定社會政治地位的家族。潁川庾氏雖屬新出門户,但入南朝亦成舊族。

18.5.6　蕭陸[1]

蕭嵩容貌偉秀,美鬚髯。初,婚賀晦女,[2]僚婿陸象先,宰相子,[3]時爲洛陽尉,已有名,士争往交,而嵩汩汩未仕，[4]人不之異。宣州夏榮善相，謂象先曰："陸郎十年内位極人臣，然不及蕭郎一門盡貴，官位高而有壽，舉門蕃熾。"[5]時人未之許。後嵩至太子太師，象先至太子太保。嵩子衡尚新昌公主。[6]妻入謁，帝呼爲"親家"。

校注：

〔1〕本條本自《舊唐書》卷九十九《蕭嵩傳》及《新唐書》卷一百一《蕭嵩傳》。蕭嵩（668—749），唐南蘭陵（今江蘇常州）人，歷官洺州參軍、中書舍人、宋州刺史、尚書左丞等職。後以兵部尚書領朔方節度使，徙河西節度使，授同中書門下三品，進兼中書令，封徐國公，加拜太子太師。後罷相，貶青州刺史，復拜太子太師，以老致仕。

〔2〕女：原脱，今據《舊唐書》補。賀晦：生平事跡不詳。

〔3〕陸象先（665—736）：字崇賢，唐蘇州吳（今江蘇蘇州）人。舉制科第，歷遷監察御史、中書侍郎，睿宗時進同中書門下平章事。玄宗時封兖國公，出爲劍南按察使，累遷太子少保。諡文貞。

〔4〕汩汩：淪落。

〔5〕蕃熾：茂盛，興旺。

〔6〕蕭衡（684—752）：字景平，蕭嵩子，官太僕卿、駙馬都尉。娶玄宗女新昌公主爲妻。其子蕭復爲德宗朝宰相。故夏榮曰："蕭郎一門盡貴"。

18.5.7 二崔[1]

崔休弟之子愍，[2]字長謙。濟州刺史盧尚之欲以長女妻之，[3]休爲子愓求尚之次女，[4]曰："家道多由婦人，欲令姊妹爲娣姒。"尚之感其義，於是同日成昏。休誡諸子曰："汝等宜皆一體,勿作同堂意。[5]若不用吾言,鬼神不享汝祭祀。"

校注:

〔1〕本條本自《北史》卷二十四《崔悛傳》。崔休,詳見17.2.34"崔休"條。

〔2〕崔潛:字長謙,崔寅子,崔休侄,北魏清河東武城(今河北清河東北)人。歷任著作佐郎、青州司馬、司徒諮議,加金紫光禄大夫。後兼散騎常侍,使梁。及還,未入境而卒,贈南青州刺史。

〔3〕盧尚之(463—524):字季儒,小字羨夏,北魏范陽涿縣(今河北涿州)人。歷官議郎、諮參議軍、太尉主簿、范陽太守、章武內史兼司徒右長史,加冠軍將軍,轉右長史。後出爲前將軍、濟州刺史,入爲光禄大夫。卒贈散騎常侍、安東將軍。

〔4〕崔悛(494—554):字長孺,北齊清河東武城(今河北清河東北)人。初爲北魏武帝挽郎,起家太學博士。後坐事免官。附高歡,爲諮議參軍。東魏孝靜帝時累官徐州刺史、七兵部尚書、清河邑中正。官終北齊東兗州刺史。本句《北史》作"休子悛爲長謙求尚之次女"。校勘記引張森楷云:"案尚之自欲以長女妻長謙,則不待求矣。玩下文'欲令姊妹爲妯娌'語,當是休以子悛年長,爲求尚之長女,而爲長謙求尚之次女,于事情乃合。"故校勘記疑"妻"下衍"之"字,"悛"下脱"休"字。並云蓋尚之自欲以長女妻休子悛,而休復爲長謙求尚之次女。

〔5〕誡:原作"戒",今據《北史》正。同堂:同處一堂。

18.5.8 賈充二婿[1]

晉賈充二女,一爲齊王攸妃,[2]一爲武帝太子妃。[3]武帝疾篤,朝廷屬意齊王。河南尹夏侯和謂充曰:"卿二女婿,親疏等耳,立人當立德。"充不答。

校注：

〔1〕本條本自《晉書》卷四十《賈充傳》。賈充（217—282），字公閭，西晉平陽襄陵（今山西襄汾）人，仕魏爲尚書郎，累遷大將軍司馬、廷尉。西晉建國功臣，封魯郡公，遷侍中。與皇室聯姻，地位愈顯。諡武。

〔2〕此女名賈褒，賈充長女，嫁齊王司馬攸（248—283）。攸乃司馬昭次子。

〔3〕此女名賈南風，賈充三女，嫁晉惠帝司馬衷（259—307）。衷乃晉武帝司馬炎次子，西晉第二位皇帝（290—306）。

18.5.9 王歐[1]

王拱辰與歐陽文忠公同爲薛簡肅公子婿。[2]文忠與拱辰雖爲友婿，文忠心少之。[3]文忠爲參政時，吏擬進拱辰爲僕射，文忠曰："僕射，宰相官也。王拱辰非曾任宰相者，不可。"終身不至執政。

校注：

〔1〕本條本自邵伯温《邵氏聞見錄》卷八。歐：原訛作"敺"，今正。

〔2〕王拱辰（1012—1085）：字君貺，宋開封咸平（今河南通許）人。仁宗朝進士。累官翰林學士，知開封府，遷御史中丞。反對慶曆新政。出知鄭、澶等州。後拜三司使，使契丹。坐事被劾，出任外官多年。仕終彰德軍節度使。諡懿恪。《宋史》卷三百一十八有傳。歐陽文忠公：即歐陽修（1007—1072）。修字永叔，號醉翁，晚年又號"六一居士"，北宋吉州永豐（今江西吉安永豐）人，自稱廬陵人。諡文忠，世稱歐陽文忠公，卓越的政治家、文學家、史學家，唐

宋八大家之一。《宋史》卷三百一十九有傳。薛簡肅公：即薛奎（967—1034）。奎字宿藝，北宋絳州正平（今山西新絳）人，太宗朝進士。歷淮南轉運副使、江淮制置發運使，入爲三司副使，權知開封府，後拜御史中丞，任參知政事，以疾辭位。諡簡肅。《宋史》卷二百八十六有傳。子婿：女婿。

〔3〕少：輕視。

18.5.10　范鄭王滕[1]

李參政昌齡家，[2]女多得貴婿。參政范公仲淹、樞副鄭公戩，[3]皆自小官布衣選配，爲連袂。及都官公晉卿，[4]有二女，[5]其長子太廟齋郎遜，[6]與前岳州判官王陶樂道、布衣滕甫元發相善，[7]多會於許之長葛。一旦李死，附家人語云："吾二女，[8]長者配樂道，次者元發。我家得二婿，足矣。"然時二君，一雖仕，一尚在場屋，皆非常士也。而李陰有所知，家人及二君亦樂從，[9]遂皆連袂。次舉，元發第三人登科，而王尚幕職。[10]不日進擢，相繼爲翰林學士，已而遂爲兩府。故世多傳李氏之門女多貴焉。吳曾《漫錄》

校注：

〔1〕本條本自宋吳曾《能改齋漫錄》卷十八《神仙鬼怪·李氏之門女多貴》。《能改齋漫錄》，南宋吳曾撰。吳曾，字虎臣，崇仁（今屬江西）人。生卒年不詳。因應試不第，遂獻書秦檜，得補右迪功郎，後改右承奉郎、宗正寺主簿、太常丞、玉牒檢討官，遷工部郎中，出知嚴州，後辭官。該書是一部歷史筆記集，編刊於高宗紹興二十四至二十七年間（1154—1157），數年後被禁毀。光宗紹熙元年（1190）始重刊版，但已非舊貌。今本共十八卷，分事始、辨誤、事

實等十三門,記載史事,辨證詩文典故,解析名物制度,資料豐富,援引廣泛,存有不少文獻佚文,但考證亦有失實之處。

〔2〕李昌齡(937—1008):字天錫,北宋宋州雍丘(今河南杞縣)人。太宗朝進士,歷通判銀州。以獻詩擢右拾遺,知廣州。後由御史中丞參知政事,加戶部侍郎。坐事,貶忠武軍節度,知梓州、河陽府等。《宋史》卷二百八十七有傳。

〔3〕參政范公仲淹:詳見14.1.9"晏元獻"條注〔4〕。樞副鄭公戩(992—1053):字天休,蘇州吳縣(今江蘇蘇州)人。師事楊億,仁宗朝進士,歷官龍圖閣學士,知開封府,官至樞密副使、陝西四路都總管。諡文肅。《宋史》卷二百九十二有傳。二人分別娶李昌齡侄女爲妻。

〔4〕都官公晉卿:即李晉卿。

〔5〕蘇軾《滕學士甫墓誌銘》:"娶李氏,唐御史大夫棲筠之後晉卿之女。累封建安郡君。先公卒,贈永寧郡君。"(見《名臣碑傳琬琰集》中卷二十三)又,范鎮《王尚書陶墓誌銘》:"初娶陳氏,潁川郡君;再娶李氏,京兆郡君,繼室京兆之姊永安郡君,皆先公以亡。"(見《名臣碑傳琬琰集》中卷二十四)據此,滕甫娶李晉卿一女,王陶相繼娶李家姊妹二人,故李晉卿當有三女,則"二"當爲"三"之誤。

〔6〕李逖:未詳。

〔7〕王陶(1020—1080):字樂道,北宋京兆萬年(今陝西西安)人。仁宗朝進士,歷官岳州軍事判官、監察御史裏行、右正言。加直史館、知制誥。神宗時權御史中丞、權三司使,遷給事中,出知蔡州、河南府、汝州,卒贈吏部尚書,諡文恪。《宋史》卷三百二十九有傳。滕甫(1020—1090):字元發,北宋東陽(今屬浙江)人。仁宗朝進士。官大理評事,召試,授太子中允、集賢校理。歷御史中丞、翰林學士知開封府。復以龍圖閣學士知揚州。諡章敏。《宋史》卷三百三十二有傳。

〔8〕二女:原作"未知",今據《能改齋漫錄》正。"二"亦當爲

"三"之誤。

〔9〕從：原作"聞"，今據《能改齋漫錄》正。

〔10〕幕職：地方長官的屬吏，因在幕府供職，故稱。

18.5.11　亞婿[1]

《爾雅》曰："兩婿相謂爲亞婿。"注云："今同門婿爲僚婿是也。"《毛詩》："瑣瑣姻亞，則無膴仕。"[2]注："瑣瑣，小貌。兩婿相謂曰亞。"言一人取姊，一人取妹，相亞次也。

校注：
〔1〕本條本自《爾雅·釋親》及《詩·小雅·節南山》。
〔2〕仕：原訛作"仕"，今據《毛詩》正。膴（wǔ）仕：高官厚禄。

18.5.12　友婿[1]

上問嚴助居鄉里時，助曰："家貧，爲友婿富人所辱。"注："同門之婿曰友婿。"

校注：
〔1〕本條本自《漢書》卷六十四上《嚴助傳》。嚴助（？—前122），西漢會稽吳（今江蘇蘇州）人。本姓莊，東漢避明帝諱，改嚴。舉賢良，對策善，擢爲中大夫。後拜會稽太守。與淮南王劉安交好，安反，坐罪誅。

18.5.13　大虎小虎[1]

吳主孫權步夫人生二女，長曰魯班，字大虎，前配周瑜子循，後配全琮；[2]少曰魯育，字小虎，前配朱據，後配劉纂。

校注：

〔1〕本條本自《三國志·吳書·吳主權步夫人傳》。步夫人（？—238），臨淮淮陰（今江蘇淮陰西北）人，孫權妃，最受寵愛。卒追封爲皇后。

〔2〕全：原訛作"金"，今據《三國志》正。

18.5.14　兩女乘龍[1]

《楚國先賢傳》：孫雋字文英，[2]與李元禮俱取太尉桓焉女，[3]時人謂桓叔元兩女俱乘龍。言得婿如龍也。一本云孫秀。《初學記》六云黃尚

校注：

〔1〕本條本自晉張方（一説楊方、張輔）撰《楚國先賢傳》。該書記載從春秋至西晉初年"楚國"地區先賢的事跡，原書十二卷，元代已經亡佚，現只輯録出二十八人。

〔2〕雋：今本作"儁"。孫雋，未詳。

〔3〕桓：原闕筆訛作"栢"。焉：或作"延""玄"，均誤。李元禮（110—169），名膺，東漢潁川襄城（今屬河南）人。出仕之初舉孝廉，後歷任青州、漁陽等地太守、烏桓校尉、徵度遼將軍、河南尹，號稱"天下楷模"。黨錮之禍中被殺。桓焉（？—143），字叔元，東漢沛郡龍亢（今安徽懷遠西北）人。明經篤行，有名于時。遷侍中、步兵校尉、太子少傅，順帝時拜太傅，封陽平侯，官至太尉。

婚禮新編　卷之十九

19.1　繼婚

19.1.1　齊晉[1]

《昭公二年》：夏，四月，韓須如齊逆女。[2]齊陳無宇送女，致少姜。[3]少姜有寵於晉侯，晉侯謂之少齊。少姜卒，齊侯使晏嬰請繼室於晉，[4]曰："寡君不腆先君之適，[5]以備內官，焜燿寡人之望，[6]則又無祿，[7]早世隕命，寡人失望。君若不忘先君之好，[8]惠顧齊國，辱收寡人，徼福於太公、丁公，[9]照臨敝邑，鎮撫其社稷，則猶有先君之適，及遺姑姊妹若而人。[10]君若不棄敝邑，而辱使董振擇之，[11]以備嬪嬙，[12]寡人之望也。"韓宣子使叔向對曰：[13]"寡君之願也。寡君不能獨任其社稷之事，未有伉儷，在縗絰之中，[14]是以未敢請。君有辱命，惠莫大焉。若惠顧敝邑，撫有晉國，賜之內主，[15]豈唯寡君，[16]舉羣臣實受其貺。[17]其自唐叔以下，[18]實寵嘉之。"遂成婚。

校注：

〔1〕本條本自《左傳・昭公二年》及《昭公三年》，有删節。
〔2〕韓須：生卒年不詳。姬姓，韓氏，名須，諡貞，一説諡平，又

説諡悼,梁玉繩認爲"悼"是"貞"字的誤文,又稱韓平子、韓悼子,晉國的卿大夫。逆:迎接。

〔3〕陳無宇:即田無宇,媯姓,田氏,名無宇,謚桓,史稱陳桓子、田桓子。承襲父親田文子擔任齊國田氏家族第五任首領,歷仕齊靈公、齊莊公、齊景公三代。致:送達。

〔4〕晏嬰(?—前500):字仲,謚平,習稱平仲、晏子。齊國萊地夷維(今山東萊州)人。春秋後期外交家、思想家,歷仕齊靈公、齊莊公、齊景公三代,輔政長達四十餘年。

〔5〕適:通"嫡"。正妻稱"嫡妻",正妻所生之子、女稱"嫡子""嫡女"。少姜或爲齊莊公嫡夫人之女,故曰"先君之適"。

〔6〕焜燿:明照,照耀。唐柳宗元《爲李京兆祭楊郎中凝文》:"冀茲競爽,焜燿儒林。"

〔7〕則:連詞,表轉折,猶却。漢王充《論衡·儒增篇》:"實欲言十則言百,百則言千矣。"

〔8〕若:原訛作"義",今據《左傳》正。

〔9〕徼:徼福,求福。太公:今本《左傳》作"大公",即姜尚,齊國開國君主。丁公乃姜尚之子。

〔10〕若而人:猶若干人。《左傳·襄公十二年》:"夫婦所生若而人,妾婦之子若而人。"

〔11〕董振:慎重。本句楊伯峻注:"董振猶今慎重之意。"

〔12〕嬪嬙(qiáng):宮中女官,天子諸侯姬妾。

〔13〕韓宣子:即韓起(?—前514),姬姓,韓氏,名起,謚宣,史稱韓宣子,春秋後期晉國卿大夫,六卿之一,韓厥之子,執政二十七年間,奠定了百年後"三家分晉"韓氏有其一的基礎。叔向,生卒年不詳,姬姓,羊舌氏,名肸,字叔向,又字叔譽。因被封于楊(今山西洪洞縣),以邑爲氏,別爲楊氏,又稱叔肸、楊肸。春秋後期晉國賢臣,政治家、外交家,歷仕晉悼公、晉平公、晉昭公三世。

〔14〕縗絰:喪服,亦指服喪。

〔15〕撫有：安撫。有，通"友"，親愛。《尚書·秦誓》："番番良士，旅力既愆，我尚有之。"王引之《經義述聞·尚書下》引王念孫曰："有之，謂親之也。古者謂相親曰'有'。"內主，古稱諸侯的夫人。本句楊伯峻注："正夫人爲内官之主，故云内主。"

〔16〕唯：今本《左傳》作"惟"。

〔17〕貺：賜給，賜與。又指賜贈之物。《魏書·世祖太武帝紀上》："天降嘉貺，將何德以酬之？"

〔18〕唐叔：即唐叔虞，字子於，周武王幼子，周成王的弟弟，是周代晉國的始祖，韓姓的血緣祖先。武王死後，成王年幼，由武王的弟弟周公攝政。周公滅唐（今山西翼城西部）後，把唐封給了叔虞，因稱爲唐叔虞。後來他的兒子燮父遷都於晉水之旁，故改國名爲晉。

19.1.2　聲子[1]

《隱元年》：惠公元妃孟子卒，[2]繼室以聲子，生隱公。[3]注："聲子，孟子之姪娣也。諸侯始娶，[4]則同姓之國以姪娣媵。[5]元妃死，則次妃攝治内事，猶不得稱夫人，故謂之繼室。"

校注：

〔1〕本條本自《左傳·隱公元年》。聲子，《魯世家》謂其爲賤妾。

〔2〕惠公：即姬弗皇，魯國第十三代君主。魯孝公姬稱之子，文王第八世孫，魯隱公、魯桓公之父。元妃：諸侯第一次所娶之正夫人。孟子：宋國女子，排行老大，故曰孟。

〔3〕隱公：名息姑，魯國第十四代國君。隱公爲庶長子，惠公

死後,因太子姬允年幼,由息姑攝政,即魯隱公。以次年(前 722)爲隱公元年,《春秋》紀錄開始。

〔4〕始娶:原作"始婚",今據《左傳》改。

〔5〕媵:古諸侯嫁女,以姪娣從嫁稱媵。《左傳·成公八年》:"衛人來媵共姬,禮也。凡諸侯嫁女,同姓媵之,異姓則否。"《公羊傳·莊公十九年》:"媵者何?諸侯娶一國,則二國往媵之,以姪娣從。"

19.1.3 崔浩[1]

《北史》:崔浩始冠,太原郭逸以女妻之。[2]逸妻王氏,宋鎮北將軍王仲德姊也,[3]每奇浩才能,自以爲得婿。俄而女亡,深以傷恨,欲以少女繼婚於浩。逸及親屬以爲不可。王氏固執與之,逸不能違,遂重結好。逸又以一女妻浩弟上黨太守恬。[4]時浩親寵用事,拜逸徐州刺史。

校注:

〔1〕本條本自《北史·崔浩傳》及《郭祚傳》。崔浩(?—450),字伯淵,小名桃簡,清河郡武城(今河北清河縣)人。白馬公崔玄伯長子。仕北魏道武、明元、太武帝三朝,官至司徒,參與軍國大計,對促進北魏統一北方起了積極作用。後人稱頌爲"南北朝第一流軍事謀略家"。因修國史不避忌諱,被夷九族。

〔2〕郭逸:崔浩岳父,官拜州別駕、徐州刺史,假榆次侯,終贈光禄大夫。先後嫁二女於崔浩。

〔3〕王仲德:即王懿(?—438)。懿字仲德,太原祁(今山西祁縣)人。東晉末至南朝宋時將領,東晉末年任劉裕中兵參軍,以功封新淦縣侯,進征虜將軍,加冀州刺史,率軍滅後秦。劉裕稱帝後,

屢遷徐州刺史加都督、安北將軍、鎮北將軍。謚桓。《宋書》卷四十六及《南史》卷二十五均有傳。

〔4〕恬：原訛作"怡"，《魏書·郭祚傳》《通志·郭祚傳》均作"恬"，今據正。崔恬（？—450），字叔玄，小名白，崔浩三弟。北魏道武帝封爲繹幕子。歷官終事中，上黨太守，荊州刺史，進爵陽武侯。因崔浩故被族誅。

19.1.4　馮左藏[1]

張顯壽，[2]開封人，世爲閤門祗候。[3]長女適左藏庫使馮公，不幸早世。[4]方其疾甚，遺言："吾妹憨惠，[5]可以撫諸孤。"又族黨荏聞其妹之德言同，[6]卜良，遂以嗣之。<small>張舜民文</small>

校注：

〔1〕本條乃張舜民文。舜民（1034？—1100），字芸叟，自號浮休居士，又號矴齋，北宋邠州（今陝西彬縣）人。英宗朝進士，初爲襄樂令，後歷任監察御史、右諫議大夫，以龍圖閣待制知定州。因元祐黨爭貶爲楚州團練副使，商州安置。復任集賢殿修撰。《宋史》卷三百四十七有傳。《文獻通考》載張舜民著《奏議》十卷，《畫墁集》一百卷。《四庫全書總目提要》卷一百五十四《畫墁集》提要曰："周紫芝謂政和七八年間，京師鬻書者，忽印是集。售者至填塞衢巷，事喧復禁如初。而南渡後又有臨川雕本《浮休全集》。蓋其著作在當日極爲世重。而自明以來，久佚不傳。"《畫墁集》明初抄入《永樂大典》，清代修《四庫全書》時，館臣自《永樂大典》中輯出《畫墁集》八卷，鮑廷博刊《知不足齋叢書》時又增《補遺》一卷，但這兩次輯補，檢討之功仍顯不足。查今本《畫墁集》及《補遺》均無馮左藏事，當爲佚文，可據輯佚。馮左藏：即文中左藏庫使馮公。左藏庫使：武官名。

〔2〕張顯壽：生平事跡不詳。

〔3〕閤門：宋代負責官員朝參、宴飲、禮儀等事宜的機關。宋吳自牧《夢粱錄·閤職》："閤門在和寧門外,掌朝參、朝賀、上殿、到班官等儀範。上有知閤、簿書、宣贊及閤門祗候、寄班等官。"祗候：恭候。職官名。宋代祗候分置於東、西上閤門,與閤門宣贊舍人並稱閤職,祗候分佐舍人。

〔4〕早世：過早地死去；夭死。《左傳·昭公三年》："則又無禄,早世殞命,寡人失望。"

〔5〕憨惠：樸實賢慧。《氏族大全》卷一《馮以妹續親》作"慈惠"。

〔6〕德言：指婦德,婦言。

19.1.5　劉煒[1]

龍圖劉煒未第前,娶趙尚書晃之長女,早亡,趙氏二妹皆未適人。既而劉公登第,晃已捐館,夫人復欲妻之。公曰："若是武有之德,則不敢爲姻；如言禹別之州,則庶可從命。"蓋不欲以七姨爲匹,欲九姨議婚也。夫人曰："諺云：'薄餅從上揭。'劉郎才及第,豈得便簡點人家女？"[2]公曰："非敢有擇,但七姨骨相寒薄,非某之匹,[3]九姨乃真匹也。"[4]遂娶九姨。

校注：

〔1〕本條與15.3.3"劉煒"條文句幾乎全同。

〔2〕簡：原訛作"披",今據《青箱雜記》正,《古今事文類聚》後集作"揀"。簡點：同"揀點",選擇。

〔3〕匹：今本《青箱雜記》作"對"。

〔4〕真：今本《青箱雜記》作"宜"。

19.1.6　歐公[1]

王懿恪公拱辰與歐陽文忠公同爲薛簡肅公奎之子婿。[2]文忠公先娶懿恪夫人之姊，再娶其妹，[3]故文忠公有"舊女婿爲新女婿，大姨夫作小姨夫"之戲。

校注：

〔1〕本條本自宋邵伯溫《邵氏聞見録》卷八。歐公，即歐陽修，見18.5.9"王歐"條。

〔2〕王懿恪公拱辰、薛簡肅公奎：均見18.5.9"王歐"條。

〔3〕此處記載有誤。再娶者乃王拱辰，非歐陽修。王拱辰與歐陽修二人是連襟關係。王拱辰娶薛奎第三、第五女爲妻，歐陽修娶第四女爲妻。此處當爲"懿恪公先娶文忠夫人之姊，再娶其妹"。《古今事文類聚》後集卷十三《再娶小姨》謂"歐陽先娶長女，王娶其次，後歐陽再娶其妹"，明蔣一葵《堯山堂外紀》卷四十九云："歐公先娶王夫人姊，再娶其妹，故拱辰有'舊女婿爲新女婿，大姨夫作小姨夫'之戲。"均誤。

19.1.7　李行修[1]

故諫議大夫李行修娶江西廉使王仲舒女。[2]王氏有幼妹，常挈以自隨。[3]行修亦深所鞠愛，如己同氣。[4]元和中，行修寓居東洛。忽夢再娶，婦即王氏之幼妹。驚覺，甚惡之。遽歸，入門，見王氏擁膝而泣。行修家有舊使蒼頭，[5]頗橫，常忤王氏。其時行修意王氏爲蒼頭所忤，乃罵曰："還是此老奴。"[6]欲杖之。尋究其由，家人皆曰："老奴於廚中自説，五更作夢，夢阿郎再娶王家小娘子。"[7]行修以符己之夢，尤惡其事。乃強喻王氏曰："此老奴夢，安足信？"無何，王氏果以病終。時王仲舒出牧吳興，凶問至，[8]悲慟且極。遂有書疏，[9]託行修續親。行修傷悼，固阻王公之請。後二三年，王公屢諷行修，[10]託以小女，行修堅不納。及行修除東臺御史，程次稠桑驛。[11]因王老人之術，獲見前妻王氏。[12]行修方欲伸離恨，王氏固止之曰：[13]"與君幽顯異途，深不願如此，貽吾之患。[14]苟不忘平生，但得納小妹，即於某之道盡矣。"[15]從是行修續王氏之婚。

校注：

〔1〕本條本自《太平廣記》卷一百六十《定數》十五《李行脩》所引唐溫佘《續定命錄》。《太平廣記》所記甚詳。唐末陳翰《異聞集》曾採入（見《紺珠集》卷十《異聞集・稠桑老人》及《海錄碎事》卷十五引）。《情史》卷十亦有引錄。修：《太平廣記》所引作"脩"。李行修（？—849），唐李祐子，憲宗朝進士。初為殿中侍御史，拜刑部員外郎，遷左司員外郎，累遷廣州刺史、嶺南節度使。

〔2〕王仲舒（762—823）：字弘中，唐并州祁（今山西太原）人。少好學，工詩文。超拜右拾遺，累轉尚書郎，歷任硤州、蘇州、洪州刺史、中書舍人、御史中丞、江南西道觀察使等。《舊唐書》卷一百九十下有傳。廉使：官名，唐代指觀察使。

〔3〕常：《太平廣記》所引作"嘗"。自隨：跟隨在自己身邊。

〔4〕鞠愛：寵愛。同氣：有血統關係的親屬，這裏指親妹妹。

〔5〕蒼頭：指奴僕。

〔6〕還是：原前衍一"是"字，今據《太平廣記》刪。

〔7〕阿郎：古時稱父為阿郎，這裏是老奴對主人李行修的稱呼。

〔8〕出牧：出任州府長官。凶問：死訊。

〔9〕有書疏：原脱倒作"疏書"，今據《太平廣記》補正。書疏即信劄。

〔10〕諷：用委婉的語言暗示、勸告。

〔11〕東臺御史：唐時對東都御史臺的省稱。唐趙璘《因話録·徵部》："武后朝，御史臺有左右肅政之號，當時亦謂之左臺、右臺，則憲府未曾有東西臺之稱。惟俗間呼在京爲西臺，東都爲東臺。"次：停宿。稠桑驛：位於今河南省靈寶縣。

〔12〕因王老人之術，獲見前妻王氏：《太平廣記》記此事頗詳。

〔13〕固：原訛作"因"，今據《太平廣記》正。

〔14〕幽顯：這裏指陰間與陽間。

〔15〕平生：這裏指夫妻舊日之情。

19.2 繼室

19.2.1 鄭袤[1]

晉鄭袤先娶孫氏，早亡。再聘魯國曹氏爲繼室。曹氏事姑甚孝，[2]躬紡績之勤，以充奉養。至叔姪群妹之間，[3]盡其禮節，咸得歡心。

校注：

〔1〕本條本自《晉書·列女傳》之"鄭袤妻曹氏"條。鄭袤（189—273），字林叔，魏晉時期滎陽開封（今屬河南）人。仕魏累官至濟陰太守，徙爲廣平太守，封安城鄉侯，拜光禄大夫。入晉，進爵密陵侯，拜司空。謚元。《晉書》卷四十四有傳。

〔2〕姑：《晉書》前有"舅"字。

〔3〕至叔姪群妹：《晉書》作"至於叔妹群娣"。

19.2.2　劉原父[1]

劉原父晚年再取,歐公以二絶戲之曰:"平生志業有誰先,[2]落筆文章海内傳。[3]明日都城應紙貴,[4]開簾却扇見新篇。"[5]"仙家千載一何長,浮世空驚日月忙。洞裏新花莫相笑,劉郎今是老劉郎。"[6]

校注:

〔1〕本條本自宋蔡絛《西清詩話》卷下。歐陽修《文忠集》卷五十七外集七《戲劉原甫》、《詩林廣記》後集卷一《戲劉原父》、《侯鯖録》卷第七《歐公戲劉原父再娶詩》、《類説》卷五十七《原父再婚》、《古今事文類聚》後集卷十三《戲老再娶》、明蔣一葵《堯山堂外紀》卷四十九等均録之。父:《西清詩話》及《文忠集》作"甫",《宋史》本傳及《類説》等他書均作"父",以作"父"爲是。劉原父:即劉敞(1019—1068)。敞字原父,號公是先生,北宋臨江軍新喻(今江西新餘)人。史學家、經學家、散文家。仁宗朝進士,以大理評事通判蔡州,歷吏部南曹、知制誥,後官至集賢院學士、判南京留守司御史台。《宋史》卷三百一十九有傳。文中二詩《侯鯖録》分别作"仙家千歲亦何長,人世空驚日月忙。洞裏桃花莫相笑,劉郎今是老劉郎""文章落筆有誰先,坐上詩成海外傳。明日京都應紙貴,開簾却扇有新篇",字句多有不同。

〔2〕業:原作"氣",今據《西清詩話》正。
〔3〕落:原作"下",今據《西清詩話》正。
〔4〕明:《西清詩話》《類説》等同,《文忠集》作"昨"。
〔5〕此詩前兩句高度稱讚劉敞的才華,第三句化用"洛陽紙貴"的典故。却扇:古代婚禮行禮時新婦用扇遮臉,交拜後去之。後用以指完婚。
〔6〕歐陽修在此詩中化用唐劉禹錫"種桃道士今何在,前度劉

郎今又來"的詩句，以此"劉郎"來調笑彼"劉郎"，"花"則暗指劉敞再娶之女子。

19.2.3　傅玄[1]

晉杜有道妻嚴氏，字憲。貞淑有識量。年十三，適於杜氏，十八而嫠居。[2]子植、女韡並孤藐，[3]憲雖少，誓不改節，撫育二子，教以禮度，植遂顯名於時，韡亦有淑德，傅玄求爲繼室，[4]憲便許之。時玄與何晏、鄧颺不穆，[5]晏等每欲害之，時人莫肯共婚。[6]及憲許玄，內外以爲憂懼。或曰："何、鄧執權，必爲玄害，亦猶排山壓卵，以湯沃雪耳，奈何與之爲親？"[7]憲曰："爾知其一，不知其他。晏等驕侈，必當自敗，司馬太傅獸睡耳，[8]吾恐卵破雪銷，行自有在。"[9]遂與之爲婚。晏等尋爲宣帝所誅。[10]《晉書》

校注：

〔1〕本條本自《晉書・列女傳・杜有道妻嚴氏》。杜有道，生平事跡不詳。

〔2〕嫠居：猶寡居，喪夫獨居。

〔3〕孤藐：《左傳・僖公九年》："以是藐諸孤，辱在大夫，其若之何？"後以"孤藐"謂幼年喪父，失去依靠。

〔4〕傅玄（217—278）：字休奕，北地郡泥陽（今陝西銅川耀州區東南）人，魏末晉初文學家、思想家。歷任著作郎、弘農太守、散騎常侍、司隸校尉，諡剛，封鶉觚子。

〔5〕晏：原作"宴"，今據《晉書》正。何晏（？—249）：字平叔，三國魏南陽宛（今河南南陽）人。玄學家。隨母爲曹操收養，娶魏金鄉公主。累官侍中、吏部尚書，賜爵列侯。因依附曹爽，爲司馬

懿所殺，夷三族。有《論語集解》傳世。鄧颺(？—249)，字玄茂，三國魏南陽新野(今屬河南)人。初任尚書郎、洛陽縣令、中書郎，後被免職。曹爽拜其爲潁川太守，後轉任大將軍長史，遷侍中、尚書，爲司馬懿所殺，夷三族。穆：通"睦"，和睦。

〔6〕共婚：通婚。

〔7〕猶：《晉書》作"由"。由，通"猶"，如同，好像。《孟子·梁惠王上》："民歸之，由水之就下，沛然誰能禦之？"排山壓卵，以湯沃雪：推倒山壓碎鳥卵，用熱水澆灌到雪上。

〔8〕司馬太傅：指太傅司馬懿(179—251)。懿字仲達，三國魏政治家、軍事家，河內溫縣(今屬河南)人。歷官大都督、大將軍、太尉、太傅等職。諡宣文。司馬昭封晉王后，追封司馬懿爲宣王；司馬炎稱帝後，追尊司馬懿爲宣皇帝。獸睡：原倒作"睡獸"，今據《晉書》乙正。獸睡，比喻暗中蓄謀，待機而動。

〔9〕卵：原作"卯"，今據《晉書》正。行自有在：猶平安無事。

〔10〕晏等尋爲宣帝所誅：據《晉書》記載，正始初，曹爽執政，何晏、鄧颺、丁謐等人被重用。正始十年(249)，司馬懿在洛陽發動高平陵政變，三人因佐曹爽秉政事敗，與爽同被司馬懿誅殺。

19.2.4 衛玠[1]

衛玠妻先亡，征南將軍山簡敬之，甚相欽重。簡曰："昔戴叔鸞嫁女，惟賢是與，不問貴賤，況衛氏權貴門户令望之人乎！"[2]於是以女妻焉。

校注：

〔1〕本條本自《晉書·衛玠傳》。內容與14.1.4"山簡"條後部同，可參。

〔2〕權貴門户：原作"權門貴户"，今據《晉書》正。

19.2.5　李敬玄[1]

李敬玄進吏部尚書。凡三娶,皆山東舊族,[2]又與趙李氏合譜,[3]故臺省要職多族屬姻家。[4]

校注:

〔1〕本條本自《新唐書·李敬玄傳》,《舊唐書》本傳亦錄之。標題及正文原均作"李敬元",係避聖祖諱而改,今予以返改。李敬玄(615—682),唐亳州譙(今安徽亳州譙城區)人,博覽群書,尤善五禮。高宗爲太子時,召其入崇賢館,兼預侍讀。高宗年間,歷遷西臺舍人、弘文館學士、中書侍郎、太子右庶子、同中書門下三品,監修國史,後進吏部尚書,拜中書令,封趙國公。又拜洮河道大總管,兼鎮撫大使,統兵征討吐蕃。兵敗被貶爲衡州刺史,遷揚州大都督府長史。卒贈兗州都督,諡文憲。

〔2〕舊族:指舊時曾有一定社會政治地位的家族。《舊唐書》作"士族"。

〔3〕趙李氏:《舊唐書》作"趙郡李氏"。趙郡位於今河北趙縣。趙郡李氏是李姓第二大流派,子孫支庶繁多,僅次於隴西李氏。始祖爲戰國名將李牧。後魏時期,李善權任譙郡太守,徙家至譙(今安徽亳州),李敬玄即其後裔。合譜:將族譜合併,認祖歸宗。

〔4〕職:原訛作"聯",今據《新唐書》正。屬:原脫,今據《新唐書》補。臺省:漢代的尚書臺和三國魏的中書省都是代表皇帝發佈政令的中樞機關。後因以"臺省"指政府的中央機構。

19.2.6　武士彠[1]

唐武士彠,檢校右廂宿衛。喪妻,高祖謂曰:"朕自爲卿擇佳偶。隋日有納言遂寧楊達,[2]英才冠絕,奕葉親賢。[3]今有女,志行賢明,可以輔德。"遂令桂陽公主與楊家作婚主,[4]降敕結親,庶事官給。

校注:

〔1〕本條本自唐李嶠《攀龍臺碑》,新舊《唐書》均不載,恐爲李嶠替武則天杜譔。武士彠(559—635),武則天之父,隋末爲鷹揚府隊正。入唐,任檢校右廂宿衛(唐宮近衛軍軍官)、荆州都督,封應國公、魏王。諡魏忠孝王。後武則天追封其爲太祖無上孝明高皇帝。先娶相里氏,再娶楊氏,生武則天。

〔2〕《唐代墓誌彙編・大唐故千牛岐州司户參軍事楊君墓誌銘并序》:"君諱□哲,華州華陰人也……祖達,隋黃門、中書二侍郎,二("工"漏筆)部、吏部二尚書,納言,遂寧郡公,皇朝贈尚書左僕射……上元二年十月廿日,殯於洛陽教業里"。據此,楊達爲隋遂寧郡公,曾任納言(官名,負責傳達王命,反映下情)。

〔3〕奕:原訛作"弈",今據《攀龍臺碑》正。奕葉,累世,代代。

〔4〕桂陽公主:生卒年不詳,唐高祖李淵第五女。後改封長廣公主,下嫁趙慈景,生子趙節。慈景戰死,公主再嫁楊師道。

19.2.7　陸希聲[1]

《麗情集》:余媚娘適周氏。夫亡,以介潔自守。[2]陸希聲使媒遊説,媚娘曰:"陸郎中不置側室及女奴,則可爲婦。"希聲諾之。既娶二年,劈牋沫墨,[3]更唱迭和。後無何,希聲又獲名姬柳蕣英者,媚娘怨之。諭令人家同處,希聲以爲誠然。既共居,略無他説。俟希聲他適,即召蕣英閉室中,手刃殺之。

校注：

〔1〕本條本自宋張君房《麗情集》。詳見 16.5.1"謝生"條。陸希聲字鴻磬，自號君陽遁叟（一稱君陽道人），唐蘇州吳（今江蘇蘇州）人。博學善屬文，昭宗召爲給事中，拜户部侍郎，同中書門下平章事，以太子太師罷。謚文。

〔2〕介潔：耿介高潔。

〔3〕沫：《類説》卷二十九《麗情集》"余媚娘"條所引作"洙"，誤。

19.2.8　董義夫[1]

董義夫名鉞，自梓漕得罪歸鄱陽，遇東坡於齊安。怪其豐暇自得，[2]曰："吾再娶柳氏，三日而去官，吾固不戚戚，而憂柳氏不能忘懷於進退也。已而欣然，同憂患如處富貴，吾是以益安焉。"乃令家童歌其所作《滿江紅》。東坡嗟歎之，不足，乃次其韻："憂喜相尋，風雨過、一江春緑。巫峽夢、至今空有，亂山屏簇。何似伯鸞攜德耀，簞瓢未足清歡足。漸粲然、光彩照階庭，生蘭玉。幽夢裹，傳心曲。腸斷處，憑他續。文君婿知否？笑君卑辱。君不見《周南》歌《漢廣》，天教夫子休喬木。便相將、左手抱琴書，雲間宿。"樂天《廬山草堂記》："左手引妻子，右手抱琴書，終老於斯，以成就平生之志。清泉白石，實聞斯言！"[3]秦系詩："逸妻相共老烟霞。"[4]

校注：

〔1〕本條本自蘇軾《滿江紅·憂喜相尋》。董義夫（一作毅夫）（？—1083），名鉞，宋饒州德興（今屬江西）人，英宗朝進士，曾任夔州轉運使，遇事剛果，耿介不群，得罪而歸。過齊安（即黄州），與蘇軾相唱和，次年即卒。

〔2〕豐暇,謂多空閑。

〔3〕白居易《廬山草堂記》:"待予異時,弟妹婚嫁畢,司馬歲秩滿,出處行止,得以自遂,則必左手引妻子,右手抱琴書,終老於斯,以成就我平生之志。清泉白石,實聞此言!"

〔4〕唐秦系《山中奉寄錢起員外兼簡苗發員外》詩:"稚子惟能覓梨栗,逸妻相共老烟霞"。

19.3 再醮

19.3.1 七子母[1]

《凱風》,美孝子也。衛之淫風流行,雖有七子之母,猶不能安其室,故美七子能盡其孝道,以慰其母心,而能成其志爾。[2]不安其室,欲去嫁也。[3]"母氏聖善,我無令人。"注:"聖,叡也。"箋:"叡作聖。[4]令,善也。言母有睿智之善,而能育我。我七子無善,不能報之,故母不安其室,欲去嫁也。"故曰:"有子七人,莫慰母心。"

校注:

〔1〕本條本自《詩·邶風·凱風》序。原詩曰:"凱風自南,吹彼棘心。棘心夭夭,母氏劬勞。凱風自南,吹彼棘薪。母氏甚善,我無令人。爰有寒泉?在浚之下。有子七人,母氏勞苦。睍睆黃鳥,載好其音。有子七人,莫慰母心。"

〔2〕能:今本毛詩序無。

〔3〕不安其室,欲去嫁也:原倒置在"令人注"三字後,今據《毛詩》乙正。

〔4〕聖,叡也。箋:"叡作聖。":原訛作"聖,睿作聖",今據《毛

詩》正。今本鄭箋作："叡作聖。令,善也。母乃有叡知之善德,我七子無善人能報之者,故母不安我室,欲去嫁也。"《婚禮新編》所引與今本字句不同。

19.3.2　東郭偃妹[1]

齊棠公之妻,[2]東郭偃之姊也。棠公死,崔武子見棠姜而美之,[3]使偃取之。偃曰:"不可。"武子筮之,遇困之大過。[4]史曰:"吉!"示文子,[5]文子曰:"夫從風,[6]風隕,妻不可取也。[7]"武子曰:"嫠也何害?先夫當之。"遂取之。

校注:
〔1〕本條本自《左傳·襄公二十五年》。東郭偃(?—前546),春秋時齊國人。棠姜弟。崔杼家臣。其妹即東郭姜(?—前546),又稱棠姜,齊桓公後裔,春秋時齊棠公夫人,原嫁給棠公,棠公死後,崔杼娶之。與齊莊公私通。慶封滅崔氏時自殺。
〔2〕齊棠公:齊堂邑大夫。
〔3〕崔武子:即崔杼(?—前546),姜姓,崔氏,名杼,謚武,又稱崔子、崔武子,春秋時齊國人,齊丁公(姜太公之子)之後,大夫。初有寵于惠公。扶立太子光,是爲莊公。後莊公私通杼妻,杼怒殺之,另立杵臼,是爲景公。杼爲右相,慶封爲左相。後崔氏諸子爭權內亂,慶封盡滅其族,杼自殺。
〔4〕困、大過:均爲卦名,困卦六三陰爻變陽爻即爲大過卦,即"遇困之大過"。此次卜筮,主要看爻辭。困卦六三爻辭爲"困於石,據於蒺藜,入於其宮,不見其妻,凶",大過卦九三爻辭爲"棟橈,凶"。
〔5〕文子:即陳文子,名須無,陳完曾孫,齊國大夫,歷事齊靈、

莊、景三公。

〔6〕風：原訛作"木"，今據《左傳》正。坎爲中男，故曰"夫"，變而爲巽，故曰"從風"。見《左傳正義》。

〔7〕妻：原訛作"木"，今據《左傳》正。風隕：風能隕落萬物，變而隕落，故曰"不可取"。

19.3.3　尹氏[1]

涼武昭王李玄盛后尹氏，幼好學，有志節。初適扶風馬元正，元正卒，爲玄盛繼室。以再醮之故，三年不言。撫李氏前妻之子，逾於己生。

校注：

[1] 本條本自《晉書·列女傳·涼武昭王李玄盛后尹氏》。涼武昭王李玄盛，即李暠(351—417)，隴西成紀(今甘肅天水)人，十六國時期西涼的建立者。自稱乃李廣之後。歷任北涼效谷縣令、敦煌太守。後自稱大將軍、護羌校尉、秦涼二州牧、涼公，建立西涼，並與北涼長期爭戰。謚武昭王，廟號太祖。唐朝李氏稱李暠爲其先祖。

19.4　勢婚

19.4.1　齊景公[1]

《孟子·離婁上》：齊景公曰："既不能令，又不受命，是絶物也。"[2]涕出而女於吳。注："吳，夷狄也，[3]時爲強國，故齊侯畏而恥之，泣涕而與爲婚。"

校注：

〔1〕本條本自《孟子·離婁上》。

〔2〕絕物：謂斷絕人事交往。本句趙岐注："齊景公，齊侯。景，謚也。言諸侯既不能令告鄰國，使之進退，又不能事大國，往受教命，是所以自絕於物。物，事也。大國不與之通朝聘之事也。"

〔3〕夷狄：今本作"蠻夷"。

19.4.2 蜀先主[1]

蜀劉備爲荆州牧，孫權稍畏之，以妹妻焉。[2]妹才捷剛猛，有諸兄之風。侍婢百餘人，皆執刀侍立。先主每入，中心常懍懍。[3]《法正傳》

校注：

〔1〕本條本自《三國志·蜀書·法正傳》。

〔2〕孫權妹：即孫夫人，其名及生卒年均不詳。劉備定荆州時，孫權將其嫁給劉備，爲第三位夫人。劉備入蜀，使趙雲領留營司馬，留守荆州。孫夫人驕妄豪強，縱橫不法。孫權接其回吴，孫夫人想將劉禪一併帶走，被趙雲奪回。

〔3〕中：今本作"衷"。心：原脱，今據《三國志》補。懍懍：今本作"凜凜"，驚恐畏懼貌。

19.4.3 孫堅[1]

孫堅吴夫人，權之母也。[2]早失父母，與弟居。堅聞其才貌，欲娶之。吴氏親戚嫌堅輕狡，[3]將拒焉，[4]堅甚慚恨。[5]夫人謂親戚曰："何愛一女，以取禍乎？如有不遇，命也。"[6]於是遂許爲婚,生四男一女。及權統業,夫人助理國政,[7]甚有補益。

校注:

〔1〕本條本自《三國志・吳書・孫破虜吳夫人傳》。孫堅:即孫破虜,詳見 17.2.36 孫權條注〔2〕。

〔2〕孫堅吳夫人(150?—202):原名不詳,三國時吳郡吳縣(今江蘇蘇州)人,孫堅妻,孫策、孫權母。孫權建立東吳後,追尊其爲武烈皇后。其弟吳景(?—203)曾任騎都尉、丹楊太守、廣陵太守。

〔3〕輕狡:輕佻而狡詐。

〔4〕拒:原訛作"詎",今據《三國志》正。

〔5〕恨:原訛作"愧",今據《三國志》正。慚恨,羞愧忿恨。

〔6〕愛:吝惜。不遇:不幸,待己不好。

〔7〕理國政:今本《三國志》作"治軍國"。

19.4.4 荀緄[1]

魏荀彧父緄爲濟南相。緄畏憚宦官,乃爲彧娶中官常侍唐衡女。[2]衡欲以女妻汝南傅公明,[3]公明不取,轉以女妻荀彧。緄慕衡勢,誡彧娶之,爲論者所譏。臣松之云:[4]"時閹竪用事,[5]四海屏氣,尤懼唐衡。順則六親以安,違則大禍立至。昔者蔣詡姻於王氏,[6]無損清高之操。緄之此婚,庸何傷乎!"

校注:

〔1〕本條本自《三國志・魏書・荀彧傳》及裴松之注所引《典略》。荀彧(163—212),字文若,東漢潁川潁陰(今河南許昌)人。

曹操首席謀臣，官至侍中，守尚書令，謚敬侯。其父荀緄，生卒年不詳，與同郡李膺、杜密、沛國朱㝢、汝南陳蕃同任豫州刺史周景從事，後任濟南相。《典略》：三國時期魏國郎中魚豢所撰野史，今已佚。魚豢，正史無傳，生平事跡無考。該書内容上起周秦，下至三國，紀事頗廣，體裁駁雜，係作者抄錄諸史典故而成。清納蘭容若輯有佚文。

〔2〕女：原脱，今據《三國志》補。唐衡（？—165），東漢潁川郾縣（今河南郾城）人。宦官，爲人貪暴。桓帝時爲小黄門，因合謀誅滅外戚梁冀，封汝陽侯。卒贈車騎將軍。

〔3〕傅公明：東漢豫州汝南（今河南駐馬店）人，生平事跡不詳。

〔4〕此節錄自《三國志》裴松之注文。裴松之（372—451），字世期，南朝宋河東聞喜（今屬山西）人，後移居江南。著名史學家，歷任晉殿中將軍、尚書祠部郎等職。仕南朝劉宋，歷任零陵内史、國子博士、中書侍郎、司冀二州大中正，賜西鄉侯。晚年拜中散大夫、領國子博士，進位太中大夫。所著《三國志注》不僅開創了注史的新例，而且對研究三國歷史具有重要的參考價值。

〔5〕閽豎：守門的童僕，這裏指宦官。

〔6〕蔣詡（前69—前17）：字元卿，東漢杜陵（今陝西西安）人。曾任兗州刺史，以廉直著稱。後因不滿王莽專權而辭官隱退故里，閉門不出。蔣詡姻於王氏，未詳。

19.4.5　茹皓[1]

　　茹皓爲驍騎將軍，有寵於世宗，北海王詳以下皆憚之。[2]皓乃爲弟聘安豐王延明妹，[3]延明恥非舊流，[4]不許。詳強勸之，[5]云："欲覓官職，[6]如何不與茹皓婚姻也？"延明乃從之。

校注：

〔1〕本條本自《魏書》卷九十三《茹皓傳》。茹皓（？—504），字禽奇，北魏時吴人，寓居淮陽上黨。初爲孝文帝白衣左右。宣武帝（廟號世宗）時歷肆州大中正、驍騎將軍，領華林諸作，官至光禄少卿。後被誣與北海王元詳謀逆，被殺。

〔2〕北海王詳：即元祥（476—504）。祥字季豫，北魏獻文帝拓跋弘之子，孝文帝元宏異母弟。封北海王。歷任侍中、司空、大將軍、録尚書事、太尉、太傅等。爲人驕奢淫逸，多行不法。孝文帝死後，受遺詔輔政。後爲人所譖，宣武帝將其廢爲庶人並殺之。《魏書》卷二十一上有傳。

〔3〕皓弟：曾官員外郎，其他事跡未詳。安豐王延明：即元延明（483—530）。延明爲北魏安豐王拓跋猛子，襲爵。宣武帝時授太中大夫。以才學有名於當時，累遷侍中兼尚書右僕射。孝明帝時遷都督、徐州刺史。莊帝時兼尚書令、大司馬。後附元顥。顥敗，延明奔梁，客死江南。謚文宣。《魏書》卷二十有傳。

〔4〕舊流：即士族門第。

〔5〕强勸：今本作"勸强"。强勸：固勸。

〔6〕職：原脱，今據《魏書》補。

19.4.6 錢元瓘[1]

晉錢元瓘，鏐之第五子也。[2]起家爲鹽鐵發運巡官，[3]表授尚書金部郎中。許再思等爲亂，宣州田頵要盟。[4]鏐遍問諸子曰："誰能爲吾爲田氏之婿者？"[5]例有難色。[6]時元瓘年十六，進步而對曰："唯大王之命。"[7]由是就親於宣州。三歲復焉。

校注:

〔1〕本條本自《舊五代史》卷一百三十三《錢元瓘傳》。錢元瓘(887—941),字明寶,五代時杭州臨安(今屬浙江)人。吳越國國王,武肅王錢鏐第五子。初爲鹽鐵發運巡官,遷金部郎中,授禮部尚書、檢校右僕射。累遷太尉、同中書門下平章事。襲封吳越國王,好儒學,能保土安民。後晉賜謚文穆。原書目録本條竄亂作"絡秀",今正。

〔2〕錢鏐(852—932):字具美,五代十國時期吳越國的創立人。少年時販私鹽,後從軍,由偏將升任鎮海節度使,逐漸佔有兩浙地區。唐昭宗封爲越王、吳王。後梁時封爲吳越王。廟號太祖,謚號武肅王。《舊五代史》卷一百三十三有傳。

〔3〕巡:原訛作"判",今據《舊五代史》正。巡官是唐時節度、觀察、團練、防禦使的僚屬,位居判官、推官之次。

〔4〕唐昭宗天復二年(902),杭州裨校許再思勾結宣州節度使田頵叛亂,錢鏐打敗許再思後與田頵講和。田頵欲與錢鏐聯姻結盟,錢元瓘臨危赴宣州成親。次年田頵因叛亂戰死,錢元瓘得以返回杭州。要盟:强迫簽定盟約。

〔5〕婿:原作"婚",今據《舊五代史》正。

〔6〕例:一概,都。

〔7〕王:原作"人",今據《舊五代史》正。

19.4.7　蕭穎胄[1]

《南史》:蕭穎胄欲創大舉,[2]慮夏侯詳不同,以告柳忱。[3]忱曰:"易耳。近詳求婚未之許,令成婚而告之,[4]不憂立異矣。"於是以女適詳之子夔,[5]大事方建。

校注:

〔1〕本條本自《南史》卷五十五《夏侯詳傳》。夏侯詳(434—

507),字叔業,南朝梁譙郡銍(今安徽濉溪)人,蕭梁開國功臣。初爲縣令,後歷官中領軍、南郡太守,參與軍國大事,遷侍中、湘州刺史、尚書右僕射,封寧都縣侯,進尚書左僕射、紫金光禄大夫。蕭穎胄(461—501),字雲長,南朝齊南蘭陵(今江蘇常州西北)人。歷任秘書郎、太子舍人、中書郎等職,進爵南豐侯,持節督南兗兗徐青冀五州諸軍事、南兗州刺史。後官至侍中、尚書令,領吏部尚書,卒贈侍中、丞相。諡獻武。《南齊書》卷三十八及《南史》卷四十一均有傳。

〔2〕創大舉:即舉大業,幹大事業。

〔3〕柳忱(471—511):字文若,南朝梁河東解(今山西運城)人。少以孝聞。仕齊爲西中郎主簿,曾勸蕭穎胄歸附蕭衍,穎胄以爲寧朔將軍,遷侍中。仕梁,封州陵伯。歷五兵尚書、散騎常侍。卒贈中書令,諡穆。《梁書》卷十二、《南史》卷三十八均有傳。

〔4〕令:原訛作"今",今據《南史》正。

〔5〕夏侯夔(483—538):字季龍,初爲齊南康王府行參軍,入梁,位大將卿,累遷司州刺史,以功封保城縣侯,爲豫州刺史。諡桓。《梁書》卷二十八、《南史》卷五十五均有傳。

19.4.8 吉恁[1]

唐冀州長史吉恁欲爲男頊娶南宫縣丞崔敬女,[2]敬不許。因有故挾以求親,[3]敬懼而許之。擇日下函,並花車卒至門首。[4]敬妻鄭氏初不知,抱女大哭,曰:"我家門户低,不曾有吉郎。"女堅卧不起,其小女白其母曰:"父有急難,殺身救解。設令爲婢,尚不合辭;[5]姓望之家,[6]何足爲恥?姊若不可,兒自當之!"遂登車而去。頊遷平章事,賢妻達節,[7]談者榮之。

校注：

〔1〕本條本自《朝野僉載》卷三，《太平廣記》卷二百七十一《婦人》二《賢婦·崔敬女》亦錄之。吉悲：一作吉戀，中華書局本《朝野僉載》校勘記認爲"悲""戀"均非，當作"哲"。吉哲曾任冀州長史、易州刺史。

〔2〕吉頊：唐洛州河南（今河南洛陽）人，進士及第，調明堂尉，擢右肅政台中丞，遷天官侍郎、同鳳閣鸞台平章事。因與武懿宗爭功，以弟作偽官，貶琰川尉、安固尉。卒贈御史大夫。《舊唐書》卷一百八十六上、《新唐書》卷一百一十七有傳。崔敬，未詳。

〔3〕挾：今本作"脇"，脇迫，均通。

〔4〕門首：門口，門前。

〔5〕合辭：應當推辭。

〔6〕家：今本作"門"。

〔7〕妻：原作"女"，今據《朝野僉載》正。達節：謂不拘常規而合于節義。《左傳·成公十五年》："聖達節，次守節，下失節。"楊伯峻注："最高道德爲能進能退，能上能下，而俱合于節義。"

19.4.9　宇文翃[1]

唐宇文翃深慕上科，[2]有女國色，朝中令子弟求之皆不答。竇璠六十餘，[3]方謀繼室。璠兄回爲諫議，能爲人致科第。遂以女與璠，璠爲回言，果得第。宰相韋説，[4]即其中表，深鄙之。《北夢瑣言》

校注：

〔1〕本條本自《北夢瑣言》卷四"祖系圖進士牓"條。翃：標題及正文原均訛作"翊"，今據《北夢瑣言》正。本條可與15.4.4"竇

璠"條互爲補充。

〔2〕上科：猶甲第，甲榜。

〔3〕六：原訛作"七"。《北夢瑣言》謂"竇璠年逾耳順"，今據正。

〔4〕説：原訛作"詵"，今據《北夢瑣言》正。

19.4.10　絡秀[1]

晉周顗母李氏，字絡秀。少時在室，顗父浚爲安東將軍，[2]時出獵，遇雨，止絡秀之家。會其父兄不在，絡秀聞浚至，與一婢於内宰豬羊，具數十人之饌，甚精辦而不聞人聲。[3]浚怪使覘之，[4]獨見一女甚美，浚因求爲妾。其父兄不許，絡秀曰："門户殄瘁，[5]何惜一女！若連姻貴族，將來庶有大益矣。"父兄許之。遂生顗及嵩、謨。而顗既長，絡秀謂之曰："我屈節爲汝家作妾，門户計耳。汝不與我家爲親親者，[6]吾亦何惜餘年！"顗等從命，由此李氏遂得爲方雅之族。[7]

校注：

〔1〕本條本自《晉書·列女傳·周顗母李氏》。絡：原訛作"路"，今據《晉書》正。原書目録本條竄亂作"王渾"，今正。周顗（269—322），字伯仁，東晉汝南安城（今河南汝南東南）人。歷任荆州刺史、吏部尚書、禮部尚書，官至尚書左僕射。王敦陷建康後，爲王敦所殺。

〔2〕周浚（220—288）：初爲魏國尚書郎、御史中丞、折衝將軍、揚州刺史，拜射陽侯。伐吴有功，封成武侯。仕晉，爲侍中、少府領將作大匠、都督揚州諸軍事，拜安東將軍。

〔3〕辦：原訛作"辨"，今據《晉書》正。精辦，備辦的很精緻。

〔4〕覘（chān）：窺探。
〔5〕殄瘁：困窮，困苦。
〔6〕爲：原脱，今據《晉書》補。親親：猶親戚。
〔7〕方雅：門第高雅。

19.4.11 王渾[1]

晉王渾後妻，琅琊顔氏女。王時爲徐州刺史，交禮拜訖，[2]王將答拜，觀者咸曰："王侯州將，[3]新婦州民，恐無由答拜。"王乃止。王濟以其父不答拜，[4]不成禮，恐非夫婦，不爲之拜，謂爲"顔妾"。顔氏恥之。以其門貴，終不敢離。
《世説》

校注：

〔1〕本條本自《世説新語·尤悔篇》。王渾，詳見 14.3.3"鍾氏"條注〔1〕。
〔2〕禮：原脱，今據《世説新語》補。交禮，新婚夫婦相對而拜，婦拜畢，夫再答拜。又稱交拜、拜堂。
〔3〕王侯州將：王渾曾官徐州刺史，因稱"州將"。
〔4〕王濟：即武子。詳見 14.1.4"山簡"條注〔2〕。

19.5 誑婚

19.5.1 王適[1]

處士侯高將嫁其女，懲曰：[2]"吾以齟齬窮瘁，[3]一女，憐之，必嫁官人，不以與凡子。"王適曰："吾求婦久矣，[4]唯此翁可人意。且聞其女賢,不可以失。"即謾謂媒嫗:[5]"吾明經及第,[6]且選,即官人。侯翁女幸嫁,若能令翁許我,請進百金爲嫗謝。"諾許白翁。翁曰:"誠官人耶?取文書來!"適計窮,吐實。嫗曰:"無苦,[7]翁大人,不疑人欺我,得一卷書,粗若告身者,[8]我袖以往,翁見未必取視。[9]幸而聽我。"行其謀。翁望見文書銜袖,果信不疑,曰:"足矣!"以女與王氏。王適試不中第,聞金吾李將軍年少喜士,乃踖門告曰:[10]"天下奇男子王適,願見將軍白事。"一見,語合意,奏爲衛胄曹參軍,充引駕仗判官,[11]改試大理評事,攝監察御史。_{韓文}

校注:

〔1〕本條本自韓愈《試大理評事王君墓誌銘》。王適(770—814),其字不詳。好讀書,懷奇負氣,自稱爲"天下奇男子"。唐憲宗元和初,提所作書應四科舉,對語驚人,不中第。後隨金吾將軍李惟簡至鳳翔,試大理評事,攝監察御史、觀察判官。居歲餘,歸隱閿鄉南山。慕處士侯高女賢淑,從媒嫗之計而娶之。

〔2〕懲:告誡。

〔3〕齟齬:仕途不順達。窮瘁:困頓。

〔4〕嫗:此字後今本有"氏"字。

〔5〕謾(mán):欺騙,蒙蔽。

〔6〕明經:漢代以明經射策取士。隋煬帝置明經、進士二科,以經義取者爲明經,以詩賦取者爲進士。宋改以經義論策試進士,明經始廢。

〔7〕苦:原訛作"若",今據韓文正。

〔8〕告身:古代授官的文憑。

〔9〕視:今本作"際",同。

〔10〕門:原訛作"行",今據韓文正。踖:今本作"踏"。踖(jí)

門,小步登門,形容謙恭而進。

〔11〕充:原脱,今據韓文補。

19.5.2 諸葛恢[1]

諸葛恢女,庾亮子彬婦,[2]既寡,不復出。此女性甚兇强,[3]無有登車理。[4]恢既許江彪音班婚,[5]乃移家近之。後誑女云:"宜徙於是。"家人一時去,獨留女在後。比其覺,[6]已不復得出。江暮來,女哭罵彌甚,[7]積日漸歇。江暝而入宿,恒在對牀上。[8]後觀其意轉貼,[9]江乃詐厭,[10]良久不寤,聲氣轉急。女乃呼婢云:"唤江郎覺!"江於是躍來就之曰:"我自是天下男子,厭,何預卿事而乃見唤邪?[11]既爾相關,[12]不得不與人語。"女默然而慚,情義遂篤。恢女既改適,[13]與亮書及之。亮答曰:"賢女尚少,故其宜也。感念亡兒,若在初没。"《世説》

校注:

〔1〕本條本自《世説新語・假譎篇》及《傷逝篇》。諸葛恢(284—345),字道明,東晉琅琊陽都(今山東沂南)人。初任即丘長,後南渡,任主簿、江寧令,封博陵亭侯。東晉初,任會稽太守,頗有政績,拜中書令、侍中,封建安伯。再拜吏部尚書、尚書令,官終金紫光禄大夫。成帝遺詔以爲顧命大臣之一。謚敬。《晉書》卷七十七有傳。其女名文彪,係長女,先嫁庾亮子庾彬。庾彬死於蘇峻之亂後改嫁江彪。

〔2〕庾亮(289—340):字元規,東晉潁川鄢陵(今屬河南)人。其妹爲明帝皇后。初爲西曹掾,封都亭侯,拜中書郎,侍講東宫。明帝即位,爲中書監。與王導等輔立成帝,任中書令,專朝政。歷

討蘇峻、郭默，遷都督江荊等六州諸軍事，進號征西將軍。欲北伐後趙、收復中原，未果而卒。《晉書》卷七十三有傳。彬：原作"會"。亮有三子：庾彬、庾羲、庾龢，無名"會"者。今正。

〔3〕兇強：今本作"正彊"。正彊，正直剛強。

〔4〕登車：女子出嫁時要乘車到夫家，這裏代指出嫁。理：想法，打算。

〔5〕江彪（bīn）：字思玄，東晉陳留圉（今河南杞縣）人，江統子。初州舉秀才，爲平南將軍參軍。後轉侍中、吏部尚書。累官尚書僕射、護軍將軍，領國子祭酒。《晉書》卷五十六有傳。

〔6〕比：等到。

〔7〕罵：今本作"詈"。

〔8〕恒：原訛作"但"，今據《世說新語》正。

〔9〕貼：平定，安定。

〔10〕厭（yǎn）：通"魘"，做惡夢。

〔11〕男：該字前原衍"人"字，今據《世說新語》刪。厭：原脫，今據《世說新語》補。

〔12〕既爾：既然你。關：關心。

〔13〕改適：改嫁。

19.5.3 祖無擇[1]

祖無擇龍圖晚娶徐氏，有姿色。議親之時，無擇爲館職，[2]徐氏必欲眥相其人；[3]而無擇貌寢，[4]恐不得當也。同舍馮京當世豐姿秀美，[5]乃諭媒妁紿馮出局，[6]揚鞭躍馬，經過徐居，紿曰：[7]"此祖學士也。"徐竊窺，甚喜。成婚，始寤其非，竟以反目離婚。[8]歐公詩云："無擇名聲重當世，早歲多奇晚方偶。"[9]蓋爲此也。《詩話》

校注：

〔1〕本條本自《詩話》，宋胡仔《漁隱叢話》前集卷二十九《六一居士上》謂出自《高齋詩話》，《古今事文類聚》後集卷十三《人倫部》婚姻"假作美婿"條謂出自曾慥《詩話》。曾慥，字端伯，號至遊子，生卒年不詳，宋晉江（今福建泉州）人。北宋末年任倉部員外郎。南宋初除江南西路轉運判官、右文殿修撰，官至尚書郎、直寶文閣。晚年隱居銀峰，潛心修道，著有《高齋漫録》《高齋詩話》《道樞》《類説》《樂府雅詞》《宋百家詩選》等。《南宋制撫年表》有傳。《高齋詩話》，不知卷數，原書久佚，亦不見諸家著録。郭紹虞、羅根澤均曾輯其佚文。祖無擇（1006—1085），字擇之，宋蔡州上蔡（今屬河南）人。少從穆修、孫明復問學。仁宗朝進士，出知袁州。英宗朝同修起居注、知制誥，加龍圖閣直學士、權知開封府。神宗時入知通進、銀台司。爲王安石所惡，謫忠正軍節度副使。移知信陽軍，卒。《宋史》卷三百三十一有傳。

〔2〕館職：統稱于昭文館、史館、集賢院等處擔任修撰、編校等工作的官職。《容齋隨筆·館職名存》："國朝館閣之選，皆天下英俊，然必試而後命。一經此職，遂爲名流。其高者，曰集賢殿修撰、史館修撰、直龍圖閣、直昭文館、史館、集賢院、秘閣。次曰集賢、秘閣校理。官卑者，曰館閣校勘、史館檢討，均謂之館職。"

〔3〕省相：衡量省視。

〔4〕貌寢：容貌醜陋。

〔5〕馮京當世：即馮京（1021—1094）。京字當世，宋鄂州江夏（今湖北武昌）人，富弼婿。仁宗朝進士。以將作監丞通判荊南府。還直集賢院，判吏部南曹，同修起居注。出知揚州、江寧府，還爲翰林學士，知開封府。神宗時任御史中丞。反對王安石變法，除樞密副使，進參知政事。後罷知亳州、成都府。哲宗時拜保寧軍節度使，知大名府。以太子少師致仕。諡文簡。《宋史》卷三百一十七有傳。

〔6〕局：原作"局"，二字異體。官署。

〔7〕紿：原作"詒"，通"詒"，欺騙。
〔8〕目：原訛作"自"，今據《詩話》正。
〔9〕方：《漁隱叢話》作"乃"。

19.6　強婚

19.6.1　公孫黑[1]

《左傳·昭公元年》：鄭徐吾犯之妹美，公孫楚聘之矣。公孫黑又使強委禽焉。<small>詳見女自擇門</small>

校注：
〔1〕本條本自《左傳·昭公元年》。詳見14.2.1"徐吾犯妹"條。

19.6.2　齊侯[1]

宣公五年：春，公如齊。高固使齊侯止公，[2]請叔姬焉。<small>留公，強成昏。</small>"夏，公至自齊"，書，過也。<small>公既見止，連昏於鄰國之臣，厭尊毀列，累其先君，[3]故書以示過。</small>秋，九月，齊高固來逆女，自為也。故書曰"逆叔姬"，卿自逆也。[4]<small>適諸侯稱女，適大夫稱字，所以別尊卑也。[5]不於莊二十七年發例者，嫌見逼而成昏，[6]因明之。</small>

校注：
〔1〕本條本自《左傳·宣公五年》傳文及注文。齊侯指齊惠公（桓公子，前608—前599在位）。公元前604年，魯宣公到齊國訪問，高固讓齊惠公留住魯宣公，強迫魯宣公答應將叔姬嫁給他。秋天，高固到魯國迎叔姬。

〔2〕高固：齊國大夫。

〔3〕此處今本尚有"而於廟行飲至之禮"諸字。

〔4〕卿：原訛作"即"，今據《左傳》正。

〔5〕此處今本尚有"此《春秋》新例，故稱'書曰'，而不言'凡'也"諸字。

〔6〕嫌：原作"難"，收藏者用硃筆正作"嫌"。

19.6.3　來俊臣[1]

唐王慶詵女適段簡而美，[2]來俊臣矯詔強娶之。

校注：

〔1〕本條本自《新唐書‧酷吏列傳‧來俊臣》。來俊臣（651—697），唐京兆萬年（今陝西西安）人，武周時期酷吏。歷任侍御史、左台御史中丞、洛陽令、司農少卿。喜酷刑，擅逼供，冤死者甚衆。後因得罪武氏諸王及太平公主被誅。

〔2〕詵：原訛作"説"，今據《新唐書》正。王慶詵（640—699），字嘉盛，唐太原晉陽（今山西太原）人，起家相州參軍，歷遷趙州司士參軍、左鷹揚衛倉曹參軍、尚方監主簿，後受其婿來俊臣被誅事牽連，左遷羅州司户參軍，並客死貶所。有四女。長女和四女分別嫁於隴西李先和李美玉，三女嫁於清河崔興嗣，次女先嫁段簡，因有美色，來俊臣強娶之，後自盡。詳參俞鋼、和慶鋒《唐代〈王慶詵墓誌〉反映的太原王氏婚姻關係》。段簡，未詳。

19.6.4　于頔[1]

唐于頔嘗怒判官薛正倫，[2]奏貶陝州長史，比詔下，頔中悔，[3]奏復舊職。正倫死，以兵圍其居，強俘孽子與婚。[4]

校注：

〔1〕本條本自《新唐書》卷一百七十二《于頔傳》。于頔（？—818），字允元，唐河南（今河南洛陽）人。鮮卑族。以蔭補千牛，累遷侍御史、長安令、駕部郎中。後歷任湖州、蘇州刺史、襄州節度觀察使、山南東道節度觀察使，累遷爲檢校尚書左僕射、平章事，封燕國公。憲宗時拜司空，同中書門下平章事。受其子殺人事牽連，貶爲恩王傅，改授太子賓客。卒贈太保。

〔2〕薛正倫：于頔任襄州節度觀察使時爲其判官。

〔3〕中悔：中途反悔。

〔4〕孽子：庶子，非正妻所生之子。"婚"後原有"昵"字，今刪。

19.6.5 李泌[1]

唐李泌無妻，不食肉。帝乃賜光福里第，[2]強詔食肉，爲娶朔方故留後李暐甥。[3]昏日，敕北軍供帳。[4]

校注：

〔1〕本條本自《新唐書·李泌傳》。李泌（722—789），字長源，唐京兆（今陝西西安）人。歷仕玄宗、肅宗、代宗、德宗四朝。曾隱居衡山。德宗時拜中書侍郎平章事，封鄴縣侯。

〔2〕賜：原訛作"贈"，今據《新唐書》正。帝：即唐代宗。光福里：唐長安里坊名。

〔3〕故：原脱，今據《新唐書》補。留後：官職名。唐中葉後，藩鎮坐大，節度使遇有事故，往往以其子侄或親信將吏代行職務，稱節度留後或觀察留後，簡稱留後。李暐任朔方留後是在玄宗天寶十年至十一年（751—752），其前任節度使乃奸相李林甫。

〔4〕北軍：指唐代皇帝的北衙禁軍。供帳：陳設婚宴用的帷帳、用具、飲食等物。

19.6.6　裴兵曹[1]

　　唐天寶中,益州士曹柳某妻李氏,[2]容色絶代。時節度使章仇兼瓊,[3]新得吐番安戎城,差柳送物至城所。三歲不復命。[4]李在官舍,重門未嘗啓,時有裴兵曹詣門,[5]云是李之中表丈人。[6]李云:"無裴家親。"門不令啓。裴因言李小名,兼説其中外氏族。李方令開門致拜。因欲餐,裴人質甚雅,因問:"柳郎去幾時?"答云:"已三載矣。"裴云:"三載義絶,古人所言,今欲如何?且丈人與子業因,[7]合爲伉儷,[8]願無拒此禮也。"[9]而竟爲裴丈所妻,[10]似不由人可否也。裴兵曹者亦既娶矣,而章仇公聞李之姿色,意欲窺覷,乃令夫人設會,屈府縣之妻,[11]李服益都之盛服以行,[12]裴顧衣而歎曰[13]:"世間乃着如此衣服!"[14]謂小僕:"可歸開箱,取第三衣來。"李云:"不與第一,而與第三,何也?"裴曰:"第三已非人世所有矣。"[15]須臾衣至,服見章仇夫人。夫人曰:"士曹之妻,容飾絶代。"章仇後見許老翁,曰:"裴公乃上元夫人衣庫之官,[16]俗情未盡耳。"《神仙傳》

校注:

[1]本條本自《太平廣記》卷三十一《神仙》三十一"許老翁"條。原出自《仙傳拾遺》。《仙傳拾遺》,志怪小説集,杜光庭(850—933)撰。光庭字聖賓,號東瀛子、廣成先生,前蜀縉雲(今屬浙江)人。應舉不第,遂到天台山入道。僖宗時爲供奉麟德殿文章應制。後依前蜀王建,官至户部侍郎,封蔡國公,賜號傳真天師。晚年辭官隱居四川青城山。《仙傳拾遺》原有四十卷,已散佚,今人嚴一萍

輯爲五卷。兵曹：官職名，掌管兵事。唐代爲府、州設立的"六曹"（功曹、倉曹、户曹、兵曹、法曹、士曹）之一。

〔2〕士曹：官職名，掌管河津及營造橋梁、廨宇等事務，爲"六曹"之一。

〔3〕章仇兼瓊：約生於唐武后末期，卒於天寶十年（750），兖州任城（今山東濟寧東南）人。玄宗時任劍南節度使，政績顯著。曾出資續修樂山大佛。

〔4〕復命：執行命令後回報。

〔5〕時：今本《太平廣記》作"忽"。

〔6〕中表丈人：父系與母系的親屬。此處泛指親戚長輩。

〔7〕業因：緣分。

〔8〕合：原訛作"啓"，今據《太平廣記》正。

〔9〕禮也：二字今本《太平廣記》無。

〔10〕妻：今本《太平廣記》作"迷"。

〔11〕屈：敬詞。猶言請。唐韋瓘《周秦行紀》："（太后）呼左右曰：'屈兩個娘子出見秀才。'"

〔12〕都：原訛作"部"，今據《太平廣記》正。

〔13〕歎：原訛作"難"，今據《太平廣記》正。

〔14〕《太平廣記》此句作"世間之服，華麗止此耳"。

〔15〕已：原訛作"亦"，今據《太平廣記》正。

〔16〕上元夫人：中國古代神話中的仙女，名阿環。傳説她是西王母的小女、三天真皇之母，任上元之官，統領十方玉女名録。見《漢武帝内傳》。

19.6.7　柳仲塗[1]

國朝柳開字仲塗，知潤州，有監兵錢供奉者，亦忠懿之近屬。乃父方奉朝請在京師，[2]柳乘間來謁。造其書院，見壁間有繪婦人像甚美，詰以誰氏。監兵曰："某之女弟也。既笄矣。"柳喜曰："某喪偶逾期，願娶爲繼室。"錢曰："俟白家君，敢議姻事。"柳曰："以某之材學，不辱於錢氏之門。"遂強委禽焉。不旬日，遂成禮。錢不之敢拒，走介白父。[3]父遂乞上殿，面訴柳開劫取臣女。仁宗曰："識柳開否？真奇傑之士。卿家可謂得佳婿矣。吾爲卿媒，可乎？"錢父不敢再言，拜謝而退。

校注：

〔1〕本條本自《倦遊雜錄》，見宋江少虞《事實類苑》卷七《君臣知遇·柳仲塗》。《倦遊雜錄》，筆記小説集，宋張師正撰，凡八卷，明清之際亡佚，今人輯得一百六十八條，内容多載朝野見聞、文人詩詞、南方風速特產等，有一定的文獻價值。張師正字不疑，生卒年不詳，北宋襄國（今河北邢臺）人，中進士甲科，得太常博士。後轉武官，歷任渭州推官、荊州鈐轄、辰州帥、鼎州帥等職。柳開（948—1001），原名肩愈，字紹元，號東郊野夫；後改名開，字仲塗，號補亡先生，北宋大名（今屬河北）人。太祖朝進士。初爲宋州司寇參軍，擢右讚善大夫，知常州、潤州，拜監察御史，官至殿中侍御史。是宋初古文運動的先驅，著有《河東集》。《宋史》卷四百四十有傳。

〔2〕奉朝請：古代諸侯春季朝見天子叫朝，秋季朝見爲請。因稱定期參加朝會爲奉朝請。

〔3〕走介：本指供奔走的僕役，這裏指派遣僕役。

19.6.8　高乾[1]

《北史》[2]：高昂少與兄乾數爲劫掠，鄉間畏之，無敢違忤。乾求博陵崔聖念女爲婚，[3]崔氏不許。昂與兄往劫之，置女村外，謂兄曰："何不行禮？"於是野合而歸。[4]

校注：

〔1〕本條本自《北史·高昂傳》。高乾（497—533），字乾邕，北齊渤海蓨（今河北景縣東）人。俊偉有知略。初拜員外散騎侍郎，轉太尉士曹、司徒中兵、遷員外。北魏孝莊帝命爲河北大使。齊武帝時封爲司空、長樂郡公，謚文昭。高昂（501—538），字敖曹，東魏渤海蓨（今河北景縣東）人。高乾弟。北魏末，隨高歡討爾朱氏，因功官至侍中、司徒。後爲西南道大都督、軍司大都督。東魏孝静帝封京兆郡公。邙山之役，爲西魏宇文泰援軍所殺。乾、昂二人《北齊書》卷二十一、《北史》卷三十一均有傳。

〔2〕北：原訛作"比"，今據《北史》正。

〔3〕崔聖念：生平事跡不詳，曾爲合州刺史。

〔4〕此即所謂"搶親"。清趙翼《陔餘叢考·劫婚》："村俗有以婚姻議財不諧而糾衆劫女成婚者，謂之搶親。"

19.6.9　周行逢[1]

周行逢命何景山爲益陽令，[2]強取嫠婦王氏。行逢曰："汝當約己省過，守一片綠衫，[3]何乃強取人家婦女？"景山曰："卑吏無他，蓋存恤孤寡。"行逢曰："何不寬其賦稅，免其徭役，反置之於家，於理安乎？"《荆湖近事》

校注：

〔1〕本條本自《荆湖近事》。《荆湖近事》，北宋陶岳撰，凡十卷。岳字舜諮，生卒年不詳，永州祁陽（今湖南祁陽）人。太宗朝進

士,累官太常博士,尚書職方員外郎、知端州,以清廉著稱。有《五代史補》《零陵總記》《貨泉錄》《陶康州文集》等。《荊湖近事》已佚。《類説》卷二十二録存十六條。周行逢(916—962),五代時朗州武陵(今湖南常德)人,生於農家。初爲楚主馬希萼部靜江軍卒,積功升軍校。歸後周,歷官集州刺史、武清軍、武平節度使。宋初加兼中書令。性勇敢,用法嚴。

〔2〕何景山(?—956):五代時人。唐末進士,有文名。初爲武安節度使王逵掌書記。素輕周行逢之爲人。後周世宗時逵死,行逢繼任,以景山爲益陽令。景山強取嫠婦,行逢縛之投於江。

〔3〕衫:原訛作"杉",今據《類説》正。綠衫,原指綠色短上衣。後因唐代下級官員的朝服爲綠色,因以"綠衫"表示官位卑微。

19.7　諫婚

19.7.1　張安世[1]

　　前漢許廣漢以罪輸掖庭,爲暴室嗇夫。[2]時宣帝養於掖庭,號皇曾孫,與廣漢同寺居。[3]時掖庭令張賀,本衛太子家吏,及太子敗,賀坐下刑,以舊恩養視皇曾孫甚厚。[4]及曾孫壯大,賀欲以女孫妻之。時昭帝始冠,賀弟安世與霍光同心輔政,聞賀稱譽皇曾孫,欲妻以女,安世怒曰:"曾孫乃衛太子後也,幸得以庶人衣食縣官,足矣,勿復言與女事。"[5]時廣漢有女平君,年十四五,當爲歐侯氏子婦。[6]臨當入門,歐侯氏子死。其母將行卜相,言當大貴。[7]賀聞許嗇夫有女,乃置酒請之。酒酣,爲言"曾孫可妻也。"廣漢許諾。嫗聞之,怒。廣漢重令爲介_{更令作媒},[8]遂與曾孫,一歲生元帝。數月,曾孫立爲宣帝。

校注：

〔1〕本條本自《漢書·外戚列傳》。張安世（？—前62），字子孺，西漢杜陵（今陝西西安東南）人。以父張湯蔭任爲郎。武帝時擢爲尚書令，遷光祿大夫。昭帝拜右將軍，以輔佐有功，封富平侯。宣帝拜爲大司馬。謚敬侯。於"麒麟閣十一功臣"中位居第二。《漢書》卷五十九有傳。

〔2〕許廣漢（前117—前61）：西漢山陽昌邑（今山東金鄉）人。少爲昌邑玉郎，因罪下蠶室，住在掖庭（即皇宫的旁舍）。以女平君妻宣帝。宣帝即位後封昌成君、平恩侯。卒諡戴。暴室：漢代官署名，屬掖庭令管，其職責是織作染練。嗇夫：某一地區或部門的主事者。

〔3〕宣帝：詳見11.3.5"宣帝"條。寺：掖庭的官舍。

〔4〕張賀：張湯子，張安世兄。巫蠱之禍受牽涉，被處以腐刑。後出任掖庭令，盡心保護幼年的宣帝。宣帝即位後，追封爲陽都侯，謚哀侯。下刑：腐刑，即宫刑。

〔5〕衣食縣官：被朝廷供養。與：《漢書》作"予"。

〔6〕歐侯：複姓。歐侯氏，實名不詳，官内者令（少府屬官）。

〔7〕卜相：占卜看相以斷吉凶。

〔8〕此處小注爲《漢書》顔師古注文，原文作："更令人作媒而結婚姻。"

19.7.2 秋胡[1]

杜陵秋胡能通《尚書》，善爲古隸字，[2]爲翟公所禮，欲以兄女妻之。或曰："秋胡已娶而失禮，妻遂溺死，不可妻也。"馳象曰："昔魯人秋胡，妻赴水而死；[3]今之秋胡，非昔之秋胡也。豈得以昔之秋胡失禮，而絶婚今日之秋胡哉？"

《西京雜記》

校注：

〔1〕本條本自《西京雜記》，見該書卷六。《西京雜記》是一部古代筆記小説集，凡六卷，東晉葛洪集。"西京"即西漢首都長安。所記爲西漢雜史，包括歷史史實和遺聞軼事，但多不足信。此秋胡與春秋時期魯國秋胡同名。

〔2〕古隸字：秦漢隸書。與三國後盛行的今隸（楷書）對稱。

〔3〕據漢劉向《列女傳》卷五《魯秋潔婦》記載，秋胡娶妻五日，即離家爲官於陳。五年乃歸。未至家，見路旁婦人採桑，秋胡與嬉言，並與之金。婦人正言拒之。秋胡歸家，奉金於母，及婦至，即採桑者，秋胡慚。婦責以不孝不義，投河而死。

19.7.3　王司封[1]

張金部名方，[2]爲白波三門發運使；[3]王司封名湛，爲副使；文潞公父令公名異，[4]爲屬官，皆相善。張被召去，薦令公爲代。文潞公爲子弟讀書於孔目官張望家。[5]王司封欲以女嫁潞公，其妻曰："文彥博者寒薄，其可託乎？"乃已。[6]《邵氏聞見録》

校注：

〔1〕本條本自《邵氏聞見録》卷九。王司封，名湛，咸平五年（1002）登進士。其他事跡未詳。司封：官名。北周始置，掌官員封爵、叙贈、承襲等事。

〔2〕張金部：名方。事跡未詳。金部，官名。三國曹魏始置，掌管庫藏錢帛金寶、出納賬籍審核及度量衡的政令等。

〔3〕白波三門發運使：宋官職名，其官衙在河清縣白波鎮，掌黃河三門至汴河水運，漕運陝西糧穀以供應汴京之用。下轄發運

判官、都監各一人,催促裝綱四人及衛護綱運的兵曹等。

〔4〕文潞公:即文彥博(1006—1097)。彥博字寬夫,宋汾州介休(今屬山西)人。仁宗朝進士。初知翼城縣,後歷任殿中侍御史、河東轉運使、樞密副使、參知政事、同中書門下平章事、樞密使等職,世稱賢相。再拜太尉,封潞國公,以太師致仕。歷仕仁、英、神、哲四朝,任將相五十年。諡忠烈。《宋史》卷三百一十三有傳。其父文令公名洎(《聞見錄》作"異",恐非),以儒學進,歷十三官,政績頗著。判三司開拆磨勘司,終官主客郎中、河東轉運使。

〔5〕孔目:原指檔案目錄。唐代州、鎮中設孔目官掌六書,北宋於三館書院設孔目官,掌管圖籍。張望,其人未詳。

〔6〕文彥博後娶刑部郎中陳貫之女。

19.7.4　盧氏[1]

白敏中爲相,[2]嘗欲以前進士侯溫爲子婿,[3]且有日矣。其妻盧氏曰:"身爲宰相,願爲我婿者多矣。己既姓白,又以侯氏兒爲婿,必爲人呼作'白侯'耳。"[4]敏中爲之止焉。

校注:

〔1〕本條本自《太平廣記》卷一百八十四《氏族·白敏中》,謂出自《玉泉子》。《玉泉子》,筆記小說集,凡一卷,唐佚名撰。此書所記均爲中晚唐時期的政治傳聞和人物佚事,涉及裴度、溫庭筠等四十餘人,多可與史傳相參證,有一定的史料價值。

〔2〕白敏中(792—863):字用晦,唐華州下邽(今陝西渭南)人,白居易從弟。穆宗朝進士。歷官右拾遺、殿中侍御史、户部員外郎、知制誥、中書舍人等職,宣宗時以兵部侍郎進同中書門下平

章事。後歷任尚書右僕射、門下侍郎、封太原郡公，出爲邠寧、西川、荆南節度使。懿宗時復入爲門下侍郎同平章事、中書令，以太子太師致仕。《舊唐書》卷一百六十六、《新唐書》卷一百一十九均有傳。

〔3〕前進士：指科舉考試時進士科及第後尚未授予官職者。侯温，未詳。

〔4〕白侯：原倒作"侯白"，今據《太平廣記》正。因爲"白侯"諧音白猴，故盧氏認爲不可。

19.7.5　樊鯈[1]

後漢樊鮪爲子賞求楚王英女敬鄉公主。[2]兄鯈聞，止之曰："建武時，[3]吾家並受榮寵，[4]一宗五侯。[5]時特進一言，女可配王，男可尚主，但以貴寵過盛，即爲禍患，故不爲也。且爾一子，[6]奈何棄之於楚乎？"鮪不從。注："樊宏爲特進也。"[7]

校注：

〔1〕本條本自《後漢書》卷三十二《樊鯈傳》。樊鯈字長魚，東漢南陽湖陽（今河南唐河）人。劉秀表弟，初嗣壽張侯，後徙封燕侯。專治《公羊嚴氏春秋》，時稱"樊侯學"。明帝初，拜長水校尉，與公卿制定東漢郊祀禮儀，並訂正五經，廣詔名儒入京。謚哀侯。其父樊宏（？—51），字靡卿。劉秀之舅。劉秀即位後，拜宏爲光禄大夫，位特進，次三公。謙柔畏慎，不求苟進，常戒其子當保身全己。謚恭。

〔2〕樊鮪：樊鯈弟。楚王英：即劉英（？—71），光武帝劉秀子。少好遊俠，晚喜黄老，崇佛道。後被告逆謀，廢徙丹陽涇縣，自

〔3〕建武：光武帝年號（25—56）。

〔4〕家：原作"宗"，今據《後漢書》正。

〔5〕一宗五侯：李賢注："謂宏封長羅侯，弟丹射陽侯，兄子尋玄鄉侯，族兄忠更公侯，宏又封壽張侯也。"

〔6〕爾：原脱，今據《後漢書》補。

〔7〕此注當置於"特進一言"後。

19.7.6 幼卿[1]

幼卿少與表兄有文字之好。[2]兄欲締姻。屢白父母，父母以兄未禄，難其請。遂適武弁公。[3]明年，兄登甲科，良人統兵陝右，兄職教洮房，[4]邂逅於此，揚鞭略不相顧，豈前憾有未平耶？因作《浪淘沙》以寄情[5]："極目楚天空，雲雨無蹤，[6]謾留遺恨鎖眉峰。[7]爭奈荷花開較晚，[8]辜負東風。[9]驛馬嘆飄蓬，[10]聚散匆匆，揚鞭寧忍驟驊騮。[11]望斷斜陽人不見，滿袖啼紅。"《詩話》

校注：

〔1〕本條本自《詩話》，實本自宋吳曾《能改齋漫録》卷十六《樂府上》。幼：原書標題及正文均訛作"幻"，今據《能改齋漫録》正。幼卿，生卒和姓氏不詳，約宋徽宗宣和年間在世。

〔2〕文字之好：均雅好詩詞。

〔3〕適：原訛作"與"，今據《能改齋漫録》正。公：原脱，今據《能改齋漫録》補。

〔4〕洮房：原作"兆防"，今據《能改齋漫録》正。洮房，即今甘肅臨潭。

〔5〕寄：原作"紀"，今據《能改齋漫録》正。

〔6〕極目楚天空，雲雨無蹤：今本作"目送楚雲空，前事無蹤"。

〔7〕鎖：原作"鎮"，今據《能改齋漫録》正。謾：通"漫"。徒然。

〔8〕爭奈：今本作"自是"。爭奈，怎奈。唐顧况《從軍行》之一："風寒欲砭肌，爭奈裘襖輕？"

〔9〕辜：今本作"孤"。

〔10〕驛馬：今本作"客館"。

〔11〕揚鞭寧忍驟驊騘：今本作"揚鞭那忍驟花騘"。驟，使馬奔馳。花騘：唐人喜將駿馬鬃毛修剪成瓣以爲飾，分成五瓣者，稱作五花馬，又稱作花騘、驊騘。唐杜甫《驄馬行》："鄧公馬癖人共知，初得花驄大宛種。"宋周密《浪淘沙·芳草碧茸茸》："金鞍何處驟驊騘？"

婚禮新編　卷之二十

20.1　神仙

20.1.1　劉阮[1]

《齊諧志》：漢明帝永平中，[2]剡縣有劉晨、阮肇入天台山採藥，迷失道路，糧盡，望山頭有桃，共取食之，如覺少健。下山澗飲水，見蔓菁葉。[3]及有一杯流出，中有胡麻飯屑，[4]二人相謂曰："去人不遠。"因過水。行一里，又度一山，出大溪，見二女，容貌絶妙，世所未有。便喚劉、阮姓名，如有舊。問："郎等來何晚？"因邀過家。廳館服飾精華，東西各有床帳帷幔。七寶瓔珞，[5]非世所有，左右青衣端正，都無男子須吏。[6]下胡麻飯、山羊脯，甚美。又設甘酒，有數仙女將三五桃至，云："來慶女婿。"各出樂器，歌調作樂。日向暮，[7]仙女各還去。劉、阮就所邀女家止宿，行夫婦之道。留十五日，求還。女曰："來此皆宿福所招，得與仙女交接，流俗何所樂？"遂住半年。天氣和適，常如二三月，百鳥哀鳴悲思，求歸甚切。女曰："罪根未滅，使君等如此。"更喚諸仙女，共作歌吹送劉、阮。從此山洞口去不遠，至大路，隨其言，得還家鄉，並無相識，鄉里怪異。乃驗得七代子孫，傳聞上祖入山不出，[8]不知何在。既無親屬，欲還女家，尋山路不獲。至太康八年，[9]失二人所在。

校注：

[1] 本條本自《齊諧志》（一名《齊諧記》）。《齊諧志》，《隋志·史部·雜傳類》著録七卷，題宋散騎侍郎東陽無疑撰，《唐志·雜傳類》《新唐書·小説類》著録並同。東陽無疑事跡無考。《齊諧記》久佚，陳振孫《直齋書録解題》於吴均《續齊諧記》下云："《唐志》又有東陽無疑《齊諧志》，今不傳。"可知此書在宋代即已亡佚。《玉函山房輯佚書》有輯本一卷。《齊諧志》書名源自《莊子·逍遥遊》："齊諧者，志怪者也。"唐釋道世《法苑珠林》卷四十一《潛遁篇》、宋李昉等《太平御覽》卷四十一《地部六》"天台山"條、魯迅《古小説鉤沉》均謂出自《幽明録》，《太平廣記》卷六十一《女仙六》"天台二女"條謂出自《神仙記》。

[2] 永平中：《法苑珠林》作"永平五年"，即公元62年。

[3] 葉：原訛作"菜"，今據《太平御覽》改。

[4] 胡麻飯：俗稱"麻糍"，是將上好的糯米經水浸透後蒸熟，搗爛後揉成小團，再拌上芝麻、白糖等，即可食用，味道香甜。胡麻來自在中國古人眼中充滿神話色彩的西域地區，人們將其神化，認爲普通人食用胡麻可以得道成仙，修得長生，而神仙都好以胡麻飯爲食，又常用來招待客人，故或稱爲"神仙飯"。

[5] 七寶：佛教語，即金、銀、珊瑚等七種珍寶（具體名目佛經中説法不一），後亦泛指多種寶物。《西京雜記》卷三："有琴長六尺，安十三絃，二十六徽，皆用七寶飾之，銘曰'璠璵之樂'。"瓔珞：亦作纓絡，用珠玉穿成的裝飾物（多用作頸飾）。

[6] 青衣：侍女。都：全。

[7] 向：將近。

[8] 上祖：先祖。

[9] 太康八年：即公元288年。

20.1.2 裴航[1]

唐裴航備舟於襄漢。同舟樊夫人，國色也。航賂其婢裊烟，達詩曰："同舟胡越猶懷思，[2]況遇天仙隔錦屏。儻若玉京朝會去，[3]願隨鸞鶴入青冥。[4]"夫人曰："妾有夫在漢南，幸[5]無以諧謔爲意。與郎君小有因緣，他日必爲姻懿。"答詩曰："一飲瓊漿百感生，玄霜搗盡見雲英。[6]藍橋便是神仙窟，何必區區上玉京。[7]"後經藍橋驛，渴甚。茅舍老嫗緝麻，航揖之求漿。嫗曰："雲英擎一甌漿來。"航接飲之，真玉液也。航憶樊夫人"雲英"之句，謂嫗曰："小娘子艷麗驚人，願結厚禮取之，可乎？"嫗曰："渠已許嫁一人，但未就耳。我老病，有此女孫。神仙遺藥一刀圭，[8]得玉杵臼，搗百日方就。欲娶此女，但得玉杵臼，其餘吾無所用。"航恨之而去。月餘，果獲杵臼。挈抵藍橋，嫗笑曰："有如是信士，吾豈惜女子而不醻其勞哉？"航夜窺之，有玉兔持杵，雪光耀室。百日足，嫗吞藥，曰："吾入洞爲裴郎具帷帳。"俄見大第，仙童侍女引航入帳。諸親中有一女云妻姊，曰："不憶鄂渚同舟抵襄漢乎？"左右云是雲翹夫人，[9]劉綱天師之妻，[10]爲玉皇女史。航將妻入玉峰洞中，餌絳雪瑶英之丹，超爲上仙。《傳奇》

校注：

〔1〕本條出自《傳奇》。《傳奇》乃唐末文學家裴鉶所撰文言小說集。《新唐書・藝文志》著錄三卷，原書久佚，僅《太平廣記》錄存四則，得傳於今。裴鉶一生以文學名世，爲唐代小說的繁榮和發展做出過巨大貢獻。唐代小說之所以稱爲傳奇，便是從其名著《傳

奇》一書命名的。《裴航》是《傳奇》中最著名、影響最黄的一篇,宋元話本《藍橋記》、元庚天錫《裴航遇雲英》雜劇、明龍膺《藍橋記》、楊之炯《藍橋玉杵記》均以裴航遇仙爲題材。《太平廣記》卷五十《神仙五十》"裴航"記之甚詳。

〔2〕胡越:胡地在北,越地在南,比喻關係疏遠隔絶。

〔3〕玉京:道家稱天帝所居之處。晉葛洪《枕中書》引《真記》:"玄都玉京七寶山,週迴九萬里,在大羅之上。"這裏泛指仙都。

〔4〕鸞鶴:鸞與鶴,相傳爲仙人所乘。這裏借指神仙。唐白居易《酬趙秀才贈新登科諸先輩》詩:"莫羨蓬萊鸞鶴侶,道成羽翼自生身。"

〔5〕南幸:原殘泐,今據《太平廣記》補。

〔6〕玄霜:神話中的一種仙藥。《初學記》卷二引《漢武帝内傳》:"仙家上藥有玄霜、絳雪。"

〔7〕區區:《説郛》卷七十七上"秋娘"條同,《太平廣記》卷五十《神仙五十》"裴航"條、宋曾慥《類説》卷三十二《傳奇》"裴航"條、《清平山堂話本·藍橋記》均作"崎嶇"。區區,一心一意。宋梅堯臣《金陵有美堂》詩:"願公樂此殊未央,慎勿區區思故鄉。"若作"崎嶇",意爲跋涉,奔波。《顔氏家訓·雜藝》:"王褒地冑清華,才學優敏。後雖入關亦被禮遇,猶以書工,崎嶇碑碣之間,辛苦筆硯之役。"均可通。

〔8〕刀圭:中藥的量器名。晉葛洪《抱朴子·金丹》:"服之三刀圭,三尸九蟲皆即消壞,百病皆愈也。"王明校釋:"刀圭,量藥具。武威漢墓出土醫藥木簡中有刀圭之稱。"《本草綱目·序例》引南朝梁陶弘景《名醫別録·合藥分劑法則》:"凡散云刀圭者,十分方寸匕之一,準如梧桐子大也……一撮者,四刀圭也。"

〔9〕雲翹:仙女名。相傳爲天宫裏的女官。宋趙磻老《念奴嬌·中秋垂虹和韻》詞:"夜久露落瓊漿,神京歸路,有雲翹前跡。"

〔10〕劉綱:字伯鸞,東吳下邳(今江蘇邳縣)人。有道術,亦潛

修密證，人莫能知。嘗仕上虞令，爲政清静，而政令宜行。與夫人同逝去。其事詳見晉葛洪《神仙傳》卷六"樊夫人"條。

20.1.3　柳毅[1]

儀鳳中，柳毅下第歸湘濱，至涇陽，見一婦人牧羊，曰："妾洞庭龍君小女，嫁涇川次子。爲婢所惑，日以猒薄。[2]又得罪於舅姑，毀黜至此。洞庭相遠，信耗莫通。[3]聞君將還，敢寄尺牘。洞庭之陰有大橘焉，曰社橘。[4]君擊樹三，當有應者。"毅許之。後至洞庭，果有社橘。三擊而止，有武夫揭水引毅以進。[5]見千門萬户。夫曰："此靈虚殿也。"見一人被紫執圭。毅曰："昨至涇川，見愛女牧羊，風鬟雨鬢，所不忍視。"取書進之，洞庭君泣曰："老夫之罪，使孺弱罹橫害。公陌上人也，[6]而能急之。"詞未畢，有赤龍長萬丈餘，擘天飛去。[7]俄而祥風慶雲，幢節玲瓏，[8]紅妝千萬。中有一人，即前寄書者也。君曰："涇水之囚至矣。"又一人，披紫執圭，即君弟錢塘也。告其兄曰："辰發靈虚，巳至涇陽，午戰於彼，未還於此。"君曰："無情君安在？"曰："食之矣。"乃宴毅於碧雲宮。錢塘曰："愚有曲衷一陳於公。[9]涇陽嫠妻欲求託高義，世爲親。"毅不領。宴罷，辭去。後兩娶，皆亡。再娶盧氏女，貌類龍女。妻曰："予即洞庭君女也。涇上之辱，君能救之。此時誓心，永以爲報。季父論請不從，悵望成疾。值君累娶繼謝，獲奉閨房。龍壽萬歲，今與君同之。"歲餘，生一子，同歸洞庭，莫知其跡。

校注：

〔1〕本條未言出處。《太平廣記》卷四百十九《龍二·柳毅》謂出自《異聞集》。

〔2〕猒薄：厭惡鄙薄。唐范攄《雲溪友議》卷十二："親屬以載（元載）夫婦皆乞兒，猒薄之甚。"一本作"厭薄"。

〔3〕信耗：音信，消息。唐康駢《劇談錄·鳳翔府舉兵討賊》："是時關輔征鎮咸已歸款，唯鳳翔信耗不通。"

〔4〕社橘：原作"橘社"，此乃大橘名，故據《太平廣記》正作"社橘"。下"果有社橘"同。社爲土地神，古代民俗認爲土地神依附在大樹或巨石上。

〔5〕揭水：翻開湖水。

〔6〕陌上人：路人，毫不相干的人。

〔7〕擘天：劈天。

〔8〕幢節：旗幟儀仗。

〔9〕曲衷：心事。

20.1.4　蕭史[1]

蕭史者，不知得道年代。貌如二十許人。善吹簫，作鸞鳳之聲。[2]而瓊姿煒爍，[3]風神超邁，真天人也。混跡於世，時莫能知之。秦繆公有女弄玉，[4]喜吹簫。公以弄玉妻之，遂教弄玉作鳳鳴。[5]居十數年，吹簫似鳳聲，鳳凰來止其屋。公爲作鳳臺。夫婦止其上，不飲不食，不下數年。一旦，弄玉乘鳳，蕭史乘龍，昇天而去。秦爲作鳳女祠，時聞簫聲。今洪州西山絕頂有蕭史召仙壇、石室及巖室，[6]真像存焉。《仙傳》

校注：

〔1〕本條本自《仙傳》。《太平廣記》卷四《神仙四》"蕭史"條謂出自《神仙傳拾遺》。《神仙傳拾遺》又稱《仙傳拾遺》，前蜀杜光庭所撰志怪傳奇小説，今已佚。近人嚴一萍輯録《太平廣記》和《三洞群仙録》所存佚文，凡九十九人，析爲五卷，發表於藝文印書館出版之《道教研究資料》第一輯上，但仍有不少佚文可輯。杜光庭（850—933），字聖賓（又作賓至），號東瀛子。生平事跡見《十國春秋》卷四十七及《五代史補》卷一。有才學，被稱爲"宗廟中寶玉大圭"。一生著述甚豐，但大多失傳，佚文散見於《太平廣記》《分門古今類事》《三洞群仙録》等書。舊題劉向所撰《列仙傳》卷上亦有"蕭史"條，與《神仙傳拾遺》小異。《列仙傳》在曹魏時期已基本定型（《列仙傳》成書時代考，陳洪），故《神仙傳拾遺》當本自《列仙傳》。蕭史：《藝文類聚》卷四十四、《初學記》卷十等作"簫史"。

〔2〕聲：今本《太平廣記》作"響"。

〔3〕瓊姿：美好的丰姿。煒爗：光彩閃耀。

〔4〕秦繆公：即秦穆公（前682—前621），春秋時代秦國國君。"穆"爲其諡號。"繆"則通"穆"。《逸周書·諡法》："布德執義曰穆，中情見貌曰穆。"

〔5〕李劍國《唐前志怪小説輯釋·蕭史》謂當作"教弄玉吹簫作鳳鳴"，諸本皆佚"吹簫"二字。

〔6〕召：原訛作"石"，今據《太平廣記》正。室：今本《太平廣記》作"屋"。洪州：即今江西省南昌市。西山：又名蕭峰、紫霄峰，位於南昌市新建縣、安義縣與灣裏區交界處，海拔799米，爲"吹簫引鳳"這一傳説發生地。

20.1.5　三星下降[1]

唐御史姚生罷官，居於蒲之左邑。[2]有子一人，外甥二人,年皆及壯,頑駑不肖。姚惜其不學,日以誨責,而怠遊不悛。遂於條山之陽,〔3〕結茅以居之,冀絕外事,得專藝學。及到山中,二甥曾不開卷,惟姚子讀書甚勤。忽一夜,臨燭憑几披書之次,〔4〕覺所衣之裘後裾爲物所牽,遂回視之。見一小豚籍裘而伏,色白如玉。因以界方擊之,〔5〕聲駭而走。秉燭索於堂中戶牖甚密,而莫知豚之所往。明日,有蒼頭騎扣門而入,謂三人曰:"夫人問訊:昨夜以女兒無知,誤入君衣裾,殊以爲慚。然君擊之過傷,今則平矣。君勿爲慮。"三人遜辭謝之,相視,莫測其故。少頃,寶馬數百,前後導從,一青牛丹轂及門,〔6〕下車,則夫人也。三子趨出再拜。夫人曰:"不意小兒至此。君昨所傷,亦不至甚。恐爲君憂,故來相慰耳。"夫人年可三十,風姿閑整,〔7〕俯仰如神。問三子曰:"有室家未?"三子皆以未對。曰:"吾有三女,可配三君子。"夫人留不去,爲三子各創一院,指顧而具。〔8〕翌日有輜軿至焉,〔9〕賓從粲麗,逾於戚里。三女自車而下,皆年十七八。夫人引三女升堂,又延三子就座。酒殽果實,〔10〕非世所有。夫人指三女曰:"各以配君。"三子避席拜謝。是夕合巹,夫人謂三子曰:"人之所重者,生也;所欲者,貴也。但百日不泄於人,令君長生度世,位極人臣。"三子復拜謝,但以愚昧扞格爲憂。夫人曰:"君勿憂,斯易耳。"乃敕地上主者,令召孔宣父。〔11〕須臾,宣尼具冠劍而至。夫人臨階,宣父拜謁甚恭。夫人端坐,微勞問之,謂曰:"吾三婿欲學,君其導之。"宣父乃命三子指六籍篇目以示之,莫不了然解悟,大義悉通,咸若素習。宣父辭去,夫人又命周尚父示以玄女兵符、玉簮秘訣。〔12〕三子又得之無遺。三子學究天人,才兼文武,有將相之具矣。其後，姚使家僮饋糧，至則大駭而走。姚問其故，具對以屋宇帷帳之盛、人物艷麗之多。姚驚以爲是必山鬼所魅也，促召三子。三子將行，夫人誡之曰："慎勿泄露。縱加楚撻，亦勿言之。"三子至，姚亦訝其神氣秀發，占對閑雅。姚曰："三子驟爾，[13]必有鬼物憑焉。"苦問不言，遂鞭數十。不勝其痛，具道本末。姚素館一碩儒，因召與語。儒者驚曰："大異大異！君何用責三子乎？向使不泄，必爲公相。"姚問其故。儒者云："吾見織女、婺女、須女星皆無光，[14]必是三女星降下人間，將福三子。今泄天機，免禍幸矣！"其夜，儒者引姚視三星，果無光。乃釋三子，遣之歸山。至則三女邈然，[15]如不相識。夫人讓之曰："子不用吾言，既泄天機，當與子訣。"因以湯飲之。既飲，則昏頑如故，一無所知。《神仙感遇傳》

校注：

〔1〕本條本自《神仙感遇傳》。《神仙感遇傳》五卷，又名《神仙感通傳》《神仙感遇記》，題"廣成先生杜光庭纂"。《宋志》原本收錄十卷，今《道藏》僅存五卷，第五卷末稱"後有闕文"。《太平廣記》《三洞群仙錄》有部分佚文，《雲笈七籤》卷一百一十二有此書節本。《神仙感遇傳》收錄古代人神感應相遇的故事七十五冊，每冊以感遇者名號爲題。所記皆屬道教神異之說，多改編自他書，尤以《墉城集仙錄》爲著，它如《李筌》出自《陰符經序》，《虯髯客》出於唐人小說等。《太平廣記》卷六十五《女仙十·姚氏三子》與此小異。三星：即下文之織女星、婺女星與須女星。

〔2〕罷：原訛作"龍"。蒲：原訛作"滿"，今均據《神仙感遇傳》正。蒲，唐河東道所轄州名，在今山西省隰縣西北。春秋時爲晉地。《左傳·僖公四年》："重耳奔蒲，夷吾奔屈。"

〔3〕條山：中條山的省稱。中條山位於山西省西南部，黃河、

涑水河間。唐柳宗元《送獨孤申叔侍親往河東序》："聞其間有大河條山,氣蓋關左,文士往往彷徉臨望,坐得勝概焉。"

〔4〕次：間,際。《莊子・田子方》："喜怒哀樂不入於胸次。"宋王明清《揮麈錄》卷二："適揭簾之次,但見金龍丈餘蜿蜒榻上。"

〔5〕界方：用來鎮書紙的文具。

〔6〕丹轂：猶丹輪,指華貴的車。三國魏曹植《閒居賦》："丹轂更馳,羽騎相過。"

〔7〕閑整：亦作"閒整"。安靜整飭。

〔8〕指顧：一指一瞥之間。形容時間的短暫、迅速。漢班固《東都賦》："指顧倏忽,獲車已實。"

〔9〕輜軿：輜車和軿車的並稱。後泛指有遮罩的車子。《漢書・張敞傳》："禮,君母出門則乘輜軿。"顏師古注："輜軿,衣車也。"

〔10〕殽：通"肴",指菜肴。《詩・大雅・行葦》："醓醢以薦,或燔或炙,嘉殽脾臄,或歌或咢。"鄭玄箋："薦之禮,非菹則醓醢也。燔用肉,炙用肝,以脾函爲加,故謂之嘉。"唐戴孚《廣異記》："大設珍殽,多諸異果。"

〔11〕孔宣父：舊時對孔子的尊稱。《曲阜縣志》卷二十二："(唐貞觀十一年)秋七月,尊孔子爲宣父,詔兗州作闕里孔子廟。"下文"宣尼",係漢平帝元始元年追諡孔子爲褒成宣尼公,後因稱孔子爲宣尼,詳見《漢書・平帝紀》。晉左思《詠史》詩之四："言論準宣尼,辭賦擬相如。"

〔12〕周尚父：即姜太公呂望,姜姓,呂氏,名望,字尚父,一説字子牙。《詩・大雅・大明》："維師尚父,時維鷹揚。"鄭玄箋："尚父,呂望也。尊稱焉。"

〔13〕驟爾：同驟然,突然,忽然。

〔14〕織女：星宿名,共有三顆,呈正三角形。《史記・天官書》："織女,天女孫也。"婺女：又稱女宿、須女、務女。玄武七宿之第三宿,有星四顆。《史記・天官書》："婺女,其北織女。"司馬貞

索隱："務女，《廣雅》云：'須女謂之務女。'是也。一作'婺'。"

〔15〕邈然：茫然的樣子。

20.1.6　李生[1]

有李生者，其舅姓盧，有道術。邀詣其居，曰："求得一妓，善箜篌。令侍飲。"箜篌上朱字曰："天際識歸舟，雲中辨江樹。"[2]盧曰："此人名家，莫要作昏姻否？[3]"李生莫測而退。後取陸長源女，[4]乃所見於盧家者，果善箜篌，朱字宛然。李生具説舊事，女曰："往嘗夢爲仙官所追，亦記見生。"

校注：

〔1〕本條未言出處。《太平廣記》卷十七《神仙十七·盧李二生》謂出自《逸史》。《逸史》，唐盧肇所撰傳奇志怪小説集。盧肇（818—882），字子發，江西宜春文標鄉（現屬分宜）人，唐武宗會昌三年（843）年狀元，歷任集賢學士，歙、宣、徽三州刺史，卒於吉州刺史任上。所到之處頗有文名，官譽亦佳。《逸史》凡三卷，今已佚，部分内容散見於《太平廣記》《類説》《紺珠集》《詩話總龜》等宋代筆記中，共有八十餘條。古人文集中常可看到間接引用《唐逸史》的例子。比如，人們所熟知的鍾馗的故事，最早就來自《唐逸史》。陸游説"偶讀《唐逸史·裴老傳》"。可見宋時《唐逸史》還未佚失。《唐逸史》内容比較龐雜，虛實相間。此處乃節引，《太平廣記》記之甚詳。

〔2〕此二句出自南朝詩人謝朓《之宣城郡出新林浦向板橋》詩，原倒，今據謝詩乙正。詩句意境縹緲，語辭澹雅，富於詩情畫意，謝朓用清淡的水墨染出了一幅長江行旅圖，以"辨""識"二字精

當烘托出他極目回望的專注神情,對故鄉的無限懷戀不言自明。

〔3〕昏姻:《太平廣記》作"婚姻"。

〔4〕陸長源(?—799):字泳之,吳(今江蘇蘇州)人。建中元年(780)任建州刺史,擴大城域,廣開文化教育,使得建州名儒輩出,被譽爲"海濱鄒魯"。後官至御史中丞,宣武司馬。能作詩,善書法。著有《辨疑志》。

20.1.7 盧杞[1]

盧杞少時,與麻婆者廢寺內賃居。見犢車在麻婆門外。杞窺之,一女子年十四五,神仙人也。明日潛訪之,麻婆曰:"莫要作昏姻否?"[2]杞曰:"貧賤,安敢有此意?"麻婆曰:"何妨?"忽報云:"事諧矣。"後三日,見樓臺華麗,輜軿降空,[3]乃前女子也。謂杞曰:"更七日奉見。"呼麻婆付藥二丸,屬地種之。[4]頃刻生二葫蘆,漸大如甕。麻婆以刃剖其中,[5]與杞各處其一。風雲忽起,騰上碧霄。謂麻婆曰:"此去洛陽多少?"曰:"八萬里。"良久,葫蘆止,[6]見樓閣以水晶爲墻。女子居殿中,從女數百,麻婆立於諸衛之下。[7]女命杞坐,具酒饌。曰:"郎君合得三事,取一長者:留宮,壽與天畢;次爲地仙,時得至此;下爲人間宰相。"杞曰:"處此爲上願。"女子喜曰:"此水精宮也。[8]某爲太陰夫人,[9]仙格已高。[10]郎君便是白日上升。"[11]乃爲牋,奏上帝。少頃,朱衣使者宣帝命曰:"盧杞欲水精宮住否?欲地仙否?欲人間宰相否?"杞大呼曰:"人間宰相。"朱衣趨出。太陰夫人失色,令麻婆速領回。推入葫蘆,却至舊居,塵榻儼然,葫蘆與麻婆俱不復見。《唐逸史》

校注：

〔1〕本條本自《唐逸史》。《太平廣記》卷六十四《女仙九·太陰夫人》記之甚詳。盧杞(？—785)，字子良，滑州靈昌(今河南滑縣西南)人。以蔭歷忠州、虢州刺史。建中初，入爲御史中丞，升御史大夫。旬日之内升爲門下侍郎、同中書門下平章事。他爲人陰險狡詐，居相位期間，忌能妒賢，先後陷害楊炎、顔真卿，排斥宰相張鎰等。後貶新州司馬，旋徙澧州别駕死。《舊唐書》卷一百三十五有傳。

〔2〕昏姻：《太平廣記》作"婚姻"。

〔3〕輜軿：見20.1.5"三星下降"條注〔9〕。

〔4〕斸(zhú)：挖掘。《齊民要術·種竹》："正月、二月中，斸取西南引根並莖，芟去葉，於園内東北角種之。"

〔5〕刃：《太平廣記》《氏族大全》卷七《水晶宫》均作"刀"。

〔6〕止：原訛作"上"，今據《唐逸史》正。

〔7〕諸衛：古代官名，宫廷儀衛隊長。轉指儀衛隊。宋周煇《清波别志》卷下："漢魏以降，有大駕、法駕、小駕之儀；至唐又分殿中諸衛、黄麾等仗。"

〔8〕水精：《太平廣記》《氏族大全》卷七《水晶宫》均作"水晶"。下同。

〔9〕太陰夫人：本爲天上仙女，出自西華諒光宫，諶姆元君之徒。

〔10〕仙格：道家謂仙人的品級。

〔11〕白日上升：猶言白日升天。道教謂人修煉得道後，白晝飛升天界成仙。賈島《贈丘先生》詩："常言喫藥全勝飯，華嶽松邊採茯神。不遣髭鬚一莖白，擬爲白日上昇人。"

20.1.8　園客[1]

園客者，濟陰人。美姿貌，而邑人多欲以女妻之，客終不取。常種香草，積年服食其實。忽有五色蛾集草上，客收而薦之，以布生華蠶焉。[2]時有一女，自來助客養蠶。蠶壯，得繭一百二十枚，大如甕。每一繭繰六七日乃盡。繰訖，此女與園客俱去。濟陰今有蠶祠。[3]《女仙傳》

校注：

〔1〕本條本自《女仙傳》，《太平廣記》卷五十九《女仙四·園客妻》同。《太平御覽》卷八百一十四《布帛部一》"絲"條謂出自《神仙傳》，明董斯張《廣博物志》卷五十謂出自《列仙傳》，宋曾慥《類説》卷八《五色蛾》謂出自《述異記》。《女仙傳》，相傳爲唐代高駢所著，尚無定論。中國道教文學史上的著名典籍，今已佚，有部分內容保存於《太平廣記》《太平御覽》《三洞群仙錄》等書中。李劍國先生謂《女仙傳》"全似杜光庭《墉城集仙錄》，內容亦多合"，二者乃同書異名。

〔2〕華蠶：《太平廣記》同，《太平御覽》作"花蠶"，《廣博物志》作"桑蠶"。

〔3〕陰：原作"陽"，今據《太平廣記》正。

20.1.9　楊敬真[1]

唐楊敬真，田家女也，適同村王清。其夫貧，楊氏奉箕箒供養之職甚勤。夫族目之，曰勤力新婦。性沉靜，有暇必掃凈室，閉門閑坐。後得仙去。《女仙傳》

校注：

〔1〕本條本自《女仙傳》，《太平廣記》卷六十八《女仙十三·楊敬真》謂出自《續玄怪錄》，記之甚詳。另見古今明陸楫編《説海》卷八十一《説淵》"五真記"條。楊敬真(793—?)，唐代女道士，虢州閿

鄉（今河南靈寶）人。本長壽鄉天仙村田家女，嫁同村王清，婦道甚謹。元和十二年（817）五月十二日，忽閉戶蟬蛻，人傳有天樂過其村。十八日夜忽回，自述游華山雲台峰仙境，會馬信真、徐湛真、郭修真、夏守真四仙之事。於是謝絕其夫，服黃冠。縣令李邯以狀上奏，延請居於陝州紫極宮。唐憲宗召見，令於內殿試道。後住陝州，終歲不食，或僅食果實、飲酒二三杯。

20.1.10　封陟[1]

寶曆中，[2]有封陟孝廉者，居於少室，[3]性頗貞端。時夜將午，忽有輜軿自空而歸，睹一仙姝，體欺皓雪，臉賽芙蕖，[4]正容斂衽而揖陟曰："某籍本上仙，謫居下界。伏見郎君，坤儀濬潔，襟量端明。[5]特謁光容，願持箕箒。"陟正色而言曰："某家本貞廉，性唯孤介。不敢當神仙降顧，幸早回車。"姝留詩一章，曰："謫居蓬島別瑤池，春媚烟花有所思。為愛君心能潔白，願操箕箒奉帡幪。"[6]雲軿既去，後七日又至。巧言白陟曰："某以業緣遽縈，魔障欻起，難窺舞蝶，每妒流鶯，靡不雙飛，俱能對跱。[7]自矜孤寢，轉憎空閨。所以激切前時，布露丹懇。[8]幸垂采納，無阻精誠。"陟又正色而言曰："某身居山藪，志已顓蒙，不識鉛華，豈知女色？"[9]幸垂速去，無相見尤。"姝曰："願去深疑，幸容陋質。"再留詩一章，曰："弄玉有夫皆得道，劉綱兼室盡登仙。君能仔細窺朝露，[10]須逐雲車拜洞天。"陟覽詩，又不迴意。後七日夜，姝又至，曰："逝波難駐，西日易頹。恃賴韶顏，須臾槁木。[11]我有還丹，頗能駐命。許其依託，必寫襟懷。能遣君壽倒三松，瞳方兩目。[12]仙山靈府，任意追遊。"陟乃怒目而言曰："我居書齋，不欺暗室。[13]是何妖精，苦相淩逼？倘若遲回，必當窘辱。"侍衞謂姝曰："小娘子迴車，此木偶人，不足與語。况窮薄當爲下鬼，豈神仙配偶耶？"姝長吁，又留詩曰："蕭郎不顧鳳樓人，雲澀迴車淚臉新。愁殺蓬萊歸去路，難窺舊苑碧桃春。"[14]輣輧出户，珠翠響空，然陟意不易。後三年，陟染疾而終，爲泰山所追，[15]束以巨鎖，使者驅之，欲至幽府。忽遇神仙，騎從清道甚嚴。使者躬身於路左，曰："上元夫人遊泰山耳。"俄有仙騎，召使者與囚俱至。陟至彼，仰窺，乃昔日求偶仙姝也。仙姝索追狀，曰："不能於此人無情。"[16]遂大筆判曰："封陟性雖執迷，操惟堅潔，實由朴憨，難責風情。更延一紀。"使者解去鐵鎖。陟遂跪謝。良久，蘇息。追悔前日之事，慟哭自咎而已。《傳奇》

校注：

〔1〕本條本自《傳奇》。見 20.1.2 注〔1〕。

〔2〕寶曆：唐敬宗李湛年號（825 年正月至 827 年二月），凡三年。

〔3〕少室：即少室山，又名季室山，位於鄭州登封市城西嵩山南麓。其東爲太室山。傳説夏禹王的第二個妻子，塗山氏之妹棲于此，人於山下建少姨廟敬之，故山名謂"少室"。

〔4〕賽：今本《太平廣記》作"奪"，均可通。欺、賽：義均爲壓倒，勝過。唐杜牧《張好好詩》："飄然集仙客，諷賦欺相如。"

〔5〕坤儀：儀表。坤，原作"神"，據《太平廣記》正。相術家以地上的五嶽、四瀆比喻人的五官及臉上各部位，故稱人的容貌儀表爲"坤儀"。

〔6〕輧輧：《太平廣記》卷六十八《女仙十三·封陟》、《類説》卷三十二《傳奇·封陟》、明陸楫編《古今説海》卷三十四《説淵十四·

少室仙姝傳》均作"屏幃"。"㡓"爲"屏"逆類化字。

〔7〕欻(xū)：突然。唐李白《望廬山瀑布》詩之一："欻如飛電來，隱若白虹起。"

〔8〕激切：《古今説海》同，《太平廣記》作"急切"。激切義指激烈直率，《漢書·賈山傳》："其言多激切，善指事意，然終不加罰，所以廣諫争之路也。"布露：公佈，露出。唐柳宗元《時令論下》："今子發而揚之，使前人之奥秘布露顯明，則後之人而又何憚耶！"

〔9〕頊蒙：愚昧。《漢書·揚雄傳下》："天降生民，倥侗頊蒙，恣於情性，聰明不開，訓諸理。"顏師古注引鄭氏曰："童蒙無所知也。"鉛華：本指婦女化妝用的鉛粉，借指婦女的美麗容貌或青年婦女。唐盧綸《七夕》詩："鉛華潛驚曙，機杼暗傳秋。"

〔10〕仔細：原作"子細"，今據《太平廣記》正。

〔11〕逝波：指一去不返的流水。唐賈島《送玄巖上人歸西蜀》詩："去臘催今夏，流光等逝波。"又比喻流逝的光陰。宋蘇舜欽《遊洛中内》詩："洛陽宫殿鬱嵯峨，千古榮華逐逝波。"韶顏：美好的容貌。南朝宋鮑照《發後渚》詩："華志分馳年，韶顏慘驚節。"

〔12〕壽倒：《類説》同，《太平廣記》與《古今説海》均作"壽例"。今海南三亞南山長壽谷景區有"壽倒三松"一景。

〔13〕不欺暗室：或作暗室不欺，指雖在别人看不見的地方，也不做虧心事。謂光明磊落。語出唐駱賓王《螢火賦》："類君子之有道，入暗室而不欺。"

〔14〕愁殺蓬萊歸去路：《太平廣記》與《古今説海》作"愁想蓬瀛歸去路"，《類説》作"愁殺蓬瀛歸去路"。愁殺：亦作"愁煞"，謂使人極爲憂愁。殺，表示程度深。《古詩十九首·去者日以疏》："白楊多悲風，蕭蕭愁殺人。"蓬瀛：蓬萊和瀛洲。神山名，相傳爲仙人所居之處，亦泛指仙境。晉葛洪《抱朴子·對俗》："或委華馴而響蛟龍，或棄神州而宅蓬瀛。"

〔15〕泰山：《太平廣記》《類説》《古今説海》均作"太山"，下同。

"泰"乃"太"音借字,本作"太山"。由於山嶽信仰崇拜,中國古代民間認爲泰山是人死後靈魂通往冥界之地,《後漢書·方術傳》:"少嘗篤病,三年不愈,乃謁太山請命。"李賢注:"太山,主人生死,故詣請命也。"而泰山神"東嶽大帝"(尊號泰山府君)就是地獄神"冥王"。佛教傳入後,閻羅王常被比附爲泰山府君。

〔16〕人:原脱,今據《太平廣記》補。

20.1.11 任生[1]

任生隱居嵩山。一夕,美女至,曰:"妾非精魅,名列上仙。冥數與君合爲匹偶。"賜詩曰:"葛洪亦有婦,王母亦有夫。神仙盡靈匹,[2]君子竟何如?"生竟不對。女又曰:"阮郎迷不悟,何以伸情素?[3]明月海上來,[4]綵舟却歸去。"[5]

校注:

〔1〕本條未言出處。宋朱勝非《紺珠集》卷十《唐逸史·盧子》"紫素元君"條、宋曾慥《類説》卷二十七《逸史·紫素元君》、宋阮閲《詩話總龜》卷四十五《神仙門·任生》都謂出自《逸史》,即唐盧肇《唐逸史》。見 20.1.6 條注〔1〕。宋張君房《雲笈七籤》卷一百一十二《神仙感遇傳下·任生》條記之甚詳。

〔2〕靈匹:神仙匹偶,這裏指美好的配偶。唐孟郊《嬋娟篇》:"月嬋娟,真可憐。夜半姮娥朝太一,人間本自無靈匹。"

〔3〕情素:《雲笈七籤》同,《類説》《詩話總龜》作"情愫"。"愫"爲"素"分化字。

〔4〕明月海上來:《雲笈七籤》《詩話總龜》作"明日海山春",《類説》作"明月海上春"。

〔5〕綵舟:《雲笈七籤》《類説》同,《詩話總龜》作"彩舟"。

20.1.12　魏武帝[1]

魏聖武皇帝諱詰汾,嘗田於山澤,見輜軿自天而下。既至,見美婦人,自稱天女,受命相偶。旦日請還,期年周時復會於此,言終而別。及期,帝至先田處,果見天女。以所生男授帝,曰:"此君之子也,當世爲帝王。"語訖而去。即始祖神元皇帝力微也。故時人曰:"詰汾皇帝無婦家,[2]力微皇帝無舅家。"

校注:

〔1〕本條本自《魏書》卷一《帝紀第一》。魏武帝,即文中魏聖武皇帝拓跋詰汾,他是南北朝時期北魏追尊的第十四位始祖,神元皇帝拓跋力微的父親,《魏書》記載力微是詰汾與天女所生,頗具神話色彩。

〔2〕婦家:妻子的娘家。《後漢書·東夷傳·高句驪》:"其昏姻皆就婦家,生子長大,然後將還,便稍營送終之具。"

20.1.13　崔生[1]

進士崔偉遊青城山下,[2]見金城絳闕。仙翁留生酒食,以女妻之,曰:"某唯一女,願事君子。此亦冥數前定,不可免也。"歲餘,生請歸,得隱形符,乃潛遊宮禁。上令羅公遠作法照之殿後,[3]果得崔生。上令笞死。公遠曰:"此人已居上界,殺之,非國家之福。"上遣兵仗送至青城洞口,果見金城絳闕。生妻擲一領巾,化爲五色絳橋,令生渡橋。須臾,雲霧四合,但聞空中鸞鶴笙歌之聲。

校注：

〔1〕本條未言出處。宋曾慥《類説》卷二十七《逸史·擲領巾爲絳橋》所記同，則此條當出自唐盧肇所撰《唐逸史》。

〔2〕青城山：位於四川省都江堰市西南，古稱"丈人山"，爲中國道教發源地之一，屬道教名山，有"青城天下幽"之美譽，與劍門之險、峨眉之秀、夔門之雄齊名。

〔3〕上：即唐玄宗。羅公遠：唐玄宗時彭州九隴山（今四川彭縣）人，一説鄂州（今湖北武昌）人，一名思遠。往來于青城、羅川間，有道跡，與張果、葉法善齊名，尤善隱形。其著有《真龍虎九仙經注》（一名《天真皇人九仙經》）一卷行於世。收入《道藏》洞真部方法類。

20.1.14　玉巵娘[1]

有崔書生於東周邏谷口見一女郎，具聘娶之。崔母曰："新婦妖美，必是狐媚，傷害於汝。"女曰："侍奉箕箒，便望終身。而尊夫人待以狐媚，明日便行矣。"明日入山，遂失所在。後有胡僧曰："若所納妻，王母第三女玉巵娘子，[2]若住一年，舉家必仙矣。"崔生嘆恨不已。《玄怪録》

校注：

〔1〕依原書目録，"崔生"條下尚有"玉巵娘""盧充""文簫"三條。今前二者亡佚，"文簫"條亦殘近半。今暫據《類説》《搜神記》補完。本條據《類説》卷十一《幽明録·王母女玉巵娘子》補。《太平廣記》卷六十三《女仙八》"崔書生"條記之甚詳，並謂出自《玄怪録》。《玄怪録》乃唐牛僧孺所撰傳奇小説集。宋代因避趙匡胤始祖玄朗之諱，改名《幽怪録》。宋朱勝非《紺珠集》卷五即記爲《幽怪

録》。《幽明録》乃南朝宋劉義慶所撰志怪小説集。據此，則《類説》之《幽明録》當爲《幽怪録》之訛。

〔2〕王母：即西王母，古人認爲她有二十三個女兒。有姓名可查者凡六人。宋張君房《雲笈七籤》卷九十七《南極王夫人授楊羲詩三首并序》："南極王夫人，王母第四女也，名林，字容真，一號南極紫元夫人，或號南極元君。"又《紫微王夫人詩一十七首并序》："紫微夫人，名青娥，字愈音，王母第二十女也。"卷九十八《太真夫人贈馬明生詩二首并序》："太真夫人者，王母之小女也，年可十六七，名婉，字羅敷。"又《雲林右英夫人唆楊真人許長史詩二十六首并序》："雲林右英夫人，名媚蘭，字申林，王母第十三女也。"明胡應麟《少室山房筆叢》卷二十七《玉壺遐覽二》："西王母姓楊，一曰緱氏，一曰侯氏，一曰焉氏，名回，一曰婉妗。第三女曰碧霞元君，本居西嶽，今爲泰山神聖母。第四女名林，字容真，號南極夫人。又紫玄夫人，王母第十三女，名媚蘭，號雲林夫人。第二十女名玉清，號紫微夫人，一云名青娥，字愈意。第二十三女名瑶，一云名瑶姬，號雲華夫人。"又"王母小女名琬，字羅敷，號太真夫人，亦曰東嶽夫人。"《太平廣記》卷五十六《女仙一》引《集仙録》："雲華夫人，王母第二十三女，太真王夫人之妹也，名瑶姬。"太真夫人爲第二十二女。此處謂王母第三女是玉卮娘子，未詳所據。

20.1.15　盧充[1]

盧充者，范陽人。家西三十里，有崔少府墓。充年二十，先冬至一日，出宅西獵戲，見一麞，舉弓而射，中之，麞倒，復起。充因逐之，不覺遠，忽見道北一里許，高門瓦屋，四周有如府舍，不復見麞。門中一鈴下唱客前。[2] 充曰："此何府也？"答曰："少府府也。"充曰："我衣惡，那得見少府？"即有一人提一襆新衣，[3]曰："府君以此遺郎。"充便著訖，進見少少府。展姓名。酒炙數行。謂充曰："尊府君不以僕門鄙陋，近得書，爲君索小女婚，故相迎耳。"便以書示充。充，父亡時雖小，然已識父手跡，即欷歔無復辭免。便敕內："盧郎已來，可令女郎妝嚴。"[4]且語充云："君可就東廊，及至黃昏。"內白："女郎妝嚴已畢。"充既至東廊，女已下車，立席頭，却共拜。時爲三日，給食三日畢，崔謂充曰："君可歸矣。女有娠相，若生男，當以相還，無相疑。生女，當留自養。"敕外嚴車送客。充便辭出。崔送至中門，執手涕零。出門，見一犢車，駕青衣，又見本所著衣及弓箭，故在門外。尋傳教將一人提襆衣與充，相問曰："姻援始爾，[5]別甚悵恨。今復致衣一襲，被褥自副。"充上車，去如電逝，須臾至家。家人相見，悲喜推問，知崔是亡人，而入其墓。追以懊惋。別後四年，三月三日，充臨水戲，忽見水旁有二犢車，乍沉乍浮，既而近岸，同坐皆見，而充往開車後戶，見崔氏女與三歲男共載。充見之，忻然欲捉其手，女舉手指後車曰："府君見人。"即見少府。充往問訊，女抱兒還。充又與金鋺，[6]並贈詩曰："煌煌靈芝質，光麗何猗猗！華艷當時顯，嘉異表神奇。含英未及秀，中夏罹霜萎。榮耀長幽滅，世路永無施。不悟陰陽運，哲人忽來儀。會淺離別速，皆由靈與祇。何以贈余親，金鋺可頤兒。恩愛從此別，斷腸傷肝脾。"充取兒、鋺及詩，忽然不見二車處。充將兒還，四坐謂是鬼魅，僉遙唾之。[7]形如故。問兒："誰是汝父？"兒徑就充懷。衆初怪惡，傳省其詩，慨然歎死生之玄通也。充後乘車入市，賣鋺，高舉其價，不欲速售，冀有識。欻有一老婢識此，還白大家曰：[8]"市中見一人，乘車，賣崔氏女郎棺中鋺。"大家,即崔氏親姨母也,遣兒視之,果如其婢言。上車,敘姓名,語充曰:"昔我姨嫁少府,生女,未出而亡。家親痛之,贈一金鋺,著棺中。可說得鋺本末。"充以事對。此兒亦爲之悲咽。資還白母,母即令詣充家,迎兒視之。諸親悉集。兒有崔氏之狀,又復似充貌。兒、鋺俱驗。姨母曰:"我外甥三月末間產。父曰春,暖溫也。願休強也。"即字溫休。溫休者,蓋幽婚也,[9]其兆先彰矣。兒遂成令器。歷郡守二千石,子孫冠蓋相承。至今其後植,字子幹,有名天下。[10]

校注:

〔1〕本條殘闕。盧充事最早見於晉干寶撰《搜神記》卷十六,今據《搜神記》補。

〔2〕鈴下:指門卒或僕役。《資治通鑑·漢獻帝建安元年》:"布(吕布)屯沛城西南,遣鈴下請靈(紀靈)等。"胡三省注:"鈴下,卒也,在鈴閣之下,有警至則掣鈴以呼之,因以爲名。"

〔3〕襆:本指包袱,這裏用爲表示包裹、包袱的量詞。

〔4〕嚴:整飭,整備。漢王逸《九思·逢尤》:"心煩憒兮意無聊,嚴載駕兮出戲遊。"妝嚴:女子化妝。下文"嚴車"謂整備車輛。

〔5〕姻援:亦作"姻媛",猶姻親。《宋書·索虜傳》:"至此非唯欲爲功名,實是貪結姻援。"

〔6〕鋺:同"碗",因爲金製,故換形作"鋺"。

〔7〕僉:都,皆。《尚書·堯典》:"僉曰:'於,鯀哉!'"

〔8〕大家:六朝時奴婢對主人的尊稱。此謂家主母。

〔9〕溫休者,蓋幽婚也:乃反切隱語,取"溫"字聲母與"休"字韻調相拼合,音"幽",取"休"字聲母與"溫"字韻調相拼合,音"婚"。

〔10〕植:即盧植(139—192),字子幹,涿郡涿縣(今河北涿州)

人。師從馬融,通古今學,爲東漢末大儒。歷官至尚書。著有《尚書章句》《三禮解詁》等,今皆亡佚。

20.1.16　文蕭[1]

　　文蕭抵鍾陵,西山有許真君上升第。[2]每歲中秋,士女櫛比,多召名姝,夜與丈夫間立,握臂連踏而唱。文生睹一姝,歌曰:"若能相伴陟仙壇,應得文蕭駕彩鸞。[3]自有繡襦並甲帳,瓊臺不怕雪霜寒。"[4]歌罷,秉燭穿大松,陟山捫石,生亦潛躡其蹤。姝顧曰:"非文蕭耶?"引至絶頂,侍衛甚嚴。有二仙娥持簿書,請詳斷,多江湖没溺之事。某日,風波誤殺孩稚。姝怒曰:"豈容易而誤耶?"仙娥執書去,忽天地黯晦,風雷震怒,有仙童持天判云:"吴彩鸞以私欲泄天機,謫爲民妻一紀。"姝與生攜手下山,因詰夫人之先。姝曰:"我父吴先君,[5]豫章人。吾爲仙,主陰籍六百年矣。睹色界興心遭責,子亦因吾可出世矣。"[6]生不能自贍,[7]夫人日寫孫愐《唐韻》一部,[8]往鬻五緡。[9]僅十載,會昌初,[10]與生奔越王山。[11]作詩曰:"一班與兩班,[12]引入越王山。世數今逃盡,烟蘿得再還。"[13]是夜,二人各跨一虎,[14]陟峰巒而去。《傳奇》

校注:

〔1〕本條殘存近半。所存後半部分文字與宋曾慥《類説》卷三十二《傳奇·文簫》小異,今據該書補出前半部分。文末言出自《傳奇》,即唐裴鉶《唐傳奇》。蕭:今本《唐傳奇》作"簫"。

〔2〕鍾陵:古郡名,即下文之豫章,漢置豫章郡,隋廢,唐爲鍾陵郡,即今江西省南昌市。西山:在江西省新建縣西,章江門外,

一名南昌山。道家以爲第十二洞天。許真君(239—?),即晉代道士許遜,字敬之,南昌(今屬江西)人。博通經史,明天文、地理、曆律、五行讖緯之書,尤其喜好神仙修煉。他師事著名道士吳猛,號稱大洞真君。東晉寧康二年(374)舉家從豫章西山飛升成仙。後世稱之爲許旌陽。北宋徽宗政和二年,追封爲"神功妙濟真君",升觀爲宮(觀在今江西南昌西山),賜額爲"玉隆萬壽宮"。第:《唐傳奇》作"地"。

〔3〕彩鸞:即下文吳彩鸞。

〔4〕甲帳:漢武帝所造的帳幕。《北堂書鈔》卷一百三十二引《漢武帝故事》:"上以琉璃珠玉、明月夜光雜錯天下珍寶爲甲帳,次爲乙帳。甲以居神,乙以自居。"瓊臺:相傳爲桀紂所建的玉臺。晉王嘉《拾遺記·殷湯》:"紂之昏亂,欲討諸侯,使飛廉惡來誅戮賢良,取其寶器,埋於瓊臺之下。"亦泛指華麗的樓臺。唐杜甫《冬到金華山觀因得故拾遺陳公學堂遺跡》詩:"上有蔚藍天,垂光抱瓊臺。"

〔5〕《婚禮新編》原書此條從"吳"字前均佚。先君:原作"仙君",這裏指已故的父親,據《類說》正。吳先君:即吳猛,字世雲,晉濮陽(今屬河南)人。仕吳爲西安令。性至孝。四十歲時,得至人丁義神方。繼師南海太守鮑靚,復得秘法。吳黃龍(230)中,得白雲符,以道術大行于吳晉之間。晉武帝時,以所得秘法盡傳許遜。東晉孝武帝寧康二年(374)解化於宅。宅號"紫雲府"。宋政和二年(1112),徽宗封爲真人。

〔6〕因:原訛作"与",今據《類說》正。

〔7〕贍:原訛作"瞻",今據《類說》正。

〔8〕孫愐:唐代音韻學家。籍貫、字號均不詳。玄宗天寶時爲陳州(今河南淮陽)司馬。精通音韻之學。他編著的《唐韻》是當時影響最大的一部《切韻》增訂本。宋代范鎮《東齋記事》說:"自孫愐集《唐韻》,諸書遂廢。"徐鉉校訂《說文解字》,注音採用它的反切;

陳彭年編修《廣韻》，承襲它的體例。《唐韻》原書已佚，有殘卷傳世。據清代卞永譽《式古堂書畫彙考》所錄唐元和年間《唐韻》寫本的序文和各卷韻數的記載，全書五卷，共一百九十五韻，與王仁昫《刊謬補缺切韻》同，其上、去二聲都比陸法言《切韻》多一韻。

〔9〕緡：古代通常以一千文爲一緡。《初刻拍案驚奇》卷二十二：“元來唐時使用的是錢，千錢爲'緡'。就用銀子准時，也只是以錢算賬。當時一緡錢，就是今日的一兩銀子，宋時却叫做一貫了。”

〔10〕會昌：唐武宗李炎的年號（841—846），共計六年。《唐傳奇》作“會昌二年”。

〔11〕越王山：位於江西奉新縣澡下鎮，原名藥王山。傳說越王勾踐滅吳後乘勝西進伐楚，在藥王山頂平曠處築城紮寨，長駐兵馬，後人因名爲越王山。實際上“越”乃“藥”音訛字。

〔12〕詩曰一班：四字原殘泐，今據《類說》補。一班與兩班：《唐傳奇》作“一斑與兩斑”。

〔13〕烟蘿：本指草樹茂密，烟聚蘿纏，借指幽居或修真之處。宋蘇舜欽《離京後作》詩：“脫身離網罟，含笑入烟蘿。”

〔14〕是夜二：三字原殘泐，今據《類說》補。

參校書目

〔1〕（漢）班固撰，（唐）顏師古注.漢書[M].北京：中華書局,1997.
〔2〕（清）曹寅,彭定求等.全唐詩[M].北京：中華書局,1979.
〔3〕陳鼓應.莊子今注今譯（最新修訂重排本）[M].北京：中華書局,2009.
〔4〕（清）陳立.白虎通疏證[M].北京：中華書局,1994.
〔5〕（清）陳士珂.孔子家語疏證[M].上海：上海書店,1987.
〔6〕（晉）陳壽撰,（宋）裴松之注.三國志[M].北京：中華書局,1997.
〔7〕（唐）杜牧撰,吳在慶校注.杜牧集繫年校注[M].北京：中華書局,2008.
〔8〕（唐）段成式.酉陽雜俎[M].北京：中華書局,1981.
〔9〕（清）范能濬編集,薛正興校點.范仲淹全集[M].南京：鳳凰出版社,2004.
〔10〕（唐）范攄.雲溪友議[M].上海：上海古籍出版社,2012.
〔11〕（南朝宋）范曄撰,（唐）李賢等注.後漢書[M].北京：中華書局,1997.
〔12〕（清）方世舉.韓昌黎詩集編年箋注[M].北京：中華書局,2012.
〔13〕（唐）房玄齡.晉書[M].北京：中華書局,1996.
〔14〕（唐）封演撰,趙貞信校注.封氏聞見記校注[M].北京：中華書局,2005.

[15](宋)郭茂倩.樂府詩集[M].北京:中華書局,1979.

[16]郭紹虞.宋詩話輯佚[M].北京:中華書局,1980.

[17](唐)韓愈著,馬其昶校注,馬茂元整理.韓昌黎文集校注[M].上海:上海古籍出版社,2014.

[18](宋)何汶撰,常振國,絳雲點校.竹莊詩話[M].北京:中華書局,1984.

[19](宋)洪邁.容齋隨筆[M].北京:中華書局,2005.

[20](宋)洪興祖.楚辭補注[M].北京:中華書局,1983.

[21]黃懷信.論語彙校集釋[M].上海:上海古籍出版社,2008.

[22](宋)黃庭堅.黃庭堅全集[M].南昌:江西人民出版社,2011.

[23]姜漢椿.唐摭言校注[M].上海:上海社會科學院出版社,2003.

[24](宋)黎靖德編.朱子語類[M].北京:中華書局,1986.

[25]黎翔鳳.管子校注[M].北京:中華書局,2004.

[26](宋)李昉等編,張國風會校.太平廣記會校[M].北京:北京燕山出版社,2008.

[27](宋)李昉等.太平御覽[M].北京:中華書局,2000.

[28]李劍國.唐前志怪小説輯釋[M].上海:上海古籍出版社,1986.

[29](唐)李延壽.北史[M].北京:中華書局,1974.

[30](唐)李延壽.南史[M].北京:中華書局,1975.

[31](唐)令狐德棻.周書[M].北京:中華書局,1971.

[32](漢)劉向著,向宗魯校證.説苑校證[M].北京:中華書局,1987.

[33](漢)劉珍等撰,吳樹平注釋.東觀漢記校注[M].北京:中華書局,2008.

[34](後晉)劉昫等撰.舊唐書[M].北京:中華書局,1975.

〔35〕（南朝宋）劉義慶撰，（梁）劉孝標注，朱鑄禹彙校集注. 世説新語彙校集注[M]. 上海：上海古籍出版社，2002.

〔36〕（南朝宋）劉義慶撰，鄭晚晴輯注. 幽明録[M]. 北京：文化藝術出版社，1988.

〔37〕（宋）吕祖謙撰，吕祖儉輯. 東萊吕太史文集[M]. 北京：北京圖書館出版社，2004.

〔38〕（唐）孟棨. 本事詩[M]. 上海：上海古籍出版社，1991.

〔39〕（唐）牛僧孺，李復言. 玄怪録·續玄怪録[M]. 北京：中華書局，1982.

〔40〕（宋）歐陽修，宋祁. 新唐書[M]. 北京：中華書局，1986.

〔41〕（唐）歐陽詢著，汪紹楹校. 藝文類聚[M]. 上海：上海古籍出版社，1998.

〔42〕（清）皮錫瑞. 尚書中候疏證[A]. 皮錫瑞全集[C]. 北京：中華書局，2015.

〔43〕蒲向明. 玉堂閒話評注[M]. 北京：中國社會出版社，2007.

〔44〕屈守元. 韓愈全集校注[M]. 成都：四川大學，1996.

〔45〕（清）阮元校刻. 十三經注疏（清嘉慶刊本）[M]. 北京：中華書局，2009.

〔46〕（宋）司馬光. 司馬氏書儀[M]. 上海：商務印書館，1936.

〔47〕（漢）司馬遷撰，（宋）裴駰集解，（唐）司馬貞索隱，（唐）張守節正義. 史記（修訂本）[M]. 北京：中華書局，2013.

〔48〕（宋）邵伯温. 邵氏聞見録[M]. 北京：中華書局，1983.

〔49〕（宋）邵雍著，郭彧整理. 伊川擊壤集[M]. 北京：中華書局，2013.

〔50〕（南朝梁）沈約. 宋書[M]. 北京：中華書局，1974.

〔51〕（宋）釋文瑩. 玉壺清話[M]. 南京：江蘇廣陵古籍刻印社，1984.

〔52〕四川大學古籍研究所. 宋集珍本叢刊[Z]. 北京：線裝書

局,2004.
〔53〕（宋）蘇軾.蘇東坡全集[M].北京：北京燕山出版社,2009.
〔54〕（五代）孫光憲撰,賈二強點校.北夢瑣言[M].北京：中華書局,2002.
〔55〕唐圭璋,王仲聞,孔凡禮.全宋詞[M].北京：中華書局,1999.
〔56〕（元）脱脱等.宋史[M].北京：中華書局,1985.
〔57〕汪榮寶.法言義疏[M].北京：中華書局,1987.
〔58〕（唐）王梵志著,項楚校.王梵志詩校注（增訂本）[M].上海：上海古籍出版社,2010.
〔59〕王利器.顏氏家訓集解（增補本）[M].北京：中華書局,1993.
〔60〕（宋）王闢之.澠水燕談[M].北京：中華書局,1997.
〔61〕（五代）王仁裕等撰,丁如明輯校.開元天寶遺事十種[M].上海：上海古籍出版社,1985.
〔62〕王叔岷.列仙傳校箋[M].北京：中華書局,2007.
〔63〕（隋）王通.文中子中説[M].上海：上海古籍出版社,1989.
〔64〕（清）王先謙.荀子集解[M].北京：中華書局,1988.
〔65〕（清）王先慎.韓非子集解[M].北京：中華書局,1998.
〔66〕王照圓.列女傳補注[M].上海：華東師範大學出版社,2012.
〔67〕（北齊）魏收.魏書[M].北京：中華書局,1997.
〔68〕（唐）魏徵.隋書[M].北京：中華書局,1997.
〔69〕吳文治.宋詩話全編[M].南京：鳳凰出版社,1998.
〔70〕（南朝梁）蕭統編,（唐）李善注.文選[M].北京：中華書局,1977.
〔71〕（南朝梁）蕭子顯.南齊書[M].北京：中華書局,1972.
〔72〕（民國）徐元誥.國語集解[M].北京：中華書局,2002.
〔73〕徐子宏.周易全譯[M].貴陽：貴州人民出版社,1995.
〔74〕許維遹.呂氏春秋集釋[M].北京：中華書局,2009.
〔75〕（宋）薛居正.舊五代史[M].北京：中華書局,1976.

〔76〕楊伯峻.列子集釋[M].北京：中華書局,1979.
〔77〕（宋）楊龜山.楊龜山先生全集[M]臺北：臺灣學生書局,1974.
〔78〕（唐）姚思廉.陳書[M].北京：中華書局,1972.
〔79〕（唐）姚思廉.梁書[M].北京：中華書局,1973.
〔80〕（宋）佚名.錦繡萬花谷[M].南京：江蘇廣陵書社有限公司,2008.
〔81〕（清）永瑢,紀昀.欽定四庫全書[Z].臺北：臺灣商務印書館股份有限公司,1986.
〔82〕（宋）曾慥.類說[M].北京：文學古籍刊行社,1955.
〔83〕曾棗莊,劉琳.全宋文[M].上海：上海辭書出版社,2006.
〔84〕詹鍈.李白全集校注彙釋集評[M].天津：百花文藝出版社,1996.
〔85〕（晉）張輔著,舒焚校注.楚國先賢傳校注[M].武漢：湖北人民出版社,1986.
〔86〕張雙棣.淮南子校釋[M].北京：北京大學出版社,1997.
〔87〕（清）鄭方坤.全閩詩話[M].福州：福建人民出版社,2006.
〔88〕諸祖耿.戰國策集注彙考（增補本）[M].南京：鳳凰出版社,2008.
〔89〕（宋）朱熹.四書章句集注[M].北京：中華書局,1983.

參考文獻

〔1〕蔡根祥."一生之計在於勤"探源及相關研究[J].基礎教育學報,2009(1).

〔2〕昌彼得,王德毅等編.宋人傳記資料索引[M].臺北:鼎文書局,1987.

〔3〕陳冠明.張徹行年稽實[J].安徽師範大學學報(哲學社會科學版),1993(1).

〔4〕陳洪.《列仙傳》成書時代考[J].文獻,2007(1).

〔5〕陳磊.從《太平廣記》的記載看唐後期五代的商人[J].史林,2009(1).

〔6〕程俊英,蔣見元.詩經注析[M].北京:中華書局,1991.

〔7〕鄧小軍.唐代文學的文化精神[M].臺北:文津出版社,1993.

〔8〕董巧霞.春秋時期宋國邦交問題研究[D].長春:東北師範大學碩士論文,2006.

〔9〕馮志珣.論《司馬溫公家範》[D].西安:陝西師範大學碩士論文,2008.

〔10〕傅小凡,卓克華.閩南理學的源流與發展[M].福州:福建人民出版社,2007.

〔11〕宮雲維.司馬光《書儀》版本考略[J].浙江工業大學學報,2002(6).

〔12〕顧友澤.程敦厚事跡辨誤[J].文學遺產,2010(6).

〔13〕顧友澤.南宋程敦厚卒年考[J].江海學刊,2013(1).

〔14〕韓旭.馬永卿《懶真子錄》研究[D].北京:北京大學碩士論

文,2012.

〔15〕漢語大詞典編委會.漢語大詞典[Z].上海：上海辭書出版社,1986.

〔16〕黃美華.司馬光《書儀》研究[D].臺中：中興大學中文系碩士論文,1999.

〔17〕(明)黃仲昭.八閩通志[M].福州：福建人民出版社,2006.

〔18〕駱曉平."子弟""祖父"與"子孫""父祖"——《後漢書》辨正一例[J].古籍整理研究學刊,1993(3).

〔19〕姜亮夫.昭通方言疏證[M].上海：上海古籍出版社,1988.

〔20〕李寶庫.中國政區大典[M].杭州：浙江人民出版社,1999.

〔21〕李春敏.隋蕭瑒墓誌考[J].考古與文物,1996(1).

〔22〕李國玲.宋人傳記資料索引補編[M].成都：四川大學出版社,1994.

〔23〕李劍國.唐前志怪小説史[M].天津：南開大學山版社,1995.

〔24〕(明)李時珍.本草綱目[M].上海：上海科學技術出版社,2008.

〔25〕(清)李清馥,徐公喜編,管正平,周明華校.閩中理學淵源考[M].南京：鳳凰出版社,2011.

〔26〕李玉峰.《三國典略》考[D].長春：吉林大學碩士論文,2005.

〔27〕林其錟.《劉子》作者綜考釋疑——兼論《劉子》的學術史意義[J].文史哲,2014(2).

〔28〕(唐)劉知幾著,(清)浦起龍釋.史通通釋[J].上海：上海古籍出版社,1978.

〔29〕羅煦.從《續玄怪錄》看晚唐文人的末世情懷[J].南通航運職業技術學院學報,2011(2).

〔30〕馬斗成.宋代眉山蘇氏婚姻與黨争[J].烟臺大學學報,2001(2).

〔31〕馬昕,董洪利.《論語·公冶長》"吾黨之小子狂簡"章新解

［J］.古籍整理研究學刊,2010(6).
〔32〕木田知生.略論宋代禮俗思想——以司馬光《書儀》和《家範》爲主［J］.宋史研究論文集——國際宋史研討會暨中國宋史研究會第九屆年會編刊,2000.
〔33〕阮堂明.張徹生年小考［J］.文學遺産,2002(3).
〔34〕史爲樂.中國歷史地名大辭典［M］.北京：中國社會科學出版社,2005.
〔35〕唐華全.趙郡李氏與北齊皇室通婚考論［J］.齊魯學刊,2010(5).
〔36〕王東.《〈世説新語〉及劉〈注〉四音節同義連文詞語拾零》［J］.長江學術,2010(3).
〔37〕王仁祥.人倫鑒識起源的學術史考察(魏晉以前)［M］.臺北：國立臺灣大學出版中心,2009.
〔38〕(清)王奕清,陳廷敬.欽定詞譜［M］.北京：中國書店,2010.
〔39〕吴麗娱.唐代婚儀的再檢討［J］.燕京學報：新十五期,2003.
〔40〕吴鬱芳.曾侯乙與隨國考［J］.江漢考古,1996(4).
〔41〕席紅.隱士,居士,名士和處士［J］.中學語文園地(高中),2007(5).
〔42〕肖剛.《江南野史》研究［D］.廣州：廣州大學碩士論文,2009.
〔43〕徐正英.先秦文論佚文考輯［J］.鄭州大學學報,2006(6).
〔44〕燕永成.龍衮和他的《江南野史》［J］.贛南師範學院學報,1994(8).
〔45〕楊伯峻.論語譯注［M］.北京：中華書局,1980.
〔46〕楊瑋燕.宋《劉孟堅墓誌》若干問題淺析［C］.西安碑林博物館.《碑林集刊》第十五輯,西安：三秦出版社,2009.
〔47〕楊志剛.《司馬氏書儀》和《朱子家禮》研究［J］.浙江學刊,1993(1).
〔48〕俞鋼,和慶鋒.唐代《王慶詵墓誌》反映的太原王氏婚姻關係

[J].上海師範大學學報(哲學社會科學版),2012(6).
〔49〕袁敏.西晉政治家袁準及其子書《正論》《正書》[J].許昌學院學報,2011(1).
〔50〕張金東.論閻羅形象的本土化歷程[D].揚州:揚州大學碩士論文,2010.
〔51〕張玖青.《詩·采蘋》"有齊季女"新解[J].武漢大學學報(人文科學版),2007(3).
〔52〕張撝之.中國歷代人名大辭典[M].上海:上海古籍出版社,1999.
〔53〕張玉臣.周世宗柴榮籍貫考[N].邯鄲日報,2006-09-09,第2版.
〔54〕(明)張自烈.正字通[M].北京:中國工人出版社,1996.
〔55〕趙曉濤."謝三郎"小釋[J].中國典籍與文化,2002(1).
〔56〕周勤.論詞之義項的例證解析及其語義關係[J].甘肅社會科學,2012(5).
〔57〕周一良.書儀源流考[J].歷史研究,1990(5).
〔58〕朱彭壽.古今人生日考[M].北京:北京圖書館出版社,2003.

附錄　書儀作者與篇目號索引

（按作者姓名音序排列）

晁補之（晁侍郎，晁無咎）：2.6.1、2.7.3、6.1.15
陳伯溫：3.1.21
陳從易（陳舍人）：6.2.3
陳倅（陳通判，陳曾仲）：9.10.4
陳桂卿：8.3.5、9.1.1、9.1.2、9.6.3、10.3.2、10.5.1、10.9.1
陳應行（陳簽判，陳狀元、陳季陸）：1.2.5、3.1.18、3.1.19、3.1.20、6.2.8、8.3.4、10.1.1、10.2.3、10.10.1
陳總龜（陳縣尉，陳朝瑞）：10.1.6
程敦厚（程子山）：2.5.7、2.5.8、3.1.5
丁允元（丁潮州、丁開甫）：2.2.1、6.2.2、10.9.2
范澤民：6.1.12
高伯強：6.1.11
韓駒（韓徽猷，韓子蒼）：9.4.2
黃庭堅（黃山谷）：2.5.1、2.5.2、2.5.3、4.1.11、4.1.12、4.1.13、8.1.2、8.2.3、8.4.2
黃元壽：10.2.6、10.4.1
黃知縣：3.1.22
江嗣（江教授、江文卿）：3.1.9、3.1.10、4.1.16、4.1.17、4.1.18、4.1.19、4.1.20、4.1.21、6.1.8、6.1.9、6.2.1、8.5.1、9.2.1、9.4.3、10.6.1
江文叔（江清卿）：4.1.27、6.2.4、10.8.1
江元吉：9.7.1

江宗院：10.7.1
藍魯望：9.9.2
藍永年(藍知軍)：4.1.26
李石才(李知縣)：10.6.2
連文舉：10.1.4
劉崇之(劉郎中,劉智甫)：8.2.4
劉珙(劉觀文,劉共甫)：9.4.1
劉勉之(劉聘君,劉致中)：4.1.15
劉望之(劉夷叔,劉觀堂)：3.1.4
劉子翬(屏山先生,劉彥沖)：1.2.4、9.3.2
陸游(陸提舉,陸務觀)：8.3.3
呂祖謙(呂郎中,呂伯恭)：3.1.6、4.1.14、6.1.4、8.3.1、8.4.6、9.6.1
馬子仁：2.7.4、9.11.2、9.11.3
毛滂(毛澤民)：9.10.2
歐陽光祖(歐陽知縣,歐陽慶嗣)：3.1.7、3.1.8、6.1.10、6.2.9、6.2.10、8.1.1、8.1.4、9.10.1、10.1.2
彭公變：2.5.10、10.1.3
彭君禮：9.12.1、10.4.2
彭應期(彭止)：3.1.11、3.1.12、3.1.13、4.1.24、4.1.25、9.3.4、9.9.1、10.2.4、10.2.5
蘇軾(東坡先生)：1.2.6、1.2.7
孫道夫(孫太沖)：6.2.11
孫覿(孫尚書,孫仲益)：2.5.4、2.5.5、2.5.6、2.7.2、3.1.3、4.1.1、4.1.2、4.1.3、4.1.4、4.1.5、4.1.6、4.1.7、4.1.8、4.1.9、6.1.1、6.1.2、6.1.3、8.1.3、8.2.1、8.2.2、8.4.3、8.4.4、8.4.5、10.2.1、10.2.2
汪藻(汪內翰,汪彥章)：8.3.2

王克勤(王秘讀)：9.5.2

王十朋(王狀元,王龜齡)：2.4.1、2.4.2、3.1.1、3.1.2、6.1.5、6.1.6、6.1.7、8.4.1、9.3.1、9.5.1、9.8.1、10.1.5

王星仲(王知錄,王教授)：8.1.6

王之望(王參政,王瞻叔)：9.3.3

危少劉(危縣丞)：2.6.2

魏掞之(魏直閣,魏艮齋,魏元履)：3.1.16、3.1.17

翁元老(翁縣丞、翁知丞、翁丞)：4.1.23、6.2.5、6.2.6、8.1.5、8.2.6、10.2.8

吳戢(吳叔才)：10.2.7

吳子厚：9.11.1

熊克(熊舍人,熊子復)：4.1.10

熊山甫(熊知縣)：9.6.2、10.10.2

熊仲勉(熊主簿)：9.5.3

楊時(龜山先生)：1.2.3

楊唐叟：8.1.8

葉棻(葉子實)：6.2.7、8.1.9

葉仲洽：3.1.14、3.1.15

游開(游子蒙)：4.1.22

詹景丹：10.10.3

張革(張主簿,張從道)：2.3.1、2.7.1、6.1.13、6.1.14、8.1.7、8.2.5

張守(張參政,毗陵公,張全真)：2.5.9、4.1.28、8.6.1、10.3.1

趙將領：9.10.3

鄭丙(鄭尚書,鄭少融)：8.1.10

後　記

　　這是我的第一部古籍整理注釋作品。
　　我自攻讀漢語言文字學碩士學位以來，整日與古籍爲伴，偶然的機會得見《婚禮新編》一書，逐漸產生了整理此書的想法，雖非古典文獻學科班出身，却也想藉此機會，看看自己到底有没有"用兩條腿走路"的本事。
　　幸運的是，以"《婚禮新編》校注"爲題申報 2012 年度全國高校古委會項目，竟然獲批立項，驚喜之餘，倍感壓力。一則自己文獻學功底較差，有一些基礎性知識要去補習，文獻整理技能也亟需在校注實踐中鍛煉提高；二則《婚禮新編》原書漫漶之處頗多，作者引書於字句又多有改動，校注難度著實不小。《婚禮新編》從宋代及前代古籍中輯録了大量婚禮書儀和婚俗典故，文獻校勘工作勞神耗時，一篇小文出處的蒐求，一位作者生平的考證，一個疑難字詞的訓釋，常常查遍手頭上的資料，仍然無法得到滿意答案，讓人不免長籲短歎。儘管如此，每當看到一篇篇書儀典故被校注一過，事理明晰，文辭通達，所有的疲憊在轉瞬間煙消雲散，頓感神清氣爽。此後不久，我又相繼申請了兩個漢字學科研項目，艱辛的漢字學學術研究生活中，能有《婚禮新編》相伴，勞逸結合，怡養性情，不亦樂乎！
　　做古籍整理工作，其中的苦辣酸甜，恐怕只有整理者自己才能真切體味到。《婚禮新編》校注工作見證了我在古籍整理道路上一步一步地成長。四年多來，《婚禮新編》帶我穿越了從上古到唐宋兩千多年的歷史，讓我瞭解了豐富的古代婚俗知識，更深切感受到了中國傳統婚姻文化的獨特魅力，也堅定了以後在從事漢字學研究的同時，繼續從事古文獻整理的信心。

書稿即將付梓之際，有很多曾經幫助過我的人需要感謝。

首先要感謝麻一平學妹，她爲本書搜集了基礎性文本資料，從而減輕了文字錄入的負擔。

感謝上海圖書公司但誠兄、上海博物館敏求圖書館陳才兄，兩位兄台對本書初稿及出版事宜均提出了不少建設性意見，讓我受益良多。

感謝研究生史曉丹、單志鵬、李超協助完成校樣的審校工作，糾正了一些錯訛。

上海古籍出版社多位編輯在審稿、編輯及出版過程中耗費了極大的心力，在此致以衷心感謝！

感謝我的家人，他們的支持是我完成此書的重要保障。

也要感謝渤海大學文學院提供部分經費支持，使本書能夠順利出版。

由於不是科班出身，書中肯定還有不盡如人意的地方，敬請方家不吝賜教，提出寶貴意見，也誠摯歡迎讀者朋友們批評指正！筆者郵箱是：prcmap@163.com。期待您的來信！

柳建鈺
二〇一六年八月於修業堂

修訂後記

拙著出版後，社會各界給予了較高評價，除了有多篇書評見諸報刊外，還有一些碩士學位論文與期刊論文多次引用本書觀點和校注成果。另外，拙著還獲得錦州市第十七屆（2016—2019）哲學社會科學成果獎著作類一等獎，這讓筆者倍感榮幸與欣慰。與此同時，不少學者也針對校注內容發表了一些不同觀點，提出了一些有益建議。借修訂再版的機會，筆者在通讀全書的基礎上，充分吸取各種意見，對校注內容中涉及的字詞、典故、人名、地名及史實方面的疏誤進行了修訂，相信修訂版的整體品質將會明顯提升。

上海古籍出版社占旭東編審及責編孫一夫、遼寧省古代文學學會理事王靖宇教授提出了很多建設性意見，對拙著修訂頗有助益，謹此致謝！

研究生秦冕、王修竹、馮寶成、鄭瓊、丁明、婁力文、林可欣協助完成了全書引文的核對工作，在此一併致謝！

儘管拙著此次作了不少修訂，錯誤和不足仍在所不免，筆者懇請讀者朋友繼續批評指正。

柳建鈺
二〇二一年一月於修業堂